U0692794

晉　司馬彪　撰
梁　劉　昭注補

後漢書志

第　一　一　册
第一至第一八（志一）

中　華　書　局

後漢書志第一

律曆上

律準　候氣

古之人論數也，曰「物生而後有象，象而後有滋，滋而後有數」。然則天地初形，人物既著，則筭數之事生矣。記稱大橈作甲子，〔一〕隸首作數。〔二〕二者既立，以比日表，〔三〕以管萬事。夫一、十、百、千、萬，所同用也；律、度、量、衡、曆，其別用也。故體有長短，檢以度；〔四〕物有多少，受以量；〔五〕量有輕重，平以權衡；〔六〕聲有清濁，協以律呂；三光運行，紀以曆數：然後幽隱之情，精微之變，可得而綜也。〔七〕

〔一〕呂氏春秋曰：「黃帝師大橈。」博物記曰：「容成氏造曆，黃帝臣也。」月令章句：「大橈探五行之情，占斗綱所建，於是始作甲乙以名日，謂之幹，作子丑以名(日)〔月〕，謂之枝，枝幹相配，以成六旬。」

〔二〕博物記曰：「隸首，黃帝之臣。」一說，隸首，善筭者也。

〔三〕表即晷景。

〔四〕說苑曰：「以粟生之，(十)〔一〕粟爲一分，十分爲一寸，十寸爲一尺，十尺爲一丈。」

〔五〕說苑曰：「千二百粟爲一篇，十篇爲一合，十合爲一升，十升爲一斗，十斗爲一斛。」

〔六〕說苑曰：「十粟重一圭，十圭重一銖，二十四銖重一兩，十六兩重一斤，三十斤重一鈞，四鈞重一石。」

〔七〕前志曰：「夫推曆生律，制器規圓矩方，權重衡平，準繩嘉量，探賾索隱，鉤深致遠，莫不用焉。度長短者不失豪氂，量多少者不失圭撮，權輕重者不失黍絫。紀於一，協於十，長於百，大於千，廣於萬。」

漢興，北平侯張蒼首治律曆。孝武正樂，置協律之官。至元始中，博徵通知鍾律者，考其意義，羲和劉歆典領條奏，前史班固取以爲志。而元帝時，郎中京房（房字君明）知五聲之音，六律之數。上使太子太傅（韋）玄成、（字少翁）諫議大夫章，雜試問房於樂府。房對：「受學故小黃令焦延壽。六十律相生之法：以上生下，皆三生二，以下生上，皆三生四，陽下生陰，陰上生陽，終於中呂，而十二律畢矣。中呂上生執始，執始下生去滅，上下相生，終於南事，六十律畢矣。夫十二律之變至於六十，猶八卦之變至於六十四也。宓羲作易，紀陽氣之初，以爲律法。建日冬至之聲，以黃鍾爲宮，太蔟爲商，姑洗爲角，林鍾爲徵，南呂爲羽，應鍾爲變宮，蕤賓爲變徵。〔一〕此聲氣之元，五音之正也。故各（終）〔統〕一日。其餘以次運行，當日者各自爲宮，而商徵以類從焉。〔二〕禮運篇曰『五聲、六律、十二管還相爲宮』，此之謂也。〔三〕以六十律分朞之日，黃鍾自冬至始，及冬至而復，陰陽寒燠風雨之占生焉。於以檢攝羣音，考其高下，苟非（草）〔革〕木之聲，則無不有所合。虞書曰『律和聲』，此之謂也。」房又曰：

「竹聲不可以度調，故作準以定數。準之狀如瑟，長丈而十三弦，隱閒九尺，以應黃鍾之律九寸；中央一弦，下有畫分寸，以爲六十律清濁之節。」房言律詳於歆所奏，其術施行於史官，候部用之。文多不悉載。故總其本要，以續前志。

〔一〕月令章句曰：「以姑洗爲角，南呂爲羽，則徵濁也。」

〔二〕月令章句曰：「律，率也，聲之管也。上古聖人本陰陽，別風聲，審清濁，而不可以文載口傳也。於是始鑄金作鍾，以主十二月之聲，然後以效升降之氣。鍾難分別，乃截竹爲管，謂之律。律者，清濁之率法也。聲之清濁，以〔制〕〔律〕長短爲制。」

〔三〕鄭玄曰：「宮數八十一，黃鍾長九寸，九九八十一也。三分宮去一生徵，徵數五十四，林鍾長六寸，六九五十四也。三分徵益一生商，商數七十二，太蔟長八寸，八九七十二也。三分商去一生羽，羽數四十八，南呂長五寸三分寸之一，五九四十五又三分寸之一，爲四十八也。三分羽益一生角，角數六十四，姑洗長七寸九分寸之一，七九六十三又九分寸之一，爲六十四也。三分角去一生變宮，三分變宮益一生變徵。自此已後，則隨月而變，所謂『還相爲宮』。」

律術曰：陽以圓爲形，其性動。陰以方爲節，其性靜。動者數三，靜者數二。以陽生陰，倍之；以陰生陽，四之：皆三而一。陽生陰曰下生，陰生陽曰上生。上生不得過黃鍾之〔清〕濁，下生不得及黃鍾之〔數實〕〔清〕。皆參天兩地，圓蓋方覆，六耦承奇之道也。黃鍾，律呂之首，而生十一律者也。〔一〕其相生也，皆三分而損益之。是故十二律之，得十七萬七千一百四十七，是爲黃鍾之實。〔二〕又以二乘而三約之，是爲下生林鍾之實。又以四乘而三約之，是爲上生太蔟之實。推此上下，以定六十律之實。以九三之，（數）〔得〕萬九千六百八十三爲法。〔於〕律爲寸，於準爲尺。不盈者十之，所得爲分。又不盈十之，所得爲小分。以其餘正其強弱。

〔一〕前書曰：「黃帝使伶倫，自大夏之西，崑崙之陰，取竹之嶰谷生，其竅厚均者，斷兩節間而吹之，以爲黃鍾之管。制十二筩以聽鳳之鳴，其雄鳴爲六，雌鳴亦六，比黃鍾之音，而皆可以生之，是爲律本。至治之世，天地之氣合以生風。天地之風氣正，十二律乃定。」

〔二〕前書曰：「太極元氣，含三爲一。極，中也。元，始也。行於十二辰，始動於子。參之於丑，得三。又參之於寅，得九。又參之於卯，得二十七。又參之於辰，得八十一。又參之於巳，得二百四十三。又參之於午，得七百二十九。又參之於未，得二千一百八十七。又參之於申，得六千五百六十一。又參之於酉，得萬九千六百八十三。又參之於戌，得五萬九千四十九。又參之於亥，得十七萬七千一百四十七。此陰陽合德，氣鍾於子，化生萬物者也。故滋萌於子，紐牙於丑，引達於寅，冒茆於卯，振羨於辰，已盛於巳，咢布於午，昧曖於未，申堅於申，留孰於酉，畢入於戌，該閡於亥；出甲於甲，奮軋於乙，明炳於丙，大成於丁，豐茂於戊，理紀於己，斂更於庚，悉新於辛，懷任於壬，陳揆於癸。故陰陽之施化，萬物之終始，既類旅於律呂，又經歷於日辰，而變化之情則可見矣。」

黃鍾，十七萬七千一百四十七。

下生林鍾。　黃鍾爲宮，太蔟商，林鍾徵。

一日。　律，九寸。　準，九尺。

色育，十七萬六千七百七十六。

下生謙待。　色育爲宮，未知商，謙待徵。

六日。　律，八寸九分小分八微強。　準，八尺九寸萬五千九百七十三。

執始，十七萬四千七百六十二。

下生去滅。　執始爲宮，時息商，去滅徵。

六日。　律，八寸八分小分七大強。　準，八尺八寸萬五千五百一十六。

丙盛，十七萬二千四百一十。

下生安度。　丙盛爲宮，屈齊商，安度徵。

六日。　律，八寸七分小分六微弱。　準，八尺七寸萬一千六百七十九。

分動，十七萬八十九。

下生歸嘉。　分動爲宮，隨期商，歸嘉徵。

六日。　律，八寸六分小分四強。　準，八尺六寸八千一百五十二。

質末，十六萬七千八百。

下生否與。　質末爲宮，形晉商，否與徵。

六日。　律，八寸五分小分二〔半〕強。　準，八尺五寸四千九百四十五。

大呂，十六萬五千八百八十八。

下生夷則。　大呂爲宮，夾鍾商，夷則徵。

八日。　律，八寸四分小分三弱。　準，八尺四寸五千五百八。

分否，十六萬三千六百五十四。

下生解形。　分否爲宮，開時商，解形徵。

八日。　律，八寸三分小分一強。　準，八尺三寸二千八百五十一。

凌陰，十六萬一千四百五十二。

下生去南。　凌陰爲宮，族嘉商，去南徵。

八日。　律，八寸二分小分一弱。　準，八尺二寸五百一十四。

少出，十五萬九千二百八十。

下生分積。　少出爲宮，爭南商，分積徵。

六日。　律，八寸小分九強。　準，八尺萬八千一百六十。

太蔟，十五萬七千四百六十四。

下生南呂。　太蔟爲宮，姑洗商，南呂徵。

一日。　律，八寸。　準，八尺。

未知，十五萬七千一百三十四。

下生白呂。　未知爲宮，南授商，白呂徵。

六日。　律，七寸九分小分八強。　準，七尺九寸萬六千三百八十三。

時息，十五萬五千三百四十四。

下生結躬。　時息爲宮，變虞商，結躬徵。

六日。　律，七寸八分小分九少強。　準，七尺八寸萬八千一百六十六。

屈齊，十五萬三千二百五十三。

下生歸期。　屈齊爲宮，路時商，歸期徵。

六日。　律，七寸七分小分九弱。　準，七尺七寸萬六千九百三十九。

隨期，十五萬一千一百九十。

下生未卯。　隨期爲宮，形始商，未卯徵。

六日。　律，七寸六分小分八強。　準，七尺六寸萬五千九百九十二。

形晉，十四萬九千一百五十(五)〔六〕。

下生夷汗。　形晉爲宮，依行商，夷汗徵。

六日。　律，七寸五分小分八弱。　準，七尺五寸萬五千三百(二)〔三〕十五。

夾鍾，十四萬七千四百五十六。
下生無射。　夾鍾爲宮，中呂商，無射徵。
六日。　律，七寸四分小分九強。　準，七尺四寸萬八千一十八。
開時，十四萬五千四百七十。
下生閉掩。　開時爲宮，南中商，閉掩徵。
八日。　律，七寸三分小分九微〔弱〕〔強〕。　準，七尺三寸萬七千八百四十一。
族嘉，十四萬三千五百一十三。
下生鄰齊。　族嘉爲宮，內負商，鄰齊徵。
八日。　律，七寸二分小分九微強。　準，七尺二寸萬七千九百五十四。
爭南，十四萬一千五百八十二。
下生期保。　爭南爲宮，物應商，期保徵。
八日。　律，七寸一分小分九強。　準，七尺一寸萬八千三百二十七。
姑洗，十三萬九千九百六十八。
下生應鍾。　姑洗爲宮，蕤賓商，應鍾徵。
一日。　律，七寸一分小分一微強。　準，七尺一寸二千一百八十七。

南授，十三萬九千六百七十〔四〕。
下生分烏。　南授爲宮，南事商，分烏徵。
六日。　律，七寸小分九大強。　準，七尺萬八千九百三十。
變虞，十三萬八千八十四。
下生遲內。　變虞爲宮，盛變商，遲內徵。
六日。　律，七寸小分一半強。　準，七尺三千三十。
路時，十三萬六千二百二十五。
下生未育。　路時爲宮，離宮商，未育徵。
六日。　律，六寸九分小分二徵強。　準，六尺九寸四千一百二十三。
形始，十三萬四千三百九十二。
下生遲時。　形始爲宮，制時商，遲時徵。
五日。　律，六寸八分小分三弱。　準，六尺八寸五千四百七十六。
依行，十三萬二千五百八十二。
上生色育。　依行爲宮，謙待商，色育徵。
七日。　律，六寸七分小分三（大）〔半〕強。　準，六尺七寸七千五十九。

中呂，十三萬一千七十二。

上生執始。　中呂爲宮，去滅商，執始徵。

八日。　律，六寸六分小分六弱。　準，六尺六寸萬一千六百四十二。

南中，十二萬九千三百八。

上生丙盛。　南中爲宮，安度商，丙盛徵。

七日。　律，六寸五分小分七微弱。　準，六尺五寸萬三千六百八十五。

內負，十二萬七千五百六十七。

上生分動。　內負爲宮，歸嘉商，分動徵。

八日。　律，六寸四分小分八〔微〕強。　準，六尺四寸萬五千九百五十八。

物應，十二萬五千八百五十。

上生質末。　物應爲宮，否與商，質末徵。

七日。　律，六寸三分小分九強。　準，六尺三寸萬八千四百七十一。

蕤賓，十二萬四千四百一十六。

上生大呂。　蕤賓爲宮，夷則商，大呂徵。

一日。　律，六寸三分小分二微強。　準，六尺三寸四千一百三十一。

南事，十二萬四千一百五十四。

〔下〕〔不〕生。　南事窮，無商、徵，不爲宮。

七日。　律，六寸三分小分一弱。　準，六尺三寸一千五百〔三〕〔一〕十一。

盛變，十二萬二千七百四十一。

上生分否。　盛變爲宮，解形商，分否徵。

七日。　律，六寸二分小分三〔大〕〔半〕強。　準，六尺二寸七千六十四。

離宮，十二萬一千八（百一）十九。

上生淩陰。　離宮爲宮，去南商，淩陰徵。

七日。　律，六寸一分小分五微強。　準，六尺一寸萬二百二十七。

制時，十一萬九千四百六十。

上生少出。　制時爲宮，分積商，少出徵。

八日。　律，六寸小分七弱。　準，六尺萬三千六百二十。

林鍾，十一萬八千九十八。

上生太蔟。　林鍾爲宮，南呂商，太蔟徵。

一日。　律，六寸。　準，六尺。

謙待，十一萬七千八百五十一。

上生未知。　謙待爲宮，白呂商，未知徵。

五日。　律，五寸九分小分九弱。　準，五尺九寸萬七千二百一十三。

去滅，十一萬六千五百八。

上生時息。　去滅爲宮，結躬商，時息徵。

七日。　律，五寸九分小分二弱。　準，五尺九寸三千七百八十三。

安度，十一萬四千九百四十。

上生屈齊。　安度爲宮，歸期商，屈齊徵。

六日。　律，五寸八分小分四〔微〕弱。　準，五尺八寸七千七百八十六。

歸嘉，十一萬三千三百九十三。

上生隨期。　歸嘉爲宮，未卯商，隨期徵。

六日。　律，五寸七分小分六微強。　準，五尺七寸萬一千九百九十九。

否與，十一萬一千八百六十七。

上生形晉。　否與爲宮，夷汗商，形晉徵。

五日。　律，五寸六分小分八強。　準，五尺六寸萬六千四百二十二。

夷則，十一萬五百九十二。

上生夾鍾。　夷則爲宮，無射商，夾鍾徵。

八日。　律，五寸六分小分二弱。　準，五尺六寸三千六百七十二。

解形，十(一)萬九千一百三。

上生開時。　解形爲宮，閉掩商，開時徵。

八日。　律，五寸五分小分四強。　準，五尺五寸八千四百六十五。

去南，十萬七千六百三十五。

上生族嘉。　去南爲宮，鄰齊商，族嘉徵。

八日。　律，五寸四分小分六大強。　準，五尺四寸萬三千四百六十八。

分積，十萬六千一百八十(八)〔七〕。

上生爭南。　分積爲宮，期保商，爭南徵。

七日。　律，五寸三分小分九半強。　準，五尺三寸萬八千六百(八)〔七〕十一。

南呂，十萬四千九百七十六。

上生姑洗。　南呂爲宮，應鍾商，姑洗徵。

一日。　律，五寸三分小分三強。　準，五尺三寸六千五百六十一。

白呂，十萬四千七百五十六。

上生南授。　白呂爲宮，分烏商，南授徵。

五日。　律，五寸三分小分二強。　準，五尺三寸四千三百（七）〔六〕十一。

結躬，十萬三千五百六十三。

上生變虞。　結躬爲宮，遲內商，變虞徵。

六日。　律，五寸二分小分六（少）強。　準，五尺二寸萬二千一百一十四。

歸期，十萬二千一百六十九。

上生路時。　歸期爲宮，未育商，路時徵。

六日。　律，五寸一分小分九微強。　準，五尺一寸萬七千八百五十七。

未卯，十萬七百九十四。

上生形始。　未卯爲宮，遲時商，形始徵。

六日。　律，五寸一分小分二微強。　準，五尺一寸四千（八十）〔一百〕七。

夷汗，九萬九千四百三十七。

上生依行。　夷汗爲宮，色育商，依行徵。

七日。　律，五寸小分五強。　準，五尺萬二百二十。

無射，九萬八千三百四。
上生中呂。　無射爲宮，執始商，中呂徵。
八日。　律，四寸九分小分九強。　準，四尺九寸萬八千五百七十三。
閉掩，九萬六千九百八十。
上生南中。　閉掩爲宮，丙盛商，南中徵。
八日。　律，四寸九分小分三弱。　準，四尺九寸五千三百三十三。
鄰齊，九萬五千六百七十五。
上生內負，　鄰齊爲宮，分動商，內負徵。
七日。　律，四寸八分小分六微強。　準，四尺八寸萬一千九百六十六。
期保，九萬四千三百八十八。
上生物應。　期保爲宮，質末商，物應徵。
八日。　律，四寸七分小分九(微)〔半〕強。　準，四尺七寸萬八千七百七十九。
應鍾，九萬三千三百一十二。
上生蕤賓。　應鍾爲宮，大呂商，蕤賓徵。
一日。　律，四寸七分小分四微強。　準，四尺七寸八千十九。

分烏，九萬三千一百一十(七)〔六〕。

上生南事。　分烏窮次，無徵，不爲宮。

七日。　律，四寸七分小分三微強。　準，四尺七寸六千五十九。

遲內，九萬二千五十六。

上生盛變。　遲內爲宮，分否商，盛變徵。

八日。　律，四寸六分小分八弱。　準，四尺六寸萬五千一百四十二。

未育，九萬八百一十七。

上生離宮。　未育爲宮，淩陰商，離宮徵。

八日。　律，四寸六分小分一少強。　準，四尺六寸二千七百五十二。

遲時，八萬九千五百九十五。

上生制時。　遲時爲宮，少出商，制時徵。

六日。　律，四寸五分小分五強。　準，四尺五寸萬二百一十五。

截管爲律，吹以考聲，列以物氣，道之本也。〔一〕　術家以其聲微而體難知，其分數不明，故作準以代之。　準之聲，明暢易達，分寸又粗。　然弦以緩急清濁，非管無以正也。　均其中弦，令與黃鍾相得，案畫以求諸律，無不如數而應者矣。

〔一〕前書注曰：「章帝時，零陵文學奚景於泠道縣舜祠下得白玉琯。古以玉爲琯。」

音聲精微，綜之者解。元和元年，待詔候鍾律殷肜上言：「官無曉六十律以準調音者。故待詔嚴崇具以準法教子男宣，宣通習。願召宣補學官，主調樂器。」詔曰：「崇子學審曉律，別其族，協其聲者，審試。不得依託父學，以聾爲聰。聲微妙，獨非莫知，獨是莫曉。以律錯吹，能知命十二律不失一，方爲能傳崇學耳。」太史丞弘試十二律，其二中，其四不中，其六不知何律，宣遂罷。自此律家莫能爲準施弦，候部莫知復見。〔一〕熹平六年，東觀召典律者太子舍人張光等問準意。光等不知，歸閱舊藏，乃得其器，形制如房書，猶不能定其弦緩急，音不可書以（時）〔曉〕人，知之者欲教而無從，心達者體知而無師，故史官能辨清濁者遂絕。其可以相傳者，唯大推常數及候氣而已。

〔一〕薛瑩書曰，上以太常樂丞鮑鄴等上樂事，下車騎將軍馬防。防奏言：「建初二年七月，鄴上言：『王者飲食，必道須四時五味，故有食舉之樂，所以順天地，養神明，求福應也。移風易俗，莫善於樂。樂者天地之和，不可久廢。今官樂但有太蔟，皆不應（日）〔月〕律。可作十二月均，各應其月氣，乃能順天地，和氣宜應。明帝始令靈臺六律候，而未設其門。樂經曰十二月行之，所以宣氣豐物也。月開斗建之門，而奏歌其律。誠宜施行。願與待詔嚴崇及能作樂器者共作治，考工給所當。』詔下太常。太常上言：『作樂器直錢百四十六萬，請太僕作成上。』奏寢。今明詔下臣防，臣輒問鄴及待詔知音律者，皆言聖人作樂，所以宣氣致和，順陰陽也。臣愚以爲可順上天之明

〔待〕〔時〕，因歲首令正，發太蔟之律，奏雅頌之音，以立太平，以迎和氣。其條貫甚備。」詔書以防言下三公。

夫五音生於陰陽，分爲十二律，轉生六十，皆所以紀斗氣，效物類也。天效以景，地效以響，卽律也。陰陽和則景至，律氣應則灰除。是故天子常以日冬夏至御前殿，合八能之士，陳八音，聽樂均，度晷景，候鍾律，權土〔灰〕〔炭〕，〔放〕〔效〕陰陽。冬至陽氣應，則樂均淸，景長極，黃鍾通，土〔灰〕〔炭〕輕而衡仰。夏至陰氣應，則樂均濁，景短極，蕤賓通，土〔灰〕〔炭〕重而衡低。〔一〕進退於先後五日之中，八能各以候狀聞，太史封上。效則和，否則占。〔二〕候氣之法，爲室三重，戶閉，塗釁必周，密布緹縵。室中以木爲案，每律各一，內庳外高，從其方位，加律其上，以葭莩灰抑其內端，〔三〕案曆而候之。氣至者灰〔去〕〔動〕。其爲氣所動者其灰散，人及風所動者其灰聚。殿中候，用玉律十二。惟二至乃候靈臺，用竹律六十。候日如其曆。〔四〕

〔一〕淮南子曰：「水勝故夏至濕，火勝故冬至燥。燥故〔灰〕〔炭〕輕，濕故〔灰〕〔炭〕重。」

〔二〕易緯曰：「冬至人主不出宮，寢兵，從樂五日，擊黃鍾之磬。公卿大夫列士之意得，則陰陽之晷如度數。夏至之日，如冬至之禮。冬至之日，樹八尺之表，日中視其晷。晷如度者其歲美，人民和順。晷不如度者則歲惡，人民多譌言，政令爲之不平。晷進則水，晷退則旱。進一尺則日食，退一尺則月食。月食則正臣下之行，日食則正人主之道。」

〔三〕葭莩出河內。

〔四〕月令章句曰：「古之爲鍾律者，以耳齊其聲。後不能，則假數以正其度，度數正則音亦正矣。鍾以斤兩尺寸中所容受升斗之數爲法，律亦以寸分長短爲度。故曰黃鍾之管長九寸，〔孔〕徑三分，圍九分，其餘皆〔稍〕〔漸〕短，〔雖〕〔惟〕大小圍數無增減。以度量者可以文載口傳，與衆共知，然不如耳決之明也。」

校勘記

二九九九頁一〇行 作子丑以名〔日〕〔月〕　集解引盧文弨說，謂「日」當爲「月」。案子丑等亦謂十二辰，則當繫於月明矣。後人因下有枝幹相配，以成六旬，遂改爲「日」，泥甚。今據改。

二九九九頁一三行 以粟生之〔十〕〔一〕粟爲一分　集解引盧文弨說，謂「以粟」說苑作「以黍」，無「十粟」二字。按：校補謂「十」當作「一」，粟猶黍也。雖說苑亦無「一黍」二字，然不別出數，卽是就一黍言。前書律曆志云「一黍之廣，度之九十分，黃鍾之長。一爲一分」。夫黃鍾長九寸，一黍之廣當之長九十分之一，亦卽是一黍爲一分，故知此一粟爲一分矣。今據校補說改。

三〇〇〇頁二行 十粟重一圭十圭重一銖　按：集解引盧文弨說，謂說苑「十粟」作「十六黍」，「十圭」作「六圭」。

三〇〇〇頁四行 廣於萬　按：集解引盧文弨說，謂前志「廣」作「衍」。

三〇〇〇頁六行 郎中京房（房字君明）知五聲之音六律之數　「房字君明」四字據集解引盧文弨說删，盧說見下。又集解引盧文弨說，謂「五聲之音，六律之數」通典作「五音六十律之數」。王先謙謂晉、宋志並作「五音六十律」，此文譌也。今按：「六律」一詞於此泛用作律呂解亦可通，今不改。

三〇〇〇頁七行　上使太子太傅（韋）玄成（字少翁）　按：集解引盧文弨說，謂甄鸞五經算術無「韋」字，與下王章亦不書姓名。下「字少翁」三字亦無。蓋閱者偶作旁記，而誤寫入正文，與上「房字君明」並當刪去，不可以史記有「解揚字子虎」相比例。今據刪。

三〇〇〇頁一三行　故各（終）〔統〕一日　按：集解引惠棟說，謂「終」禮記正義引作「統」，北史牛宏傳同。又引盧文弨說，謂算術亦作「統」。今據改。

三〇〇〇頁一五行　苟非（草）〔革〕木之聲　集解引盧文弨說，謂「草」當依算術作「革」。今據改。按：王先謙謂晉志作「草」。

三〇〇一頁六行　以（制）〔律〕長短爲制　據汲本改。

三〇〇一頁一四行　上生不得過黃鍾之（清）濁下生不得及黃鍾之（數實）〔清〕　集解引盧文弨說，謂「清」字衍。「之數實」當作「之清」，依算術改正。今據改。盧又謂「及」上脫「不」字。今按：上生不得過黃鍾之濁者，意卽所生之音不得低於黃鍾本律，下生不得及黃鍾之清者，意卽所生之音不得高於或等於黃鍾半律，「過」與「及」字異而義同，非有脫字也。今不改。

三〇〇一頁一六行　而生十一律者也　「十一」汲本、殿本作「十二」。集解引盧文弨說，謂通鑑注引「十二」作「十一」。今按：作「十二」者譌，參閱下條校記自明。

三〇〇一頁一六行　是故十二律之得十七萬七千一百四十七　按：「十二律之」語意不明，疑有脫譌。依文當作「十一三之」，蓋以三自乘十一次，所得之數爲十七萬七千一百四十七也。

三〇〇二頁二行　（數）〔得〕萬九千六百八十三爲法　據集解引盧文弨說改。

三〇〇二頁二行　〔於〕律爲寸　集解引盧文弨說，謂「律」上脫「於」字，算術有。今據補。

三〇〇二頁四行　以爲黃鍾之管　按：集解引盧文弨說，謂前志「管」作「宮」。

三〇〇二頁五行　比黃鍾之音　按：集解引盧文弨說，謂前志「音」作「宮」。

三〇〇二頁一一行　故滋萌於子　按：王先謙謂前志「滋」作「孳」。

三〇〇二頁一一行　振羨於辰　前志「羨」作「美」。按：王念孫謂「美」當爲「羨」，字之譌也。

三〇〇二頁一一行　昧曖於未　按：王先謙謂前志「曖」作「薆」。

三〇〇二頁一三行　大成於丁　按：集解引盧文弨說，謂前志「成」作「盛」。

三〇〇二頁一三行　豐茂於戊　按：王先謙謂前志「茂」作「楙」。

三〇〇二頁一三行　而變化之情則可見矣　按：王先謙謂前志無「則」字

三〇〇三頁一行　色育　集解引盧文弨說，謂「色」隋志及律呂新書俱作「包」，當是也。算術、禮記正義並作「色」。

三〇〇三頁二行　下生謙待　按：隋志「謙待」作「謙侍」。下同。

三〇〇三頁六行　律八寸八分小分七大強　集解引惠棟說，謂「七大強」一作「八弱」。今按：禮記正義作「小分八弱」。又按：集解引盧文弨說，謂「大」當作「太」。

三〇〇三頁一〇行　分動　集解引惠棟說，謂「動」一作「勳」。今按：隋志作「動」。下同。

三〇〇三頁一三行　質末　集解引盧文弨說，謂隋志、禮運正義「末」作「未」。按：殿本作「未」。下同。

三〇〇三頁一四行　形晉　按：隋志「形」作「刑」。下同。

三〇〇三頁一五行　小分二〔半〕強　集解引盧文弨說，謂算術「強」上有「半」字，是。今據補。

三〇〇四頁五行　下生解形　按：隋志「解形」作「解刑」。下同。

三〇〇四頁七行　凌陰　按：集解引盧文弨說，謂隋志、正義「凌」俱作「陵」。

三〇〇四頁八行　族嘉　按：隋志作「佚喜」。下同。

三〇〇五頁二行　下生未卯　按：隋志「未卯」作「未印」。

三〇〇五頁一三行　十四萬九千一百五十(五)〔六〕　集解引盧文弨說，謂「五十五」算術作「五十六」，是。今據改。

三〇〇五頁一四行　下生夷汗　按：隋志「夷汗」作「夷汙」。下同。又按：「夷」原譌「無」，逕改正。

三〇〇五頁一五行　七尺五寸萬五千三百(二)〔三〕十五　按：各本並作「二十五」，今據算理改。

三〇〇六頁五行　下生閉掩　按：隋志「閉掩」作「閉奄」。下同。

三〇〇六頁六行　小分九微(弱)〔強〕　按：集解引盧文弨說，謂算術作「微強」，是。今據改。

三〇〇六頁八行　內負　按：隋志「負」作「貞」。下同。

三〇〇七頁一行　十三萬九千六百七十〔四〕　集解引錢大昕說，謂當作「七十四」，脫「四」字。又引盧文弨說，謂算術有「四」字。今據補。

三〇〇七頁二行　下生分烏　按：隋志「分烏」作「分焉」。下同。

三〇〇七頁一〇行　形始　按：隋志「形」作「刑」。

三〇〇七頁一五行　小分三(大)〔半〕強　集解引盧文弨說，謂算術作「半強」，是。今據改。

三〇〇八頁九行　小分八〔微〕強　集解引盧文弨說，謂算術作「微強」，是。今據補。

三〇〇九頁二行　(下)〔不〕生　集解引錢大昕說，謂十二律之變窮於南事，安得云下生乎？疑「下」爲「不」字之譌。又引盧文弨說，謂「下生」當作「不生」。今據改。

三〇〇九頁三行　六尺三寸一千五百(三)〔一〕十一　按：各本作「三十一」，今據算理改。

三〇〇九頁六行　小分三(大)〔半〕強　集解引盧文弨說，謂算術作「半強」，是。今據改。

三〇〇九頁七行　十二萬一千八(百二)十九　集解引錢大昕說，謂當云「一千八十九」。又引盧文弨說，謂「百一」二字誤衍，算術無。今據刪。

三〇二〇頁九行 小分四〔微〕弱　集解引盧文弨說，謂算術作「微弱」，是。今據補。

三〇二一頁四行 十(一)萬九千一百三　集解引錢大昕說，謂當云「十萬」。又引盧文弨說，謂「十」下「一」字衍，算術無。今據刪。

三〇二一頁一〇行 十萬六千一百八十(八)〔七〕　集解引錢大昕說，謂當云「八十七」。又引盧文弨說，謂「八」譌，算術「七」。今據改。

三〇二一頁一二行 小分九半強　集解引盧文弨說，謂算術無「半」字，當作「少強」。今按：依算理當作「半弱」。

三〇二一頁一二行 五尺三寸萬八千六百(八)〔七〕十一　按：各本作「八十一」，今據算理改。

三〇二二頁三行 五尺三寸四千三百(七)〔六〕十一　按：各本作「七十一」，今據算理改。

三〇二二頁六行 小分六(少)強　集解引盧文弨說，謂算術作「微強」，案止當作「強」。今據刪。

三〇二三頁一二行 五尺一寸四千(八十)〔一百〕七　按：各本作「四千八十七」，今據算理改。

三〇二三頁一二行 小分九(微)〔半〕強　集解引盧文弨說，謂算術作「半強」，是。今據改。

三〇二四頁一行 九萬三千一百一十(七)〔六〕　集解引錢大昕說，謂當作「一十六」。又引盧文弨說，謂算術作「六」。今據改。

三〇一四頁一三行　列以物氣　集解引惠棟說，謂晉志「物」作「效」。今按：作「效」似合。

三〇一四頁一四行　然弦以緩急清濁　集解引張文虎說，謂「弦以」之「以」疑當作「之」，或「緩急」下脫「爲」字。

三〇一五頁一行　泠道縣　按：「泠」原譌「冷」，逕改正。

三〇一五頁三行　故待詔嚴崇　按：晉、宋志「崇」並作「嵩」，魏志亦作「嵩」。集解引錢大昕說，謂古文崇嵩通，漢武帝改嵩高山爲「崇高」。

三〇一五頁五行　方爲能傳崇學耳　「方」原譌「力」，逕改正。按：晉、宋志並作「乃」。

三〇一五頁八行　音不可書以（時）〔曉〕人　王先謙謂晉志作「音不可書以曉」，宋志作「音不可以書曉」，蓋「書以」誤倒，明「時」字誤。按：王氏以「曉」字爲句，「人」字連下讀。今依晉志改「時」爲「曉」，而以「人」字屬上讀。

三〇一五頁一三行　皆不應（日）〔月〕律　據汲本、殿本改。

三〇一五頁一三行　乃能順天地　按：汲本、殿本「順」作「感」。

三〇一五頁一五行　可順上天之明（待）〔時〕　隋書音樂志下引「待」作「時」。今據改。

三〇一六頁二行　皆所以紀斗氣　按：「斗」字疑有誤，或當作「卦」。

三〇一六頁四行　權土（灰）〔炭〕　集解引惠棟說，謂晉灼引蔡邕律曆記作「土炭」，漢書律曆志亦云「縣土炭」。今據改，下同。

三〇一六頁四行　(放)〔效〕陰陽　集解引惠棟說，謂「放」一作「效」，晉志作「效」。今據改。

三〇一六頁八行　氣至者灰(去)〔動〕　集解引錢大昭說，謂閩本作「動」。王先謙謂殿本作「動」，晉志作「去」。今按：下云「其爲氣所動者其灰散」，則作「去」者非，今據改。

三〇一七頁一行　〔孔〕徑三分　據御覽十六補。

三〇一七頁一行　其餘皆(補)〔漸〕短　集解引惠棟說，謂李氏本「補」作「漸」。今據改。按：御覽十六「補」作「稍」。

三〇一七頁一行　(雖)〔惟〕大小圍數無增減　集解引惠棟說，謂李氏本「雖」作「惟」。今據改。按：御覽十六作「唯」。

後漢書志第二

律曆中

賈逵論曆　永元論曆　延光論曆　漢安論曆　熹平論曆　論月食

自太初元年始用三統曆，施行百有餘年，曆稍後天，朔先〔於〕曆，朔或在晦，月〔或朔〕見。考其行，日有退無進，月有進無退。建武八年中，太僕朱浮、太中大夫許淑等數上書，言曆〔朔〕不正，宜當改更。時分度覺差尚微，上以天下初定，未遑考正。至永平五年，官曆署七月十六日〔月〕食。待詔楊岑見時月食多先曆，即縮用筭上爲日，〔因〕上言「月當十五日食，官曆不中」。詔書令岑普〔候〕，與官〔曆〕課。起七月，盡十一月，弦望凡五，官曆皆失，岑皆中。庚寅，詔〔書〕令岑署弦望月食官，復令待詔張盛、景防、鮑鄴等以四分法與岑課。歲餘，盛等所中多岑六事。十二年十一月丙子，詔書令盛、防代岑署弦望月食加時。四分之術，始頗施行。是時盛、防等未能分明曆元，綜校分度，故但用其弦望而已。

先是，九年，太史待詔董萌上言曆不正，事下三公、太常知曆者雜議，訖十年四月，無能分明據者。至元和二年，太初失天益遠，日、月宿度相覺浸多，而候者皆知冬至之日日在斗二十一度，未至牽牛五度，而以爲牽牛中星，（從）〔後〕天四分日之三，晦朔弦望差天一日，宿差五度。章帝知其謬錯，以問史官，雖知不合，而不能易，故召治曆編訢、李梵等綜校其狀。〔一〕二月甲寅，遂下詔曰：「朕聞古先聖王，先天而天不違，後天而奉天時。河圖曰：『赤九會昌，十世以光，十一以興。』又曰：『九名之世，帝行德，封刻政。』朕以不德，奉承大業，夙夜祗畏，不敢荒寧。予末小子，託在於數終，曷以續興，崇弘祖宗，拯濟元元？尚書璇璣鈐曰：『述堯世，放唐文。』帝命驗曰：『（順）堯考德，（顧）〔題〕期立象。』且三、五步驟，優劣殊軌，況乎頑陋，無以克堪，雖欲從之，末由也已。每見圖書，中心恧焉。閒者以來，政治不得，陰陽不和，災異不息，癘疫之氣，流傷於牛，農本不播。夫庶徵休咎，五事之應，咸在朕躬，信有闕矣，將何以補之？書曰：『惟先假王正厥事。』又曰：『歲二月，東巡狩，至岱宗，柴，望秩于山川。遂覲東后，叶時月正日。』祖堯岱宗，同律度量，考在璣衡，以正曆象，庶乎有益。春秋保乾圖曰：『三百年斗曆改憲。』史官用太初鄧平術，有餘分一，在三百年之域，行度轉差，浸以謬錯。璇璣不正，文象不稽。冬至之日日在斗二十（二）〔一〕度，而曆以爲牽牛中星。先立春一日，則四分數之立春日也。以折獄斷大刑，於氣已迕；用望平和隨時之義，蓋亦遠矣。今改行四分，以遵於堯，以順孔聖奉天之文。冀百君子越有民，同心敬授，〔儻〕

獲咸〔喜〕〔熙〕」，以明予祖之遺功。」於是四分施行。而訢、梵猶以爲元首十一月當先大，欲以合耦弦望，命有常日，而十九歲不得七閏，晦朔失實。行之未期，章帝復發聖思，考之經讖，使左中郎將賈逵問治曆者衞承、李崇、太尉屬梁鮪、司徒〔掾〕嚴勗、太子舍人徐震、鉅鹿公乘蘇統及訢、梵等十人。以爲月當先小，據春秋經書朔不書晦者，朔必有明晦，不朔必在其月也。卽先大，則一月再朔，後月無朔，是明不可必。梵等以爲當先大，無文正驗，取欲諧耦十六日〔望〕，月眺昏，晦當滅而已。又晦與合同時，不得異日。又上知訢、梵穴見，勑毋拘曆已班，天元始起之月〔常〕〔當〕小。定，後年曆數遂正。永元中，復令史官以九道法候弦望，驗無有差跌。逵論集狀，後之議者，用得折衷，故詳錄焉。

〔一〕蔡邕議云：「梵，清河人。」

逵論曰：「太初曆冬至日在牽牛初者，牽牛中星也。古黃帝、夏、殷、周、魯冬至日在建星，建星卽今斗星也。太初曆斗二十六度三百八十五分，牽牛八度。案行事史官注，冬、夏至日常不及太初曆五度，冬至日在斗〔一〕〔二〕十一度四分度之一。石氏星經曰：『黃道規牽牛初直斗二十度，去極二十五度。』於赤道，斗二十一度也。四分法與行事候注天度相應。尚書考靈曜『斗二十二度，無餘分，冬至在牽牛所起』。又編訢等據今日所在〔未至〕牽牛中星五度，於斗二十一度四分一，與考靈曜相近，卽以明事。元和二年八月，詔書曰『石不可離』，令兩候，上得筭多者。太史令玄等候元和二年至永元元年，五歲中課日行及冬（夏）至斗（一）〔二〕十一度四分一，合古曆建星考靈曜日所起，其星閒距度皆如石氏故事。他術以爲冬至日在牽牛初者，自此遂黜也。」

逵論曰：「以太初曆考漢元盡太初元年日（朔）〔食〕二十三事，其十七得朔，四得晦，二得二日；新曆七得朔，十四得晦，二得（三）〔二〕日。以太初曆考太初元年盡更始二年二十四事，十得晦；以新曆十六得朔，七得二日，一得晦。以太初曆考建武元年盡永元元年二十三事，五得朔，十八得晦；以新曆十七得朔，三得晦，三得二日。又以新曆上考春秋中有日朔者二十四事，失不中者二十三事。天道參差不齊，必有餘，餘又有長短，不可以等齊。治曆者方以七十六歲斷之，則餘分（稍）〔消〕長，稍得一日。故易金火相革之卦象曰：『君子以治曆明時。』又曰：『湯、武革命，順乎天應乎人。』言聖人必曆象日月星辰，明數不可貫數千萬歲，其閒必改更，先距求度數，取合日月星辰所在而已。故求度數，取合日月星辰，有異世之術。太初曆不能下通於今，新曆不能上得漢元。一家曆法必在三百年之閒。故讖文曰『三百年斗曆改憲』。漢興，當用太初而不改，下至太初元年百二歲乃改。故其前有先晦一日合朔，下至成、哀，以二日爲朔，故合朔多在晦，此其明效也。」

逵論曰：「臣前上傳安等用黃道度日月弦望多近。史官一以赤道度之，不與日月同，於今曆弦望至差一日以上，輒奏以爲變，至以爲日却縮退行。於黃道，自得行度，不爲變。願請太史官日月宿簿及星度課，與待詔星象考校。奏可。臣謹案：前對言冬至日去極一百一十五度，夏至日去極六十七度，春秋分日去極九十一度。洪範『日月之行，則有冬夏』。五紀論『日月循黃道，南至牽牛，北至東井，率日日行一度，月行十三度十九分度七』也。今史官一以赤道爲度，不與日月行同，其斗、牽牛、〔東井〕、輿鬼，赤道得十五，而黃道得十三度半；行東壁、奎、婁、軫、角、亢，赤道〔十〕〔七〕度，黃道八度；或月行多而日月相去反少，謂之日却。案黃道值牽牛，出赤道南二十五度，其直東井、輿鬼，出赤道北〔二十〕五度。赤道者爲中天，去極俱九十度，非日月道，而以遙準度日月，失其實行故也。以今太史官候注考元和二年九月已來月行牽牛、東井四十九事，無行十一度者；行婁、角三十七事，無行十五六度者，如安言。問典星待詔姚崇、井畢等十二人，皆曰『星圖有規法，日月實從黃道，官無其器，不知施行』。案甘露二年大司農中丞耿壽昌奏，以圖儀度日月行，考驗天運狀，日月行至牽牛、東井，日過〔一〕度，月行十五度，至婁、角，日行一度，月行十三度，赤道使然，此前世所共知也。如言黃道有驗，合天，日無前却，弦望不差一日，比用赤道密近，宜施用。上中多臣校。」案逵論，永元四年也。至十五年七月甲辰，詔書造太史黃道銅儀，以角爲十三度，亢十，氐十六，房五，心五，尾十八，箕十，斗二十四四分度之一，牽牛七，須女十一，虛十，危十六，營室十八，東壁十，奎十七，婁十二，胃十五，昴十二，畢十六，觜三，參八，東井三十，輿鬼四，柳十四，星七，張十七，翼十九，軫十八，凡三百六十五度四分度之一。冬至日在斗十九度四分度之一。史官以(郭)〔部〕日月行，參弦望，雖密近而不爲注日。儀，黃道與度轉運，難以候，是以少循其事。

逵論曰：「又今史官推合朔、弦、望、月食加時，率多不中，在於不知月行遲疾意。永平中，詔書令故太史待詔張隆以四分法署弦、望、月食加時。隆言能用易九、六、七、八(支)〔爻〕知月行多少。今案隆所署多失。臣使隆逆推前手所署，不應，或異日，不中天乃益遠，至十餘度。梵、統以史官候注考校，月行當有遲疾，不必在牽牛、東井、婁、角之閒，又非所謂朓、側匿，乃由月所行道有遠近出入所生，率一月移故所疾處三度，九歲九道一復，凡九章，百七十一歲，復十一月合朔旦冬至，合春秋、三統九道終數，可以知合朔、弦、望、月食加時。據官注天度爲分率，以其術法上考建武以來月食凡三十八事，差密近，有益，(宣)〔宜〕課試上。」

案史官舊有九道術，廢而不修。熹平中，故治曆郎梁國宗整上九道術，詔書下太史，以參舊術，相應。部太子舍人馮恂課校，恂亦復作九道術，增損其分，與整術並校，差爲近。太史令颺上以恂術參弦、望。然而加時猶復先後天，遠則十餘度。〔一〕

〔一〕杜預長曆曰：「書稱『朞三百六旬有六日，以閏月定四時成歲，允釐百工，庶績咸熙』。是以天子必置日官，諸侯必置日御，世修其業，以考其術。舉全數而言，故曰六日，其實五日四分之一。日日行一度，而月日行十三度十九分度之〔七〕有畸。日官當會集此之遲疾，以考成晦朔，錯綜以設閏月。閏月無中氣，而北斗邪指兩辰之閒，所以異於他月也。積此以相通，四時八節無違，乃得成歲。其微密至矣。得其精微，以合天道，事敘而不悖。故傳曰：『閏以正時，時以作事，事以厚生，生民之道，於是乎在。』然陰陽之運，隨動而差，差而不已，遂與曆錯。故仲尼、丘明每於朔閏發文，蓋矯正得失，因以宣明曆數也。桓十七年，日食得朔，而史闕其日，單書朔。僖十五年，日食〔亦得朔〕，而史闕朔與日。故傳因其得失，並起時史之謬，兼以明其餘日食，或曆失其正也。莊二十五年，經書『六月辛未朔，日有食之，鼓用牲于社』。周之六月，夏之四月，所謂正陽之月也。而時曆誤，實是七月之朔，非六月。故傳云：『非常也。唯正月之朔，慝未作，日有食之，於是乎有用幣于社，伐鼓于朝。』〔明〕此〔食〕非用幣伐鼓常月，因變而起，曆誤也。文十五年經文皆同，而更復發，傳曰『非禮』。明前傳欲以審正陽之月，後傳發例，欲以明諸侯之禮也。此乃聖賢之微旨，〔而〕先儒所未喻也。昭十七年夏六月，日有食之，而平子言非正陽之月，以誣一朝，近於指鹿爲馬。故傳曰『不君君』，且因以明此月爲得天正也。劉子駿造三統曆，以修春秋。春秋日食有甲乙者三十四，而三統曆唯〔得〕一食，曆術比諸家既最疏。又六千餘歲輒益一日。凡歲當累日爲次，而無故益之，此不可行之甚者。班固前代名儒，而謂之最密。非徒班固也，自古以來，諸論春秋者，多述謬誤，或造家術，或用黃帝以來諸曆，以推經傳朔日，皆不〔得〕諧合。日食於朔，此乃天驗，經傳又書其朔食，可謂得天，而劉、賈諸儒說，皆以爲月二日或三日，公違聖人明文。其蔽在於守一元，不與天消息也。余感春秋之事，嘗著曆論，極言曆之通理。其大指曰：天行不息，日月星辰，各運其舍，皆動物也。物動則不一，雖行度大量，可得而限。累日爲月，〔累月爲歲〕，以新故相序，不得不有毫毛之差，此自然〔之〕理也。故春秋日有頻月而食者，〔有〕

曠年不食者，理不得一，而筭守（從）〔恆〕數，故曆無不有差失也。始失於毫毛，而尙未可覺，積而成多，以失弦望朔晦，則不得不改憲以從之。書所謂『欽若昊天，曆象日月星辰』，易所謂『治曆明時』，言當順天以求合，非爲合以驗天（者）也。推此論之，春秋二百餘年，其治曆變通多矣。雖數術絕滅，還尋經傳微旨，大量可知。時之違謬，則經傳有驗。學者固當曲循經傳月日日食，以考朔晦（也），以推時驗。而（見）皆不然，各據其學以推春秋。此無異度己之跡，而欲削他人之足也。余爲曆論之後，至咸寧中，善筭李修、夏顯，依論體爲術，名乾度曆，表上朝廷。其術合日行四分之數，而微增月行。用三百歲改憲之意，二元相推，七十餘歲，承以強弱，強弱之差蓋少，而適足以遠通盈縮。時尙書及史官以乾度與（太）〔泰〕始曆參校古今記注，乾度曆殊勝〔泰始曆，上勝官曆四十五事〕，今〔其〕術具存。時又并考古今十曆，以驗春秋，知三統曆之最疎也。今具列其（時）得失之數，又據經傳微旨〔證據及失閏旨〕，考日辰朔晦，以相發明，爲經傳長曆。諸經傳證據，及失閏〔違〕時，文字謬誤，皆甄發之。雖未必其得天，蓋〔是〕春秋當時之曆也。學者覽焉。」

永元十四年，待詔太史霍融上言：「官漏刻率九日增減一刻，不與天相應，或時差至二刻半，不如夏曆密。」詔書下太常，令史官與融以儀校天，課度遠近。太史令舒、承、梵等對：「案官所施漏法令甲第六常符漏品，孝宣皇帝三年十二月乙酉下，建武十年二月壬午詔書施行。漏刻以日長短爲數，率日南北二度四分而增減一刻。一氣俱十五日，日去極各有多少。今官漏率九日移一刻，不隨日進退。夏曆漏〔刻〕隨日南北爲長短，密近於官漏，分明可施行。」其年十一月甲寅，詔曰：「告司徒、司空：漏所以節時分，定昏明。昏明長短，起於日去極遠近，日道周〔圜〕，不可以計率分，當據儀度，下參晷景。今官漏以計率分昏明，九日增減一刻，違失其實，至爲疏數以耦法。太史待詔霍融上言，不與天相應。太常史官運儀下水，官漏失天者至三刻。以晷景爲刻，少所違失，密近有驗。今下晷景漏刻四十八箭，立成斧官府當用者，計吏到，班予四十八箭。」文多，故魁取二十四氣日所在，并黃道去極、晷景、漏刻、昏明中星刻于下。

昔太初曆之興也，發謀於元封，啓定於（天）〔元〕鳳，積（百）三十年，是非乃審。及用四分，亦於建武，施於元和，訖於永元，七十餘年，然后儀式備立，司候有準。天事幽微，若此其難也。中興以來，圖讖漏泄，而考靈曜、命曆序皆有甲寅元。其所起在四分庚申元後百一十四歲，朔差却二日。學士修之於草澤，信向以爲得正。及太初曆以後（大）〔天〕爲疾，而修之者云「百四十四歲而太歲超一（表）〔辰〕，百七十一歲當棄朔餘六十三，中餘千一百九十七，乃可常行」。自太初元年至永平十一年，百七十一，當去分而不去，故令益有疏闊。此二家常挾其術，庶幾施行，每有訟者，百寮會議，羣儒騁思，論之有方，益於多聞識之，故詳錄焉。

安帝延光二年，中謁者亶誦言當用甲寅元，河南梁豐言當復用太初。尚書郎張衡、周興皆能曆，數難誦、豐，或不對，或言失誤。衡、興參案儀注（者），考往校今，以爲九道法最密。詔書下公卿詳議。太尉愷等上侍中施延等議：「太初過天，日一度，弦望失正，月以晦見西方，食不與天相應；元和改從四分，四分雖密於太初，復不正，皆不可用。甲寅元與天相應，合圖讖，可施行。」博士黃廣、大行令任僉議，如九道。河南尹祉、太子舍人李泓等四十人議：「卽用甲寅元，當除元命苞天地開闢獲麟中百一十四歲，推閏月六直其日，或朔、晦、弦、望，二十四氣宿度不相應者非一。用九道爲朔，月有比三大二小，皆疏遠。元和變曆，以應保乾圖『三百歲斗曆改憲』之文。四分曆本起圖讖，最得其正，不宜易。」愷等八十四人議，宜從太初。尚書令忠上奏：「諸從太初者，皆無他效驗，徒以世宗攘夷廓境，享國久長爲辭。或云孝章改四分，災異卒甚，未有善應。臣伏惟聖王興起，各異正朔，以通三統。漢祖受命，因秦之紀，十月爲年首，閏常在歲後。不稽先代，違於帝典。太宗遵修，三階以平，黃龍以至，刑犴以錯，五是以備。〔一〕哀平之際，同承太初，而妖孽累仍，痾禍非一。議者不以成數相參，考眞求實，而汎采妄說，歸福太初，致咎四分。太初曆衆賢所立，是非已定，永平不審，復革其弦望。四分有謬，不可施行。元和鳳鳥不當應曆而翔集。遠嘉前造，則（喪）〔表〕其休；近譏後改，則隱其福。漏見曲論，未可爲是。臣輒復重難衡、興，以爲五紀論推步行度，當時比諸術爲近，然猶未稽於古。及向子歆欲以合春秋，橫斷年數，損夏益周，考之表紀，差謬數百。兩曆相課，六千一百五十六歲，而太初多一日。冬至日直斗，而云在牽牛。迂闊不可復用，昭然如此。史官所共見，非獨衡、興。前以爲九道密近，今議者以爲有闕，及甲寅元復多違失，皆未可取正。昔仲尼順假馬之名，以崇君之義。況天之曆數，不可任疑從虛，以非易是。」上納其言，遂〔寢〕改曆事。

〔一〕洪範：「庶徵，曰雨，曰暘，曰燠，曰寒，曰風。五者來備，各以其敍。」

順帝漢安二年，尚書侍郎邊韶上言：「世微於數虧，道盛於得常。數虧則物衰，得常則國昌。孝武皇帝攄發聖思，因元封七年十一月甲子朔旦冬至，乃詔太史令司馬遷、治曆鄧平等更建太初，改元易朔，行夏之正，乾鑿度八十〔一〕分之四十三爲日法。設清臺之候，驗六異，課效觕密，太初爲最。其後劉歆研機極深，驗之春秋，參以易道，以河圖帝覽嬉、雒書（甄）〔乾〕曜度推廣九道，百七十一歲進退六十三分，百四十四歲一超次，與天相應，少有闕謬。從太初至永平十一年，百七十〔一〕歲，進退餘分六十三，治曆者不知處之。推得十二度弦望不效，挾廢術者得竄其說。至（永）〔元〕和二年，小終之數寖過，餘分稍增，月不用晦朔而先見。孝章皇帝以保乾圖『三百年斗曆改憲』，就用四分。以太白復樞甲子爲癸亥，引天從筭，耦之目前。更以庚申爲元，既無明文；託之於獲麟之歲，又不與感精符單閼之歲同。史官相代，因成習疑，少能鉤深致遠；案弦望足以知之。」詔書下三公、百官雜議。太史令虞恭、治曆宗訢等議：「建曆之本，必先立元，元正然後定日法，法定然後度周天以定分至。三者有程，則曆可成也。四分曆仲紀之元，起於孝文皇帝後元三年，歲在庚辰。上四十五歲，歲在乙未，則漢興元年也。又上二百七十五歲，歲在庚申，則孔子獲麟。二百七十六萬歲，尋之上行，復得庚申。歲歲相承，從下尋上，其執不誤。此四分曆元明文圖讖所著也。太初元年歲在丁丑，上極其元，當在庚戌，而曰丙子，言百四十四歲超一辰，凡九百九十三超，歲有空行八十二周有奇，乃得丙子。案歲所超，於天元十一月甲子朔旦冬至，日月俱超。日行一度，積三百六十五度四分度一而周天一帀，名曰歲。歲從一辰，日不得空周天，則歲無由超辰。案百七十〔一〕歲二蔀一章，小餘六十三，自然之數也。夫數出於杪曶，以成毫氂，毫氂積累，以成分寸。兩儀既定，日月始離。初行生分，積分成度。日行一度，一歲而周，故爲術者，各生度法，或以九百四十，或以八十一。法有細觕，以生兩科，其歸一也。日法者，日之所行分也。日垂令明，行有常節，日法所該，通遠無已，損益毫氂，差以千里。自此言之，數無緣得有虧棄之意也。今欲飾平之失，斷法垂分，恐傷大道。以步日月行度，終數不同，四章更不得朔餘一。雖言九道去課進退，恐不足以補其闕。且課曆之法，晦朔變弦，以月食天驗，昭著莫大焉。今以去六十三分之法爲曆，驗章和元年以來日變二十事，〔一〕月食二十八事，與四分曆更失，定課相除，四分尚得多，而又便近。孝章皇帝曆度審正，圖儀晷漏，與天相應，不可復尚。文曜鉤曰：『高辛受命，重黎說文。唐堯卽位，羲和立（禪）〔渾〕。夏后制德，昆吾列神。成周改號，萇弘分官。』運斗樞曰：『常占有經，世史所明。』洪範五紀論曰：『民閒亦有黃帝諸曆，不如史官記之明也。』自古及今，聖帝明王，莫不取言於羲和、常占之官，定精微於晷儀，正衆疑，祕藏中書，改行四分之原。及光武皇帝數下詔書，草創其端，孝明皇帝課校其實，孝章皇帝宣行其法。君更三聖，年歷數十，信而徵之，舉而行之。其元則上統開闢，其數則復古四分。宜如甲寅詔書故事。」奏可。

〔一〕案五行志，章和元年訖漢安二年日變二十三事，古今注又長一。

靈帝熹平四年，五官郎中馮光、沛相上計掾陳晃言：「曆元不正，故妖民叛寇益州，盜賊相續爲（害）。曆（當）用甲寅爲元而用庚申，圖緯無以庚（申）爲元者。近秦所用代周之元。太史治治曆中郭香、劉固意造妄說，乞（與）本庚申元經緯（有）明（文），受虛欺重誅。」乙卯，詔書下三府，與儒林明道者詳議，務得道眞。以羣臣會司徒府議。〔一〕

〔一〕蔡邕集載：「三月九日，百官會府公殿下，東面，校尉南面，侍中、郎將、大夫、千石、六百石重行北面，議郎、博士西面。戶曹令史當坐中而讀詔書，公議。蔡邕前坐侍中西北，近公卿，與光、晃相難問是非焉。」

議郎蔡邕議，以爲：

曆數精微，去聖久遠，得失更迭，術（術）無常是。〔漢興〕（以）承秦，曆用顓頊，元用乙卯。〔一〕百有二歲，孝武皇帝始改正朔，曆用太初，元用丁丑，行之百八十九歲。孝章皇帝改從四分，元用庚申。今光、晃各以庚申爲非，甲寅爲是。案曆法，黃帝、顓頊、夏、殷、周、魯，凡六家，各自有元。光、晃所據，則殷曆元也。他元雖不明於圖讖，各〔自一〕家〔之〕術，皆當有效於（其）當時。（黃）〔武〕帝始用太初丁丑之元，（有）六家紛錯，爭訟是非。太史令張壽王挾甲寅元以非漢曆，雜候清臺，課在下第，卒以疏闊，連見劾奏，太初效驗，無所漏失。是則雖非圖讖之元，而有效於前者也。及用四分以來，考之行度，密於太初，是又新元〔有〕效於今者也。延光元年，中謁者亶誦亦非四分庚申，上言當用命曆序甲寅元。公卿百寮參議正處，竟不施行。且三光之行，遲速進退，不必若一。術家以筭追而求之，取合於當時而已。故有古今之術。今〔術〕之不能上通於古，亦猶古術之不能下通於今也。元命苞、乾鑿度皆以爲開闢至獲麟二百七十六萬歲；及命曆序積獲麟至漢，起庚（子）〔午〕蔀之二十三歲，竟己酉、戊子及丁卯蔀六十九歲，合爲二百七十五歲。漢元年歲在乙未，上至獲麟則歲在庚申。推此以上，上極開闢，則（不）〔元〕在庚申。讖雖無文，其數見存。而光、晃以爲開闢至獲麟二百七十五萬九千八百八十六歲，獲麟至漢百六十（二）〔一〕歲，轉差少一百一十四歲。云當滿足，則上違乾鑿度、元命苞，中使獲麟不得在哀公十四年，下不及命曆序獲麟〔至〕漢相去四蔀年數，與奏記譜注不相應。

〔一〕蔡邕〔命〕〔月令〕論曰：「顓頊曆術曰：『天元正月己巳朔旦立春，俱以日月起於天廟營室五度。』今月令孟春之月，日在營室。」

當今曆正月癸亥朔，光、晃以爲乙丑朔。乙丑之與癸亥，無題勒款識可與衆共別者，須以弦望晦朔光魄虧滿可得而見者，考其符驗。而光、晃曆以考靈曜〔爲本〕，二十八宿度數及冬至日所在，與今史官甘、石舊文錯異，不可考校；以今渾天圖儀檢天文，亦不合於考靈曜。光、晃誠能自依其術，更造望儀，以追天度，遠有驗於圖書，近有效於三光，可以易奪甘、石，窮服諸術者，實宜用之。難問光、晃，但言圖讖，所言不服。元和二年二月甲寅制書曰：『朕聞古先聖王，先天而天不違，後天而奉天時。史官用太初鄧平術，冬至之日，日在斗二十(二)〔一〕度，而曆以爲牽牛中星，先立春一日，則四分數之立春也，而以折獄斷大刑，於氣已迕，用望平和，蓋亦遠矣。今改行四分，以遵於堯，以順孔聖奉天之文。』是始用四分曆庚申元之詔也。深引河雒圖讖以爲符驗，非史官私意獨所興構。而光、晃以爲〔香〕、固意造妄說，違反經文，謬之甚者。昔堯命羲和曆象日月星辰，舜叶時月正日，湯、武革命，治曆明時，可謂正矣，且猶遇水遭旱，戒以『蠻夷猾夏，寇賊姦宄』。而光、晃以爲陰陽不和，姦臣盜賊，皆元之咎，誠非其理。元和二年乃用庚申，至今九十二歲，而光、晃言秦所用代周之元，不知從秦來，漢三易元，不常庚申。光、晃區區信用所學，亦妄虛無造欺語之愆。至於改朔易元，往者壽王之術已課不效，亶誦之議不用，元和詔書文備義著，非羣臣議者所能變易。

太尉耽、司徒隗、司空訓以邕議劾光、晃不敬，正鬼薪法。詔書勿治罪。〔一〕

〔一〕臣昭曰：不有君子，其能國乎？觀蔡邕之議，可以言天機矣。賢明在朝，弘益遠哉！公卿結正，足懲淺妄之徒，詔書勿治，亦深「盍各」之致。

太初曆推月食多失。四分因太初法，以河平癸巳爲元，施行五年。永元元年，天以七月後閏食，術以八月。其(十)二年正月十二日，蒙公乘宗紺上書言：「今月十六日月當食，而曆以二月。」至期如紺言。太史令巡上紺有益官用，除待詔。甲辰，詔書以紺法署。施行五十六歲。至本初元年，天以十二月食，曆以後年正月，於是始差。到熹平三年，二十九年之中，先曆食者十六事。常山長史劉洪上作七曜術。甲辰詔屬太史部郎中劉固、舍人馮恂等課效，復作八元術，固等作月食術，並已相參。固術與七曜術同。月食所失，皆以歲在己未當食四月，恂術以三月，官曆以五月。太史上課，到時施行中者。丁巳，詔書報可。

其四年，紺孫誠上書言：「受紺法術，當復改，今年十二月當食，而官曆以後年正月。」到期如言，拜誠爲舍人。丙申，詔書聽行誠法。
光和二年歲在己未，三月、五月皆陰，太史令修、部舍人張恂等推計行度，以爲三月近，
四月遠。誠以四月。奏廢誠術，施用恂術。其三年，誠兄整前後上書言：「去年三月不食，當
以四月。史官廢誠正術，用恂不正術。」整所上（五）〔正〕屬太史，太史主者終不自言三月
近，四月遠。食當以見爲正，無遠近。詔書下太常：「其詳案注記，平議術之要，效驗虛實。」
太常就耽上選侍中韓說、博士蔡較、穀城門候劉洪、右郎中陳調於太常府，覆校注記，平議
難問。恂、誠各對。恂術以五千六百四十（日）〔月〕有九百六十一食爲法，而除成分，空加縣
法，推建武以來，俱得三百二十七食，其十五食錯。案其官素注，天見食九十八，與兩術相
應，其錯辟二千一百。誠術以百三十五月二十三食爲法，乘除成月，從建康以上減四十一，
建康以來減三十五，以其俱不食。恂術改易舊法，誠術中復減損，論其長短，無以相踰。各
引書緯自證，文無義要，取追天而已。夫日月之術，日循黃道，月從九道。以赤道儀，日冬
至去極俱一百一十五度。其入宿也，赤道在斗二十一，而黃道在斗十九。兩儀相參，日月
之行，曲直有差，以生進退。故月行井、牛，十四度以上；其在角、婁，十二度以上。皆不應
率不行。以是言之，則術不差不改，不驗不用。天道精微，度數難定，術法多端，曆紀非一，
未驗無以知其是，未差無以知其失。失然後改之，是然後用之，此謂允執其中。今誠術未

有差錯之謬，恂術未有獨中之異，以無驗改未失，是以檢將來爲是者也。誠術百三十五月月二十三食，其文在書籍，學者所修，施行日久，官守其業，經緯日月，厚而未愆，信於天文，述而不作。恂久在候部，詳心善意，能揆儀度，定立術數，推前校往，亦與見食相應。然協曆正紀，欽若昊天，宜率舊章，如甲辰、丙申詔書，以見食爲比。今宜施用誠術，棄放恂術，史官課之，後有效驗，乃行其法，以審術數，以順改易。耽以說等議奏聞，詔書可。恂、整、誠各復上書，恂言不當施誠術，整言不當復（棄）恂術。爲洪議所侵，事下永安臺覆實，皆不如恂、誠等言。劾奏謾欺。詔書報，恂、誠各以二月奉贖罪，整適作左校二月。遂用洪等，施行誠術。

光和二年，萬年公乘王漢上月食注。自章和元年到今年凡九十三歲，合百九十六食；與官曆河平元年月錯，以己巳爲元。事下太史令修，上言「漢所作注不與見食相應者二事，以同爲異者二十九事」。尚書召穀城門候劉洪。勑曰：「前郎中馮光、司徒掾陳晃各訟曆，故議郎蔡邕共補續其志。今洪其詣修，與漢相參，推元（謂）〔課〕分，考校月食。審己巳元密近，有師法，洪便從漢受；不能，對。」洪上言：「推（元）漢己巳元，則考靈曜旃蒙之歲乙卯元也，與光、晃甲寅元相經緯。於以追天作曆，校三光之步，今爲疏闊。孔子緯一事見二端者，明曆興廢，隨天爲節。甲寅曆於孔子時效；己巳顓頊秦所施用，漢興草創，因而不易，至元封中，迂闊不審，更用太初，應期三百改憲之節。甲寅、己巳讖雖有文，略其年數，是以學人各傳所聞，至於課校，罔得厥正。夫甲寅元天正正月甲子朔旦冬至，七曜之起，始於牛初。乙卯之元人正己巳朔旦立春，三光聚天廟五度。課兩元端，閏餘差（自）〔百〕五十〔二〕分〔二〕之三，朔三百四，中節之餘二十九。以效信難聚，漢不解說，但言先人有書而已。以漢成注參官施行，術不同二十九事，不中見食二事。案漢習書，見己巳元，謂朝不聞，不知聖人獨有興廢之義，史官有附天密術。甲寅、己巳，前已施行，效後格而（已）不用。河平疏闊，史官已廢之，而漢以去事分爭，殆非其意。雖有師法，與無同。課又不近密。其說蔀數，術家所共知，無所采取。」遣漢歸鄉里。〔一〕

〔一〕袁山松書曰：「劉洪字元卓，泰山蒙陰人也。魯王之宗室也。延熹中，以校尉應太史徵，拜郎中，遷常山長史，以父憂去官。後爲上計掾，拜郎中，檢東觀著作律曆記，遷謁者，穀城門候，會稽東部都尉。徵還，未至，領山陽太守，卒官。洪善筭，當世無偶，作七曜術。及在東觀，與蔡邕共述律曆記，考驗天官。及造乾象術，十餘年，考驗日月，與象相應，皆傳于世。」博物記曰：「洪篤信好學，觀乎六藝羣書意，以爲天文數術，探賾索隱，鉤深致遠，遂專心銳思。爲曲城侯相，政教清均，吏民畏而愛之，爲州郡之所禮異。」

校勘記

三〇二五頁四行　朔先〔於〕曆　集解引盧文弨說，謂「先」下脫「於」字，依御覽補。今據補。

三〇二五頁四行　月〔或朔〕見　集解引盧文弨說，謂「月」下脫「或朔」二字，依御覽補。今據補。

三〇二五頁五行　建武八年中　按：集解引惠棟說，謂北宋本無「中」字。

三〇二五頁六行　曆〔朔〕不正　集解引盧文弨說，謂「言」下脫「朔」字，依御覽補。今據補。

三〇二五頁六行　官曆署七月十六日〔月〕食　集解引盧文弨說，謂「日」下脫「月」字，依御覽補。王先謙謂以下文證之，當有「月」字。今據補。按：印影宋本御覽「月」譌「日」。

三〇二五頁七行　〔因〕上言月當十五日食　集解引盧文弨說，謂御覽「上言」上有「因」字。今據補。

三〇二五頁八行　詔書令岑普〔候〕與官〔曆〕課　集解引盧文弨說，謂「普」下脫「候」字，「官」下脫「曆」字，御覽有。今據補。

三〇二五頁九行　詔〔書〕令岑署弦望月食官　集解引盧文弨說，謂「詔」下脫「書」字，依御覽補。今據補。

三〇二六頁二行　〔從〕〔後〕天四分日之三　集解引李鋭說，謂「後天」誤「從天」，當改。今據改。

三〇二六頁七行　〔順〕堯考德〔顧〕〔題〕期立象　集解引惠棟說，謂「顧」一作「題」。又引盧文弨說，謂緯書所載作「順堯考德，題期立象」。按：曹襃傳作「順堯考德，題期立象」，今據以補改。

三〇二六頁一三行　日在斗二十〔三〕〔一〕度　據集解引盧文弨說改。

三〇二六頁一五行　〔儻〕獲咸〔喜〕〔熙〕　集解引惠棟說，謂「獲」上一有「儻」字，「喜」作「熙」，宋志同。又引盧文弨說，謂南宋本有「儻」字。今據以補改。

三〇二七頁三行　司徒〔掾〕嚴勗　集解引錢大昕說，謂此嚴勗亦司徒之掾屬，非司徒也，史脫文。今據補。

三〇二七頁四行　朔必有明晦不朔必在其月也　按：集解引盧文弨說，謂「明」字衍，「不朔」當作「朔不」。

三〇二七頁五行　是明不可必　按：集解引盧文弨說，謂唐一行大衍曆議引「明」作「朔」。

三〇二七頁六行　十六日〔望〕　按各本俱無「望」字，今依曆理及文義補。

三〇二七頁七行　天元始起之月(常)〔當〕小　據汲本、殿本改。

三〇二七頁一三行　冬至日在斗(一)〔二〕十一度四分度之一　據汲本、殿本改。

三〇二七頁一四行　日所在〔未至〕牽牛中星五度　集解引盧文弨說，謂「在」下當脫「未至」二字。今據補。

三〇二八頁一行　五歲中課日行及冬(夏)至斗(一)〔二〕十一度四分一　集解引惠棟說，謂李本「一十」作「二十」。按：上屢見冬至日在斗二十一度，明作「一十」者譌，今據改。又按文義「夏」字當衍，今刪。

三〇二八頁四行　日(朔)〔食〕二十三事　據集解引盧文弨說改。

三〇二八頁五行　二得(三)〔二〕日　按：各本並作「三日」，於曆理爲舛，今改正。

三〇二八頁八行　治曆者方以七十六歲斷之　按：集解引盧文弨說，謂「方」疑當作「乃」。

三〇二八頁九行　則餘分（稍）〔消〕長　集解引惠棟說，謂「稍」李本作「消」。今按：依文義作「消」是，各本作「稍」，蓋涉下「稍」字而誤，今據改。

三〇二九頁五行　其斗牽牛〔東井〕輿鬼　集解引錢塘說，謂「牽牛」下脫「東井」二字。斗、牽牛冬至日所在，東井、輿鬼夏至日所在也。今據補。

三〇二九頁六行　行東壁　按：於文義「行」字當衍。

三〇二九頁六行　赤道（十）〔七〕度　集解引李光地說，謂「十」當作「七」。今按：壁、奎、婁、軫、亢間在黃道斜交赤道之附近，以赤道標準度之，則赤道得度多而黃道得度少，其大較爲七與八之比，李說是，今據改。

三〇二九頁七行　出赤道南二十五度　按：「五」當作「四」，說詳下。

三〇二九頁七行　出赤道北〔二十〕五度　據集解引李光地說補。按：當作「二十四度」，說詳下。

三〇二九頁八行　去極俱九十度　當作「九十一度」，脫「一」字。按：四分曆以周天爲三百六十五度又四分一，赤道去極爲其四分之一，約爲九十一度。張衡渾儀謂「赤道橫帶渾天之腹，去極九十一度十六分之五，黃道斜帶其腹，出赤道表裏各二十四度，故夏至去極六十七度而強，冬至去極百一十五度亦強也」。上文亦言「冬至日去極一百十五度，夏至日去極六十七度，春秋分日去極九十一度」。並足證當時以赤道去極爲九十一度，黃道於牽牛及東井各距赤道南北二十四度也。

三〇二九頁一三行　日過〔一〕度　據殿本考證補。

三〇三〇頁三行　史官以(郭)〔部〕日月行參弦望　按：集解引齊召南說，謂「郭」當作「部」。今據改。

三〇三〇頁六行　能用易九六七八(支)〔爻〕知月行多少　據集解引盧文弨說改。

三〇三〇頁一二行　(宜)〔宜〕課試上　據集解引盧文弨說改。

三〇三一頁一行　而月日行十三度十九分度之〔七〕有畸　據集解引盧文弨說補。

三〇三一頁三行　事敍而不悖　按：集解引惠棟說，謂杜集「事」上有「則」字，「悖」作「僻」。

三〇三一頁六行　日食〔亦得朔〕　據集解引盧文弨說補。

三〇三一頁八行　〔明〕此〔食〕非用幣伐鼓常月　據集解引盧文弨說補。

三〇三一頁一〇行　〔而〕先儒所未喻也　據集解引盧文弨說補。

三〇三一頁一三行　而三統曆唯〔得〕一食　據集解引盧文弨說補。

三〇三一頁一四行　皆不(得)諧合　據集解引盧文弨說删。

三〇三一頁一七行　累日爲月〔累月爲歲〕　據集解引盧文弨說補。

三〇三一頁一七行　以新故相序不得不有毫毛之差此自然〔之〕理也　集解引惠棟說，謂「序」原作「涉」，「毛」作「末」，「然」下有「之」字。按：晉志引長曆與惠校同，今以「相序」與「相涉」，「毫毛」與「毫末」，文異而義同，故但補一「之」字。

三〇三一頁一七行　〔有〕曠年不食者　據集解引盧文弨說補。

三〇三二頁一行　而筭守（從）〔恆〕數　據汲本、殿本改。

三〇三二頁二行　非爲合以驗天（者）也　據集解引盧文弨說刪。

三〇三二頁四行　以考朔晦（也）　據集解引盧文弨說刪。

三〇三二頁四行　而〔見〕皆不然　據集解引盧文弨說補。

三〇三二頁五行　善筭李修夏顯　按：集解引盧文弨說，謂「善筭」本作「有善筭者」。又引惠棟說，謂「夏」杜集作「卜」。

三〇三二頁七行　以乾度與（太）〔泰〕始曆參校古今記注　據盧文弨羣書拾補校改。

三〇三二頁七行　乾度曆殊勝〔泰始曆上勝官曆四十五事〕　集解引盧文弨說，謂「勝」下脫「泰始曆上勝官曆四十五事」十一字，依晉志補。今據補。

三〇三二頁八行　今〔其〕術具存　據汲本、殿本補。

三〇三二頁八行　今具列其（時）得失之數　據集解引盧文弨說刪。

三〇三二頁八行　又據經傳微旨（證據及失閏旨）考日辰朔晦　據集解引盧文弨說刪。

三〇三二頁九行　及失閏〔違〕時　據集解引盧文弨說補。

三〇三二頁一〇行　蓋〔是〕春秋當時之曆也　據集解引盧文弨說補。按：「之」原譌「文」，逕改正。

三〇三二頁一五行　夏曆漏〔刻〕隨日南北爲長短　集解引惠棟說，謂「漏」下脫「刻」字，當依隋志增。今據補。

三〇三三頁二行　日道周〔圜〕　集解引惠棟說，謂「周」下宋志有「圜」字。今據補。

三〇三三頁五行　立成斧官府當用者計吏到班予四十八箭文多故魁取二十四氣日所在　集解引盧文弨說，謂「立成」至「魁取」二十二字宋志無。今按：文有譌奪，難句讀。疑詔書至「班予四十八箭」止，下爲史官敍述之文。「魁」字衍。言文多，故僅取二十四氣日所在等刻於下也。

三〇三三頁七行　發謀於元封啓定於(天)〔元〕鳳積(百)三十年是非乃審　集解引李銳說，謂前志云「自漢曆初起，至元鳳六年，而是非堅定」。案自太初元年至元鳳六年，正得三十年，此文「天鳳」當作「元鳳」，「百」字衍。今據改。按：依前書則「啓」當作「堅」。

三〇三三頁八行　亦於建武施於元和　按：集解引張文虎說，謂「亦」下疑脫一字，謂始於建武，而施行於元和也。

三〇三三頁一〇行　及太初曆以後(大)〔天〕爲疾　據集解引李銳說改。

三〇三三頁一一行　百四十四歲而太歲超一(表)〔辰〕　據集解引錢大昕說改。

三〇三四頁二行　或不對　按：集解引惠棟說，謂「不」下宋志有「能」字。

三〇三四頁二行　衡與參案儀注(者)　集解引惠棟說，謂「者」字衍，從宋志刪。今據刪。

三〇三四頁五行　太子舍人李泓　按：殿本「泓」作「弘」。

三〇三四頁六行　推閏月六直其日　按：尋文義，疑「六」爲「不」之譌，「日」爲「月」之譌。

三〇三四頁一〇行　災異卒甚　汲本、殿本「卒」作「率」。按：盧文弨云北宋本作「卒」。

三〇三四頁一三行　五是以備　按：汲本、殿本「是」作「者」。集解引錢大昕說，謂洪範「五者來備」一作「五是」，蓋漢儒傳本異也。閩本、汲古閣本作「五者」，則後人據今本尚書易之。李雲傳「五氏來備」，氏古是字。荀爽傳「五韙來備」，韙亦訓是。

三〇三四頁一五行　則(喪)〔表〕其休　集解引盧文弨說，謂錢氏改「喪」爲「表」。按：詳文義當作「表」，表與喪形近，今據改。

三〇三五頁五行　遂〔寢〕改曆事　集解引錢大昕說，謂詳文義，是安帝納尚書令忠言，仍用四分，不復議改。宋志亦云「亶等遂寢」。此文「遂」下當有「罷」字，或是「寢」字。今據錢說並參宋志，補一「寢」字。

三〇三五頁九行　乾鑿度八十(一)〔二〕分之四十三爲日法　據集解引錢大昕說補。

三〇三五頁一〇行　雒書(甄)〔乾〕曜度　據殿本改。按：集解引惠棟說，謂「乾」作「甄」當是避太子承乾諱改。

三〇三五頁一三行 從太初至永平十一年百七十〔一〕歲　據集解引錢大昕說補。

三〇三五頁一三行 至(永)〔元〕和二年　據集解引錢大昕說改。

三〇三六頁九行 案百七十〔一〕歲二蔀一章　據集解引錢大昕說補。

三〇三七頁二行 羲和立(禪)〔渾〕　集解引盧文弨說，謂「禪」乃「渾」之譌，渾謂渾儀，與韻協。今據改。

三〇三七頁九行 盜賊相續爲〔害〕　王先謙謂「爲」下疑有「害」字。宋志作「曆元不正，故盜賊爲害」。今據王說參宋志，補一「害」字。

三〇三七頁一〇行 曆〔當〕用甲寅爲元而用庚申　王先謙謂宋志作「曆當以甲寅爲元，不用庚申」。今依宋志補一「當」字。

三〇三七頁一〇行 圖緯無以庚〔申〕爲元者　據集解引盧文弨說補。

三〇三七頁一一行 乞(與)本庚申元經緯(有)明〔文〕　據集解引盧文弨說刪補。

三〇三七頁一一行 受虛欺重誅　按：集解引盧文弨說，謂此句上亦有脫文。

三〇三八頁一行 術(術)無常是　據集解引惠棟說刪。

三〇三八頁一行 〔漢興〕(以)承秦　集解引惠棟說，謂「以」字誤，宋志作「漢興承秦」。今據宋志改。按：盧文弨羣書拾補改作「漢承秦正」。

三〇二八頁四行　各〔自一〕家〔之〕術皆當有效於(其)當時　據集解引盧文弨說補删。今按：御覽卷十六引作「各自一家之說，皆當有效於當時」。

三〇二八頁五行　(黃)〔武〕帝始用太初丁丑之元(有)六家紛錯　據盧文弨羣書拾補校改。按：宋志作「昔始用太初丁丑之後」。御覽一六引作「昔太初始用丁丑之後」。

三〇二八頁八行　是又新元〔有〕效於今者也　據宋志及御覽一六補。

三〇二八頁一〇行　今〔術〕之不能上通於古　集解引惠棟說，謂「今」下宋志有「術」字。今據補。

三〇二八頁一二行　起庚(子)〔午〕蔀之二十三歲　據集解引錢大昕說改。

三〇二八頁一三行　則(不)〔元〕在庚申　集解引錢大昕說，謂自獲麟至開闢二百七十六萬歲，以六十除之，恰盡獲麟之歲，既是庚申，則開闢之始亦必庚申矣。當云「元在庚申」，「不」乃「元」字之譌。又引李銳說，謂上文云二百七十六萬歲，尋之上行，復得庚申，「不」當作「復」。按：錢、李兩家之說並是，今從錢說改「不」字爲「元」字。

三〇二八頁一四行　獲麟至漢百六十(二)〔一〕歲　集解引李銳說，謂邕於甲寅元開闢至漢元年數內減去庚申元開闢至獲麟年數，餘一百六十一爲獲麟至漢元年數，因謂光、晃差少一百一十四歲。今按：甲寅元開闢至獲麟積年二百七十五萬九千八百八十歲，獲麟至漢二百七十五歲，共二百七十六萬一百六十一歲，邕以庚申元開闢至獲麟積年二百七十六萬歲減之，則獲麟至漢爲百六十一歲，明「百六十二歲」之「二」字當作「一」，今據改。

三〇三九頁一行 下不及命曆序獲麟〔至〕漢相去四蔀年數　據集解引盧文弨說補。

三〇三九頁二行 蔡邕（命）〔月令〕論曰　集解引惠棟說，謂「命論」未詳。案邕明堂月令論有之，「令」誤「命」，落「月」字也。今據改。

三〇三九頁五行 而光晃曆以考靈曜〔爲本〕　集解引惠棟說，謂「曜」下宋志有「爲本」二字。今據補。

三〇三九頁一〇行 日在斗二十（二）〔一〕度　按：三〇二六頁一三行「日在斗二十二度」，已據盧文弨說改「二十二」爲「二十一」，此與上同。

三〇三九頁一三行 而光晃以爲〔香〕固意造妄說　據集解引盧文弨說補。

三〇四〇頁二行 亦妄虛無造欺語之愆　按：集解引盧文弨說，謂「亦」下文有譌。

三〇四〇頁八行 其（十）二年正月十二日　集解引李銳說，謂「十二年」當作「二年」，與下「十二日」相涉，誤衍「十」字。案下文云「以紺法署施行五十六歲」，自永元二年至本初元年，正得五十六年，故知「十」字衍也。今據刪。

三〇四一頁二行 部舍人張恂　按：「張恂」疑當作「馮恂」。上文言「熹平中，故治曆郎梁國宗整上九道術，詔書下太史，以參舊術，相應。部太子舍人馮恂課校，恂亦復作九道術，增損其分，與整術並校，差爲近。太史令颺上以恂術參朔望」。此處雖言課校恂、誠二術，整爲誠兄，且先後上書爲誠術辨，則所謂整術、誠術實同爲一事，而參與推計行度者爲馮恂也。

三〇四一頁四行　整所上(五)〔正〕屬太史　據汲本改。按：「五屬太史」不可解，尋文義以「正屬太史」爲長。

三〇四一頁七行　恂術以五千六百四十(日)〔月〕有九百六十一食爲法　據集解引錢大昕說改。按：「法」原譌「注」，逕改正。

三〇四二頁六行　恂言不當施誠術整言不當復(棄)恂術　按：整、恂各挾己術相攻訐，恂言不當施誠術，整言不當復恂術，「棄」字當涉上「棄放恂術」而譌衍，今刪。

三〇四二頁七行　整適作左校二月　殿本「適」作「輸」。按：適同謫，原不譌，殿本以意改也。

三〇四二頁七行　遂用洪等　按：下疑脫一「議」字。

三〇四二頁一三行　推元(謂)〔課〕分　據集解引盧文弨說改。

三〇四二頁一三行　推(元)漢已巳元　集解引盧文弨說，謂「推」下「元」字衍，漢即王漢。今據刪。

三〇四三頁三行　閏餘差(自)〔百〕五十〔二〕分(二)之三　集解盧文弨說，謂「自」當作「百」，又引李銳說，謂當作「百五十二分之三」。今據改。

三〇四三頁六行　後格而(已)不用　據集解引盧文弨說刪。

後漢書志第三

律曆下

曆法

昔者聖人之作曆也，觀琁璣之運，三光之行，道之發斂，景之長短，斗綱（之）〔所〕建，青龍所躔，參伍以變，錯綜其數，而制術焉。

天之動也，一晝一夜而運過周，星從天而西，日違天而東。日之所行與運周，在天成度，在曆成日。居以列宿，終于四七，受以甲乙，終于六旬。日月相推，日舒月速，當其同〔所〕，謂之合朔。舒先速後，近一遠三，謂之弦。相與爲衡，分天之中，謂之望。以速及舒，光盡體伏，謂之晦。晦朔合離，斗建移辰，謂之〔月〕。日月之（術）〔行〕，則有冬有夏；冬夏之閒，則有春有秋。是故日行北陸謂之冬，西陸謂之春，南陸謂之夏，東陸謂之秋。日道發南，去極彌遠，其景彌長，遠長乃極，冬乃至焉。日道斂北，去極彌近，其景彌短，近短乃極，夏乃至焉。二至之中，道齊景正，春秋分焉。

日周于天，一寒一暑，四時備成，萬物畢改，攝提遷次，青龍移辰，謂之歲。歲首至也，月首朔也。至朔同日謂之章，同在日首謂之蔀，蔀終六旬謂之紀，歲朔又復謂之元。是故日以實之，月以閏之，時以分之，歲以周之，章以明之，蔀以部之，紀以記之，元以原之。然後雖有變化萬殊，贏朒無方，莫不結系于此而稟正焉。

極建其中，道營于外，琁衡追日，以察〔發〕斂，光道生焉。孔壺爲漏，浮箭爲刻，下漏數刻，以考中星，昏明生焉。日有光道，月有九行，九行出入而交生焉。朔會望衡，鄰於所交，虧薄生焉。月有晦朔，星有合見，月有弦望，星有留逆，其歸一也，步術生焉。金、水承陽，先後日下，速則先日，遲而後留，留而後逆，逆與日違，違而後速，速與日競，競又先日，遲速順逆，晨夕生焉。日、月、五緯各有終原，而七元生焉。見伏有日，留行有度，而率數生焉。參差齊之，多少均之，會終生焉。引而伸之，觸而長之，探賾索隱，鉤深致遠，無幽辟潛伏，而不以其精者然。故陰陽有分，寒暑有節，天地貞觀，日月貞明。

若夫祐術開業，淳燿天光，重黎其上也。〔一〕承聖帝之命若昊天，典曆象三辰，以授民事，立閏定時，以成歲功，羲和其隆也。〔二〕取象金火，革命創制，治曆明時，應天順民，湯、武其盛也。〔三〕及王德之衰也，無道之君亂之於上，頑愚之史失之於下。夏后之時，羲和淫湎，廢時亂日，胤乃征之。紂作淫虐，喪其甲子，武王誅之。夫能貞而明之者，其興也勃焉；回而敗之者，其亡也忽焉。巍巍乎若道天地之綱紀，帝王之壯事，是以聖人寶焉，君子勤之。

〔一〕顓頊曰重黎。

〔二〕唐、虞、夏、商曰羲和。

〔三〕月令章句曰：「帝舜叶時月正日，湯、武革命，治曆明時。言承平者叶之，承亂者革之。」

夫曆有聖人之德六焉：以本氣者尙其體，以綜數者尙其文，以考類者尙其象，以作事者尙其時，以占往者尙其源，以知來者尙其流。大業載之，吉凶生焉，是以君子將有興焉，咨焉而以從事，受命而莫之違也。若夫用天因地，揆時施教，頒諸明堂，以爲民極者，莫大乎月令。帝王之大司備矣，天下之能事畢矣。過此而往，羣忌苟禁，君子未之或知也。

斗之二十一度，去極至遠也，日在焉而冬至，羣物於是乎生。故律首黃鍾，曆始冬至，月先建子，時平夜半。當漢高皇帝受命四十有五歲，陽在上章，陰在執徐，冬十有一月甲子夜半朔旦冬至，日月閏積之數皆自此始，立元正朔，謂之漢曆。又上兩元，而月食五星之元，並發端焉。

曆數之生也，乃立儀、表，以校日景。景長則日遠，天度之端也。日發其端，周而爲歲，然其景不復，四周千四百六十一日，而景復初，是則日行之終。以周除日，得三百六十五四分度之一，爲歲之日數。日日行一度，亦爲天度。察日月俱發度端，〔一〕日行十九周，月行二百五十四周，復會于端，是則月行之終也。以日周除月周，得一歲周天之數。以日一周減之，餘十二十九分之七，則月行過周及日行之數也，爲一歲之月。以除一歲日，爲一月之數。月之餘分積滿其法，得一月，月成則其歲〔大〕。月(大)四時推移，故置十二中以定月位。有朔而無中者爲閏月。中之始(日)〔曰〕節，與中爲二十四氣。以除一歲日，爲一氣之日數也。其分積而成日爲沒，并歲氣之分，如法爲一歲沒。沒分于終中，中終于冬至，冬至之分積如其法得一日，四歲而終。月分成閏，閏七而盡，其歲十九，名之曰章。章首分盡，四之俱終，名之曰蔀。以一歲日乘之，爲蔀之日數也。以甲子命之，二十而復其初，是以二十蔀爲紀。紀歲青龍未終，三終歲後復青龍爲元。

〔一〕即是起舍合朔。

元法，四千五百六十。〔一〕

〔一〕樂叶圖徵曰：「天元以甲子朔旦冬至，日月起於牽牛之初，右行二十八宿，以考王者終始。或盡一，其曆數或不能盡一，以四千五百六十爲紀，甲寅窮。」宋均曰：「紀卽元也。四千五百六十者，五行相代，一終之大數也。王者即位，或遇其統，或不盡其數，故一(共)〔元〕以四千五百六十爲甲寅之終也。王者起，必易元，故不復沿前而終言之也。」韓子曰：「四千五百六十歲爲一元，元中有厄，故聖人有九歲之畜以備之也。」

紀法，千五百二十。〔一〕

〔一〕月令章句曰：「紀，還復故曆。」

紀月，萬八千八百。

蔀法，七十六。〔一〕

〔一〕月令章句曰：「七十六歲爲蔀首。」

蔀月，九百四十。

章法，十九。

章月，二百三十五，〔一〕

〔一〕月令章句曰：「十九歲七閏月爲一章。」

周天，千四百六十一。

日法，四。

蔀日，二萬七千七百五十九。

沒數，二十一。（爲章閏）

通法，四百八十七。

沒法，七，因爲章閏。

日餘，百六十八。

中法，（四）〔三〕十二。

大周，三十四萬三千三百三十五。

月周，千一十六。

月食數之生也，乃記月食之既者。率二十三食而復既，其月（食）百三十五，率之相除，得五（百）〔月〕二十三之二十而一食。以除一歲之月，得歲有再食五百一十三分之五十〔五〕也。分終其法，因以與蔀相約，得四與二十七，互之，會二千五十二，二十而與元會。

元會，四萬一千四十。

蔀會，（三）〔二〕千五十（三）〔二〕。

歲數，五百一十三。

食數，千八十一。

月數，百（二）〔三〕十五。

食法，二十（二）〔三〕。

推入蔀術曰：以元法除去上元，其餘以紀法除之，所得數從天紀，筭外則所入紀也。不滿紀法者，入紀年數也。以蔀法除之，所得數從甲子蔀起，筭外，所入紀歲名命之，筭上，即所求年太歲所在。

推月食所入蔀會年，以元會除去上元，其餘以蔀會除之，所得以（七）〔二〕十（二）〔七〕乘之，滿六十除去之，餘以二十除所得數，從天紀，筭(之起)外，所(以)入紀，不滿二十者，數從甲子蔀起，筭外，所入蔀會也。其初不滿蔀會者，入蔀會年數也，各以(不)〔所〕入紀歲名命之，筭上，卽所求年(蔀)〔太歲所在〕。

天紀歲名	地紀歲名	人紀歲名	蔀首
庚辰	庚子	庚申	甲子一
丙申	丙辰	丙子	癸卯二
壬子	壬申	壬辰	壬午三
戊辰	戊子	戊申	辛酉四
甲申	甲辰	甲子	庚子五
庚子	庚申	庚辰	己卯六
丙辰	丙子	丙申	戊午七
壬申	壬辰	壬子	丁酉八
戊子	戊申	戊辰	丙子九
甲辰	甲子	甲申	乙卯十
庚申	庚辰	庚子	甲午十一

丙子	丙申	丙辰	癸酉十二
壬辰	壬(午)〔子〕	壬申	壬子十三
戊申	戊辰	戊子	辛卯十四
甲子	甲申	甲辰	庚午十五
庚辰	庚子	庚申	(乙)〔己〕酉十六
丙申	丙辰	丙子	戊子十七
壬子	壬申	壬辰	丁卯十八
戊辰	戊子	戊申	丙午十九
甲申	甲辰	甲子	乙酉二十

推天正術，置入蔀年減一，以章月乘之，滿章法得一，名爲積月，不滿爲閏餘，十二以上，其歲有閏。

推天正朔日，置入蔀積月，以蔀日乘之，滿蔀月得一，名爲積日，不滿爲小餘，積日以六十除去之，其餘爲大餘，以所入蔀名命之，筭盡之外，則前年天正十一月朔日也。小餘四百四十一以上，其月大。求後月朔，加大餘二十九，小餘四百九十〔九〕，小餘滿蔀月得一，上加大餘，命之如前。

一術，以大周乘年，周天乘〔閏餘〕減之，餘滿蔀（日）〔月〕，則天正朔日也。

推二十四氣術曰：置入蔀年減一，以（月）〔日〕餘乘之，滿中法得一，名曰大餘，不滿爲小餘，大餘滿六十除去之，其餘以蔀名命之，筭盡之外，則前年冬至之日也。

求次氣，加大餘十五，小餘七，除命之如前，小寒日也。

推閏月所在，以閏餘減章法，餘以十二乘之，滿章閏數得一，滿四以上亦得一筭之數，從前年十一月起，筭盡之外，閏月也。 或進退，以中氣定之。

推弦、望日，因其月朔大小餘之數，皆加大餘七，小餘三百五十九四分三，小餘滿蔀月得一，加大餘，大餘命如法，得上弦。又加得望，次下弦，又後月朔。 其弦、望小餘二百六十以下，每以百刻乘之，滿蔀月得一刻，不滿其（數）〔所〕近節氣夜漏之半者，以筭上爲日。

推沒滅術，置入蔀年減一，以沒數乘之，滿日法得一，名爲積沒，不盡爲沒餘。 以通法乘積沒，滿沒法得一，名爲大餘，不盡爲小餘。 大餘滿六十除去之，其餘以蔀名命之，筭盡之外，前年冬至前沒日也。 求後沒，加大餘六十九，小餘四，小餘滿沒法，從大餘，命之如前，無分爲滅。

一術，以（爲）〔十〕五乘冬至小餘，以減通法，餘滿沒法得一，則天正後沒也。

推合朔所在度，置入蔀積（月）〔日〕以（日）〔蔀月〕乘之，滿大周除去之，其餘滿蔀月得一，名爲積度，不盡爲餘分。積度加斗二十一度，加二百三十五分，以宿次除之，不滿宿，則日月合朔所在星度也。求後合朔，加度二十九，加分四百九十九，分滿蔀月得一度，經斗除二百三十五分。

一術，以閏餘乘周天，以減大周餘，滿蔀月得一，合以斗二十一度四分一，則天正合朔日月所在度。

推日所在度，置入蔀積日之數，以蔀法乘之，滿蔀日除去之，其餘滿蔀法得一，爲積度，不盡爲餘分。積度加斗二十一度，加十九分，以宿次除去之，則夜半日所在宿度也。

求次日，加一度。求次月，大加三十度，小加二十九度，經斗除十〔九〕分。

一術，以朔小餘減合〔朔〕度分，卽日夜半所在。其分〔三〕〔二〕百〔二〕〔三〕十五約之，十九乘之。

推月所在度，置入蔀積日之數，以月周乘之，滿蔀日除去之，其餘滿蔀法得一，爲積度，不盡爲餘分。積度加斗二十一十〔九〕分，除如上法，則所求之日夜半月所在宿度也。

求次日，加十三度二十八分。求次月，大加三十五度六十一分，月小二十二度三十三分，分滿法得一度，經斗除十九分。其冬下旬月在張、心署之，謂〔盡〕〔晝〕漏分後盡漏盡也。

一術，以蔀法除朔小餘，所得以減日半度也。餘以減分，卽月夜半所在度也。

推日明所入度分術曰：置其月節氣夜漏之數，以蔀法乘之，二百除之，得一分，卽夜半到明所行分也。以增夜半日所在度分，爲明所在度分也。

求昏日所入度，以夜半到明日所行分（分）減蔀法，其餘卽夜半到昏所行分也。以加夜半所在度分，爲昏日所在度也。

推月明所入度分術曰：置其節氣夜（半）〔漏〕之數，以月周乘之，以二百除之，爲積分。積分滿蔀法得一，以增夜半度，卽（明）月〔明〕所在度也。

求昏月所入度：以明積分減月周，其餘滿蔀法得一度，加夜半，則昏月所在度也。

推弦、望日所入星度術曰：置合朔度分之數，加七度三百五十九分四分（之）三，〔以〕宿次除之，卽得上弦日所入宿度分也。

求望、下弦，加除如前法，小分〔滿〕四從大分，〔大分〕滿蔀月從度。

推弦、望月所入星度術曰：置月合朔度分之數，加度九十八，加分六百五十三半，以宿次除之，卽上弦月所入宿度分也。

求望、下弦，加除如前分，滿蔀月從度。

推月食術曰：置入蔀會年數，減一，以食數乘之，滿歲數得一，名曰積食，不滿爲食餘。以月數乘積〔食〕，滿食法得一，名爲積月，不滿爲月餘分。積月以章月除去之，其餘爲入章月數。當先除入章閏，乃以十二除去之，不滿者命以十一月，筭盡之外，則前年十一月前食月也。求入章閏者，置入章月，以章閏乘之，滿章月得一，則入章閏數也。餘分滿二百二十四以上至二百三十一，爲食在閏月。閏或進退，以朔日定之。求後食，加五（百）〔月〕二十分，滿法得一月數，命之如法，其分盡食筭上。

推月食朔日術曰：置食積月之數，以二十九乘之，爲積日。又以四百九十〔九〕乘積月，滿蔀月得一，以并積日，以六十除之，其餘以所會蔀名命之，筭盡之外，則前年天正前食月朔日也。

求食日，加大餘十四，小餘七百一十九半，小餘滿蔀月爲大餘，大餘命如前，則食日也。求後食朔及日，皆加大餘二十七，小餘六百一十五。其月餘分不滿二十者，又加大餘二十九，小餘四百九十九。其食小餘者，當以漏刻課之，夜漏未盡，以筭上爲日。一術，以歲數去上元，餘以爲積月，以百一十二乘之，滿月數去之，餘滿食法得一，則天正後食。

推諸加時，以十二乘小餘，先減如法之半，得一時，其餘乃以法除之，所得筭之數從夜半子起，筭盡之外，則所加時也。

推諸上水漏刻：以百乘其小餘，滿其法得一刻；不滿法（法）什之，滿法得一分。積刻先減所入節氣夜漏之半，其餘爲晝上水之數。過晝漏去之，餘爲夜上水數。其刻不滿夜漏半者，乃減之，餘爲昨夜未（晝）〔盡〕，其弦望其日。

五星數之生也，各記於日，與周天度相約而爲率。以章法乘周率爲（用）〔月〕法，章月乘日率，如月法，爲積月月餘。以月之（月）〔日〕乘積〔月〕，爲朔大小餘。乘爲入月日餘。以日法乘周率爲日度法，以〔周〕率去日率，餘以乘周天，如日度法，爲〔積〕度（之）〔度〕餘也。日率相約取之，得二千九百九十萬一千六百二十一億五十八萬二千三百，而五星終，如蔀之數，與元通。

木，周率，四千三百二十七。日率，四千七百二十五。合積月，十三。月餘，四萬一千六百六。月法，八萬二千二百一十三。大餘，二十三。小餘，八百四十七。虛分，九十三。入月日，十五。日餘，萬四千六百四十（七）〔一〕。日度法，萬七千三百八。積度，三十三。度餘，萬三百一十四。

火，周率，八百七十九。日率，千八百七十六。合積月，二十六。月餘，六千六百三十四。月法，萬六千七百一。大餘，四十七。小餘，七百五十四。虛分，一百八十六。入月日，十（一）〔二〕。日餘，千八百七十二。日度法，三千五百一十六。積度，四十九。度餘，一百一十四。

土，周率，九千九十六。日率，九千四百一十五。合積月，十二。月餘，十三萬八千六百三十七。月法，十七萬二千八百二十四。大餘，五十四。小餘，三百四十八。虛分，五百九十二。入月日，二十〔三〕〔四〕。日餘，二千一百六十三。日度法，三萬六千三百八十四。積度，十二。度餘，二萬九千四百五十一。

金，周率，五千八百三十。日率，四千六百六十一。合積月，九。月餘，九萬八千四百五。月法，十〔一〕萬七百七十。大餘，二十五。小餘，七百三十一。虛分，二百九。入月日，二十六。日餘，二百八十一。日度法，二萬三千三百二十。積度，二百九十二。度餘，二百八十一。

水，周率，萬一千九百八。日率，千八百八十九。合積月，一。月餘，二十一萬七千六百六十〔三〕。月法，二十二萬六千二百五十二。大餘，二十九。小餘，四百九十九。虛分，四百四十〔九〕〔一〕。入月日，二十〔七〕〔八〕。日餘，四萬四千八百五。日度法，四萬七千六百三十〔一〕〔二〕。積度，五十七。度餘四萬四千八百五。

推五星術，置上元以來，盡所求年，以周率乘之，滿日率得一，名爲積合；不盡名〔爲〕合餘。〔合〕餘以周率除之，不得焉退歲；無所得，星合其年，得一合前年，二合前二年。金、水積合奇爲晨，偶爲夕。其不滿周率者反減之，餘爲度分。

推星合月，以合積月乘積合爲小積，又以月餘乘積合，滿其月法得一，從小積〔爲積月，不盡〕爲月餘。積月滿紀月去之，餘爲入紀月。每以章閏乘之，滿章月得一爲閏；不盡爲閏餘。以閏減入紀月，其餘以十二去之，餘爲入歲月數，從天正十一月起，筭外，星合所在之月也。其閏〔餘〕滿二百二十四以上至二百三十一，星合閏月。閏或進退，以朔制之。

推朔日，以蔀日乘（之）入紀月，滿蔀月得一爲積日，不盡爲小餘。積日滿六十去之，餘爲大餘，命以甲子，筭外，星合月朔日。

推入月日，以蔀日乘月餘，以其月法乘朔小餘，從之，以四千四百六十五約之，所得（得）滿日度法得一，爲入月日，不盡爲日餘。以朔命入月日，筭外，星合日也。

推合度，以周天乘度分，滿日度法得一爲積度，不盡爲度餘。以斗二十一四分一命度，筭外，星合所在度也。

一術，加退歲一，以減上元，滿八十除去之，餘以沒數乘之，滿日法得一，爲大餘，不盡爲小餘。以甲子命大餘，則星合歲天正冬至日也。以周率〔乘〕小餘，并度餘，餘滿日度法從度，卽（正）〔至〕後星合日數也，命以冬至。求後合月，加合積月於入歲月，加月餘於月餘，滿其月法得一，從入歲月。入歲月滿十二去之，有閏計焉，餘命如前，筭外，後合月也。（餘一）〔金、水〕加晨得夕，加夕得晨。

求朔日，以大小餘加今所得，其月餘得一月者，又〔加大〕餘二十九，〔小餘四百九十九，〕小餘滿蔀月得一，（如）〔加〕大餘，大餘命如前。

求入月日，以入月日〔日〕餘加今所得，餘滿日度法得一，從日。其前合月朔小餘（不）滿其虛分者，空加一日。日滿月先去二十九，其後合月朔小餘不滿四百九十九，又減一日，其餘命如前。

求合度，以積度度餘加今所得，餘滿日度法得一從度，命如前，經斗除如周率矣。

木，晨伏，十六日七千（二）〔三〕百二十分半，行二度萬三千八百一十一分，在日後十三度有奇，而見東方。見順，日行五十八分度之十一，五十八日行十一度。微遲，日行九分，五十八日行九度。留不行，二十五日。旋逆，日行七分度之一，八十四日（進）〔退〕十二度。復留，二十五日。復順，五十八日行九度，又五十八日行十一度，在日前十三度有奇，而夕伏西方。除伏逆，一見三百六十六日，行二十八度。伏復十六日七千（二）〔三〕百二十分半，行二度萬三千八百一十一分，而與日合。凡一終，三百九十八日有萬四千六百四十一分，行星三十（二）〔三〕度與萬三百一十四分，通率日行四千七百二十五分之三百九十八。

火，晨伏，七十一日二千六百九十四分，行五十五度二千二百五十四分半，在日後十六度有奇，而見東方。見順，日行二十三分度之十四，〔百〕八十四日行〔百〕一十二度。微遲，日行十二分，九十二日行四十八度。留不行，十一日。旋逆，日行六十二分度之十七，六十二日退十七度。復留，十一日。復順，九十二日，行四十八度，又百八十四日行百一十二度，在日前十六度有奇，而夕伏西方。除伏逆，一見六百三十六日，行〔三〕百三度。伏復，七十一日二千六百九十四分，行五十五度二千二百五十四分半，而與日合。凡一終，七百七十九日有千八百七十二分，行星四百一十四度與九百九十三分。通率日行千八百七十六分之九百九十七。

土，晨伏，十九日千八十一分半，行三度萬四千七百二十五分半，在日後十五度有奇，而見東方。見順，日行四十三分度之三，八十六日行六度。留不行，三十三日。旋逆，日行十七分度之一百二，日退六度。復留，三十三日。復順，八十六日，行六度，在日前十五度有奇，而夕伏西方。除伏逆，〔一〕見三百四十日，行六度。伏復，十九日千八十一分半，行三度萬四千七百二十五分半，與日合。凡一終，三百七十八日有二千一百六十三分，行星十二度與二萬九千四百五十一分。通率日行九千四百一十五分之三百一十九。

金，晨伏，五日，退四度，在日後九度，而見東方。見逆，日行五分度之三，十日，退六度。留不行，八日。〔旋〕順，日行〔行〕四十六分度之三十三，四十六日行三十三度。而〔疾〕，日行一度九十〔一〕分度之十五，九十一日行百六度。益疾，日行一度二十二分，九十一日行百一十三度，在日後九度，而晨伏東方。除伏逆，一見二百四十六日，行二百四十六度。伏四十一日二百八十一分，行五十度二百八十一分，而與日合。一合二百九十二日〔二〕百八十一分，行星如之。

金，夕伏，四十一日二百八十一分，行五十度二百八十一分，在日前九度，而見西方。見順，疾，日行一度九十一分度之二十二，九十一日行百一十三度。微遲，日行一度十五分，九十一日行百六度。而（進）〔遲〕，日行四十六分度之三十三，四十六日行三十三度。留不行，八日。旋逆，日行五分度之三，十日退六度，在日前九度，而夕伏西方。除伏逆，一見二百四十六日，行二百四十六度，伏五日，退四度而（後）〔復〕合。凡（三）〔再〕合一終，五百八十四日有五百六十二分，行星如之。通率日行一度。

水，晨伏，九日，退七度，在日後十六度，而見東方。見逆，一日退一度。留不行，二日。旋順，日行九分度之八，九日行八度。而疾，日行一度四分度之一，二十日行二十五度，在日後十六度，而晨伏東方。除伏逆，一見，三十二日，行三十二度，伏十六日四萬四千八百五分，行三十二度四萬四千八百五分，而與日合。一合五十七日有四萬四千八百五分，行星如之。

水，夕伏，十六日四萬四千八百五分，行三十二度四萬四千八百五分，在日前十六度，而見西方。見順，疾，日行一度四分度之一，二十日行二十五度。而遲，日行九分度之八，九日行八度。留不行，二日。〔旋〕逆，一日退一度，在日前十六度，而夕伏西方。除伏逆，一見三十二日，行三十〔二〕度，伏九日，退七度而復合。凡再合一終，百一十五日有四萬一千九百七十八分，行星如之。通率日行一度。

步術，以步法伏日度分，（如）〔加〕星合日度餘，命之如前，得星見日度也。（術）〔行〕分母乘之，分（日）如〔日〕度法而一，分不盡如（法）半〔法〕以上，亦得一，而日加所行分，滿其母得一度。逆順母不同，以當行之母乘故分，如故母，如一也。留者承前，逆則減之，伏不書度。經斗除如行母，四分具一。其分有損益，前後相放。其以赤道命度，進加退減之。其步以黃道。

（日）〔月〕名

天正十一月	十二月	正月	二月	三月	四月	五月	六月
冬至	大寒	雨水	春分	穀雨	小滿	夏至	大暑
	七月	八月	九月	十月			
	處暑	秋分	霜降	小雪〔一〕			

〔一〕月令章句：「孟春以立春爲節，驚蟄爲中。中必在其月，節不必在其月。據孟春之驚蟄在十六日以後，立春在正月；驚蟄在十五日以前，立春在往年十二月。」

斗二十六四分〔一〕退二　牛八　女十二進(三)〔一〕　虛十進(三)〔二〕

危十(六)〔七〕進二　室十六進(二)〔三〕　壁(十)〔九〕進(三)〔一〕

北方九十八度四分一

奎十六　婁十二(進)〔退〕一　胃十四(進二)〔退一〕　昴十一(進)〔退〕二

畢十六(進)〔退〕三　觜二退三　參九退四

西方八十度

井三十三退三　鬼四　柳十五　星七進一

張十八進一　翼十八進(一)〔二〕　軫十七進一

南方百一十二度

角十二　亢九退一　氐十五退二　房五退三

心五退三　尾十八(進)〔退〕三　箕十一退三

東方七十五度

右赤道度周天三百六十五度四分一

斗二十四（進一）〔四分一〕　牛七　女十一　虛十

危十六　室十八　壁十

北方九十六度四分一

奎十七　婁十二　胃十五　昴十一

畢十六　觜三　參八

西方八十三度

井三十　鬼四　柳十四　星七

張十七　翼十九　軫十八

南方百九度

角十三　亢十　氐十六　房五

心五　尾十八　箕十

東方七十七度

右黃道度三百六十五四分一

黃道去極，日景之生，據儀、表也。漏刻之生，以去極遠近差乘節氣之差。如遠近而差一刻，以相增損。昏明之生，以天度乘晝漏，夜漏減(三)〔之〕，〔二〕百而一，爲定度。以減天度，餘爲明；加定度一爲昏。其餘四之，如法爲少。〔二爲半，三爲太，〕不盡，三之，如法爲強，餘半法以上以成強。強三爲少，少四爲度，其強二爲少弱也。又以日度餘爲少強，而各加焉。〔一〕

〔一〕張衡渾儀曰：「赤道橫帶渾天之腹，去極九十一度十〔六〕分之五。黃道斜帶其腹，出赤道表裏各二十四度。故夏至去極六十七度而強，冬至去極百一十五度亦強也。然則黃道斜截赤道者，則春分、秋分之去極也。今此春分去極九十少，秋分去極九十一少者，就夏曆景去極之法以爲率也。上頭橫行第一行者，黃道進退之數也。本當以銅儀日月度之，則可知也。以儀一歲乃竟，而中閒又有陰雨，難卒成也。是以作小渾，盡赤道黃道，乃各調賦三百六十五度四分之一，從冬至所在始起，令之相當值也。取北極及衡各(誠)〔鍼〕椓之爲軸，取薄竹篾，穿其兩端，令兩穿中閒與渾半等，以貫之，令察之與渾相切摩也。乃從減半起，以爲〔百〕八十二度八分之五，盡衡減之半焉。又中分其篾，拗去其半，令其半之際正直，與兩端減半相直，令篾半之際從冬至起，一度一移之，視篾之半際(夕)多〔少〕黃赤道幾也。其所多少，則進退之數也。從(此)〔北〕極數之，則(無)〔去〕極之度也。各分赤道黃道爲二十四氣，一氣相去十五度十六分之七，每一氣者，黃道進退一度焉。所以然者，黃道直時，去南北極近，其處地小，而橫行與赤道且等，故以篾度之，於赤道多也。設一氣令十六日者，皆常率四日差少半也。令一氣十五日不能半耳，故使中道三日之中(若)〔差〕少半也。三氣一節，故四十六日而差今三度也。至於差三之時，而五日同率者一，其實節之閒不能四十六日也。今殘日居其策，故五日同率也。其率雖同，先之皆強，後之皆弱，不可勝計。取至於三而復有進退者，黃道稍斜，於橫行不得度故也。春分、秋分所以退者，黃道始起更斜矣，於橫行不得度故也。亦每一氣一度焉，三氣一節，亦差三度也。至三氣之後，稍遠而直，故橫行得度而稍進也。立春、立秋橫行稍退矣，而度猶云進者，以其所退減其所進，猶有盈餘，未盡故也。立夏、立冬橫行稍進矣，而度猶〔云〕退者，以其所進，增其所退，猶有不足，未畢故也。以此論之，日行非有進退，而以赤道〔重廣〕〔量度〕黃道使之然也。本二十八宿相去度數，以赤道爲〔強〕〔距〕耳，故於黃道亦〔有〕進退也。冬至在斗二十一度少半，最遠時也，而此曆斗二十度，俱百一十五，強矣，冬至宜與之同率焉。夏至在井二十一度半強，最近時也，而此曆井二十三度，俱六十七度，強矣，夏至宜與之同率焉。」

二十四氣	日所在	黃道去極	晷景	晝漏刻	夜漏刻	昏中星〔一〕	旦中星
冬至〔二〕	斗二十一度八分退二	百一十五度	丈三尺	四十五	五十五	奎六弱	亢二少強退一
小寒	女二度七分進一	百一十三強	丈二尺三寸	四十五八分	五十四二分	婁六半強退一	氐七少弱退二
大寒	虛五度十四分進二	百一十大弱	丈一尺	四十六八分	五十三八分	胃十一半強退一	心半退三
立春	危十度二十一分進二	百六少強	九尺六寸	四十八六分	五十一四分	畢五少弱退三	尾七半弱退三
雨水	室八度二十八分進三	百一強	七尺九寸五分	五十八分	四十九二分	參六半弱退四	箕大弱退三
驚蟄	壁八度三分進一	九十五強	六尺五寸	五十三三分	四十六七分	井十七少弱退三	斗少退二

春分	奎十四度十分	八十九強	五尺二寸五分	五十五八分	四十四二分	鬼四	斗十一弱退二
清明	胃一度十七分退一	八十三少弱	四尺一寸五分	五十八三分	四十一七分	星四大進一	斗二十一半退二
穀雨	昴二度二十四分退二	七十七大強	三尺二寸	六十五分	三十九五分	張七進一	牛六半
立夏	畢六度三十一分退三	七十三少弱	二尺五寸二分	六十二四分	三十七六分	翼七大進二	女十少進一
小滿	參四度六分退四	六十九大弱	尺九寸八分	六十三九分	三十六一分	角大弱	危大弱進二
芒種	井十度十三分退三	六十七少弱	尺六寸八分	六十四九分	三十五一分	亢五大退一	危十四強進二
夏至〔三〕	井二十五度二十分退三	六十七強	尺五寸	六十五	三十五	氐十二少弱退二	室十二少弱進三
小暑	柳三度二十七分	六十七大強	尺七寸	六十四七分	三十五三分	尾一大強退三	奎二大強
大暑	星四度二分進一	七十	二尺	六十三八分	三十六二分	尾十五半弱退三	婁三大退一
立秋	張十二度九分進一	七十三半強	二尺五寸五分	六十二三分	三十七七分	箕九大強退三	胃九大弱退一
處暑	翼九度十六分進二	七十八半強	三尺三寸三分	六十二分	三十九八分	斗十少退二	畢三大退三
白露	軫六度二十三分進一	八十四少強	四尺三寸五分	五十七八分	四十二二分	斗二十一強退二	參五半弱退四
秋分	角四度三十分	九十半強	五尺五寸	五十五二分	四十四八分	牛五少	井十六少強退三
寒露	亢八度五分退一	九十六大強	六尺八寸五分	五十二六分	四十七四分	女七大進一	鬼三少強

霜降	氐十四度十二分退二	百二少強	八尺四寸	五十三分	四十九七分	虛六大進二	星三大強進一
立冬	尾四度十九分退三	百七少強	丈	四十八二分	五十一八分	危八強進二	張十五大強進一
小雪	箕一度二十六分退三	百十一弱	丈一尺四寸	四十六七分	五十三三分	室三半強進三	翼十五大強進二
大雪	斗六度一分退二	百十三大強	丈二尺五寸六分〔四〕	四十五五分	五十四五分	壁半強進一	軫十五弱進一

〔一〕月令章句曰：「中星當中而不中，日行遲也。未當中而中，日行疾也。」

〔二〕月令章句曰：「冬至之爲極有三意焉：晝漏極短，去極極遠，晷景極長。極者，至而還之辭也。」

〔三〕月令章句曰：「夏至之爲極有三意焉：晝漏極長，去極極近，晷景極短。」

〔四〕易緯所稱晷景長短，不與相應，今列之于後，并至與不至各有所候，以參廣異同。

冬至，晷長一丈三尺。當至不至，則旱，多溫病。未當至而至，則多病暴逆心痛，應在夏至。

小寒，晷長一丈二尺四分。當至不至，先小旱，後小水，丈夫多病喉痺。未當至而至，多病身熱，來年麻不爲耳。

大寒，晷長一丈一尺八分。當至不至，則先大旱，後大水，麥不成，病厥逆。未當至而至，多病上氣、嗌腫。

立春，晷長一丈一寸六分。當至不至，兵起，麥不成，民疲瘵。未當至而至，多病熛、疾疫。

雨水，晷長九尺一寸六分。當至不至，早麥不成，多病心痛。未當至而至，多病癥。

驚蟄，晷長八尺二寸。當至不至，則霧，稚禾不成，老人多病嚏。未當至而至，多病癰疽、脛腫。

春分，晷長七尺二寸四分。當至不至，先旱後水，歲惡，米不成，多病耳痒。

清明，晷長六尺二寸八分。當至不至，菽豆不熟，多病嚏、振寒（溫）、〔洞〕泄。未當至而至，多溫病、暴死。

穀雨，晷長五尺三寸六分。當至不至，水物雜稻等不爲，多病疾瘧、振寒、霍亂。未當至而至，老人多病氣腫。

立夏，

晷長四尺三寸六分。當至不至，旱，五穀傷，牛畜疾。未當至而至，多病頭痛、腫嗌、喉痺。小滿，晷長三尺四寸。當至不至，凶言，〔國〕有大喪，先水後旱，多病筋急、痺痛。未當至而至，多熛、嗌腫。芒種，晷長二尺四寸四分。當至不至，凶言，國有狂令。未當至而至，多病厥眩、頭痛。夏至，晷長一尺四寸八分。當至不至，國有大殃，旱，陰陽並傷，草木夏落，有大寒。未當至而至，病眉腫。小暑，晷長二尺四寸四分。當至不至，前小水，後小旱，有兵，多病泄注、腹痛。未當至而至，病臚腫。大暑，晷長三尺四寸。當至不至，外兵作，來年飢，多病筋痺、胷痛。未當至而至，多病脛痛、惡氣。立秋，晷長四尺三寸六分。當至不至，暴風爲災，來年黍不爲。未當至而至，多病咳上氣、咽腫。處暑，晷長五尺三寸二分。當至不至，國多浮令，兵起，來年麥不爲。未當至而至，病脹，耳熱不出行。白露，晷長六尺二寸八分。當至不至，多病痤、疽、泄。未當至而至，多病水、腹閉疝瘕。秋分，晷長七尺二寸四分。當至不至，草木復榮，多病溫，悲心痛。未當至而至，多病胷鬲痛。寒露，晷長八尺二寸。當至不至，來年穀不成，六畜鳥獸被殃，多病疝瘕、膂痛。未當至而至，多病疢熱中。霜降，晷長九尺一寸六分。當至不至，萬物大耗，年多大風，人病膂痛。未當至而至，多病胷脇支滿。立冬，晷長丈一寸二分。當至不至，地氣不藏，來年立夏反寒，早旱，晚水，萬物不成。未當至而至，多病臂掌痛。小雪，晷長一丈一尺八分。當至不至，來年蠶麥不成，多病脚腕痛。未當至而至，亦爲多肘腋痛。大雪，晷長一丈二尺四分。當至不至，溫氣泄，夏蝗蟲生，大水，多病少氣、五疽、水腫。未當至而至，多病癰疽痛，應在芒種。月令章句曰：「周天三百六十五度四分度之一，分爲十二次，日月之所躔也。地有十二分，王侯之所國也。每次三十〔二〕度三十〔三〕〔二〕分之十四，日至其初爲節，至其中爲中氣。自危十度至壁〔八〕〔九〕度謂之豕韋之次，立春、驚蟄居之，衞之分野。自壁〔八〕〔九〕度至胃一度，謂之降婁之次，雨水、春分居之，魯之分野。　自胃一度至畢六度，謂之大梁之次，清明、穀雨居之，趙之分野。　自畢六度至井十度，謂之實沈之次，立夏、小滿居之，晉之分野。　自井十度至柳三度，謂之鶉首之次，芒種、夏至居之，秦之分野。　自柳三度至張十二度，謂之鶉火之次，小暑、大暑居之，周之分野。　自張十二度至軫六度，謂之鶉尾之次，立秋、處暑居之，楚之分野。　自軫六度至亢八度，謂之壽星之次，白露、秋分居之，鄭之分野。　自亢八度至尾四度，謂之大火之次，寒露、霜降居之，宋之分野。　自尾四度至斗六度，謂之析木之次，立冬、小雪居之，燕之分野。　自斗六度至須女二度，謂之星紀之次，大雪、冬至居之，越之分野。　自須女二度至危十度，謂之玄枵之次，小寒、大寒居之，齊之分野。」　蔡邕分星次度數與皇甫謐不同，兼明氣節所在，故載焉。謐所列在郡國志。

中星以日所在爲正，日行四歲乃終，置所求年二十四氣小餘四之，如法爲少、大，餘不盡，三之，如法爲強、弱，以減節氣昏明中星，而各定矣。強，正；弱，(直)〔負〕也。其強弱相減，同名相去，異名從之。從強進少爲弱，從弱退少而強。從上元太歲在庚辰以來，盡熹平三年，歲在甲寅，積九千四百五十五歲也。〔一〕

〔一〕宋世治曆何承天曰：「曆數之術，若心所不達，雖復通人前識，無救其弊。是以多歷年歲，猶未能有定。四分於天，出三百年而盈一日，積世不悟，徒云建曆之本必先立元，假託讖緯，遂開治亂。此之爲弊，亦以甚矣。劉歆三統法尤復疏闊，方於四分，六千餘年又益一日。楊雄心惑其說，採爲太玄，班固謂之最密，著于漢志。司馬彪曰：『自太初元年始用三統曆，施行百有餘年。』曾不憶劉歆之生不逮太初，二三君子爲曆，幾乎不知而妄言者歟！

元和中穀城門候劉洪始悟四分於天疏闊，更以五百八十九爲紀法，百四十五爲斗分，而造乾象法，又制遲疾曆以步月行，方於太初、四分，轉精密矣。」

論曰：易有太極，是生兩儀。兩儀之分尙矣，乃有皇犧。皇犧之有天下也，未有書計。歷載彌久，暨於黃帝，班示文章，重黎記註，象應著名，始終相驗，準度追元，乃立曆數。天難諶斯，是以五、三迄于來今，各有改作，不通用。故黃帝造曆，元起辛卯，而顓頊用乙卯，虞用戊午，夏用丙寅，殷用甲寅，周用丁巳，魯用庚子。漢興承秦，初用乙卯，至武帝元封，不與天合，乃會術士作太初曆，元以丁丑。王莽之際，劉歆作三統，追太初前（世）〔卅〕一元，得五星會庚戌之歲，以爲上元。太初曆到章帝元和，旋復疏闊，徵能術者課校諸曆，定朔稽元，追漢（三）〔四〕十五年庚辰之歲，追朔一日，乃與天合，以爲四分曆元。加六百五元一紀，上得庚申。有近於緯，而歲不攝提，以辨曆者得開其說，而其元尠與緯同，同則或不得於天。然曆之興廢，以疏密課，固不主於元。光和元年中，議郎蔡邕、郎中劉洪補續律曆志，邕能著文，清濁鍾律，洪能爲筭，述敍三光。今考論其業，義指博通，術數略舉，是以集錄爲上下篇，放續前志，以備一家。〔一〕

〔一〕蔡邕戍邊上章曰：「朔方髡鉗徒臣邕稽首再拜上書皇帝陛下：臣邕被受陛下尤異大恩，初由宰府備數典城，以叔父故衛尉質時爲尚書，召拜郎中，受詔詣東觀著作，遂與羣儒並拜議郎。沐浴恩澤，承荅聖問，前後六年。質奉機密，趨走目下，遂竟端右，出相好藩，還尹輦轂，旬日之中，登躡上列。父子一門兼受恩寵，不能輸寫心力，以效絲髮之功，一旦(披)〔被〕章，陷沒辜戮。陛下天地之德，不忍刀鋸截臣首領，得就平罪，父子家屬徙充邊方，完全軀命，喘息相隨。非臣無狀所敢〔復〕望，非臣罪惡所當復蒙，非臣辭筆所能復陳。臣初決罪雒陽詔獄，生出牢戶，顧念元初中故尚書郎張俊，坐漏泄事，當伏重刑，已出穀門，復聽讀鞫，詔書馳救，〔減罪〕一等，輸作左校。俊上書謝恩，遂以轉徙。〔邕爲〕郡縣促遣，徧於吏手，不得頃息，含辭抱悲，無由上達。旣到徙所，乘塞守烽，職在候望，憂怖焦灼，無心復能操筆成草，致章闕庭。誠知聖朝不責臣謝，但〔懷〕愚心，有所不竟。臣自在布衣，常以爲漢書十志，下盡王莽，而世祖以來，唯有紀傳，無續志者。臣所師事故太傅胡廣，知臣頗識其門戶，略以所有舊事〔與臣〕，雖未備悉，粗見首尾，積累思惟，二十餘年。不在其位，非外吏庶人所得擅述。天誘其衷，得備著作郎，建言十志皆當撰錄，遂與議郎張華等分受之，(所使元順)〔其〕難者皆以付臣。先治律曆，以籌筭爲本，天文爲驗，請太(師)〔史〕舊注，考校連年，往往頗有差舛，當有增損，乃可施行，爲無窮法。道至深微，不敢獨議。郎中劉洪，密於用筭，故臣表上洪，與共參思圖牒。尋繹適有頭角，會臣被罪，(遂)〔逐〕放邊野。臣竊自痛，一爲不善，使史籍所闕，(故)〔胡〕廣所校，二十年之思，中道廢絕，不得究竟。慺慺之情，猶以結心，不能違望。臣初欲須刑竟，乃因縣道，具以狀聞。今年七月九日，匈奴始攻郡鹽池縣，其時鮮卑連犯雲中、五原，一月之中，烽火不絕。不(言四)〔意西〕夷相與合謀，所圖廣遠，恐遂爲變，不知所濟。郡縣咸懼，不守朝旦。臣所在孤危，懸命鋒鏑，湮滅土灰，呼吸無期。誠恐所懷隨軀腐朽，抱恨黃泉，遂不設施，謹先顚踣。科條諸志，臣欲(制)刪定者一，所當接續者四，前志所無，臣欲著者(三)〔五〕，及經典羣書所宜捃摭，本奏詔書所當依據，分別首目，并書章左。臣初被考，妻子迸竄，亡失文書，無所案請。加以惶怖愁恐，思念荒散，十分不得識一，所識者又恐謬誤。觸冒死罪，披（散）〔瀝〕愚情，願下東觀，推求諸奏，參以璽書，以補綴遺闕，昭明國體。章聞之後，雖肝腦流離，白骨剖破，無所復恨。惟陛下省察。謹因臨戎長霍圉封上。臣頓首死罪稽首再拜以聞。」其所論志，志家未以成書，如有異同，今隨事注之于本志也。

贊曰：象因物生，數本杪曶。律均前起，凖調後發。該覈衡琁，檢會日月。

校勘記

三〇五五頁四行　斗綱（之）〔所〕建　集解引盧文弨說，謂「之」御覽作「所」。按：與下「青龍所纏」相對成文，作「所」是，今據改。又按：「綱」原譌「剛」，逕改正。

三〇五五頁七行　當其同〔所〕　集解引盧文弨說，謂「同」下脫「所」字，御覽有。今據補。

三〇五五頁九行　斗建移辰謂之〔月〕　據集解引李鋭說補。

三〇五五頁九行　日月之（術）〔行〕　據集解引李鋭說改。按：殿本作「行」。

三〇五六頁五行　以察〔發〕斂　據集解引錢大昕說補。

三〇五七頁一三行　乃立儀表　按：集解引李鋭說，謂儀謂渾儀，表謂圭表。今於儀表之閒加頓號。

三〇五八頁二行　為一月之數　按：依文義當云「為一月之日數」，疑脫「日」字。

三〇五八頁三行　月成則其歲〔大〕月（大）四時推移　集解引張文虎說，謂「月大」二字譌倒，「大」字絕句，「月」字當屬下。此謂有閏之年爲大歲也。歲之餘分滿月法而置閏謂之大歲，與月之餘分滿日法而成日謂之大月正同。然閏月四時推移或有進退，故置中氣以定之。今據改。

三〇五八頁四行　中之始（日）〔曰〕節　據集解本改。

三〇五八頁一三行　故一（共）〔元〕以四千五百六十爲甲寅之終也　據汲本改。

三〇五九頁一一行　沒數二十一（爲章閏）　據集解引李銳說删。

三〇五九頁一五行　中法（四）〔三〕十二　據集解引錢大昕說改。

三〇六〇頁三行　其月（食）百三十五　據集解引錢大昕說删。

三〇六〇頁四行　得五（百）〔月〕二十三之二十而一食　據集解引錢大昕說改。

三〇六〇頁四行　得歲有再食五百一十三分之五十〔五〕也　據集解引錢大昕說補。

三〇六〇頁五行　得四與二十七互之會二千五十二　按：「互」殿本作「五」。集解引錢大昕說，謂「五之」兩字難解，閩本、汲古閣本作「互」，亦非是。當云「名之曰蔀會」，傳寫脫譌耳。又引李銳說，謂「互之」者互乘之也。四爲七十六約數，以乘五百一十三，得二千五十二；二十七爲五百一十三約數，以乘七十六，亦得二千五十二，爲蔀會。

三〇六〇頁七行　蔀會（三）〔二〕千五十（三）〔二〕　據集解引錢大昕說改。

三〇六〇頁一〇行　月數百（二）〔三〕十五　據集解引錢大昕說改。

三〇六〇頁一一行　食法二十（二）〔三〕　據集解引錢大昕說改。

三〇六〇頁一三行　筭外所入紀歲名命之筭上即所求年太歲所在　集解引李銳說，謂「筭外」下有脫文，當云「筭外，所入蔀也。不滿蔀法者，入蔀年數也，各以所入紀歲名命之，筭上，即所求年太歲所在」。按：如李說，則「筭外」下當補「所入蔀也不滿蔀法者入蔀年數也各以」十六字。

三〇六〇頁一五行　所得以（七）〔二〕十（二）〔七〕乘之　據集解引李銳說改。

三〇六一頁一行　筭（之起）外所（以）入紀　集解引錢大昕說，謂「之」「起」「以」三字皆衍文。今據刪。

三〇六一頁二行　各以（不）〔所〕入紀歲名命之　據集解引錢大昕說改。

三〇六一頁三行　即所求年（蔀）〔太歲所在〕　據集解引李銳說刪補。

三〇六一頁四行　紀蔀表　張文虎舒藝室隨筆云：「案此表首行序題，各本誤以『天紀歲名』對蔀名『甲子』『癸卯』爲第一列，『地紀歲名』對『庚辰』『丙申』爲第二列，『人紀歲名』對『庚子』『丙辰』爲第三列，『蔀首』二字對『庚申一』『丙子二』爲第四列。李尚之四分術注依錢少詹說更正，以天、地、人三紀序題各降一列，而以『蔀首』二字獨對一、二、三、四數目，今局中新刊本從之。其實蔀名『甲子』、『癸卯』一列當移末列，與數目字相屬，王氏太歲攷改如此。或移蔀首數目爲第一列，與蔀名相屬，庶爲明白。」今依張說移正。

三〇六二頁二行　壬(午)〔子〕　據集解引盧文弨說改。

三〇六二頁五行　(乙)〔己〕酉　據集解引盧文弨說改。

三〇六二頁一四行　小餘四百九十〔九〕　據集解引錢大昕、李鋭說補。

三〇六三頁一行　以大周乘年周天乘〔閏餘〕減之餘滿蔀(日)〔月〕則天正朔日也　據集解引錢大昕說補改。

三〇六三頁二行　以(月)〔日〕餘乘之　據集解引錢大昕說改。

三〇六三頁九行　不滿其(數)〔所〕近節氣夜漏之半者　集解引李鋭說，謂「數」當作「所」，聲之譌。今據改。

三〇六三頁一四行　以(爲)〔十〕五乘冬至小餘　據集解引錢大昕說改。

三〇六三頁一五行　置入蔀積(月)〔日〕以(日)〔蔀月〕乘之　據集解引錢大昕說改。

三〇六四頁八行　經斗除十〔九〕分　據集解引錢大昕說補。

三〇六四頁九行　以朔小餘減合〔朔〕度分　據集解引盧文弨說補。

三〇六四頁九行　其分(三)〔二〕百(二)〔三〕十五約之　據汲本、殿本改。

三〇六四頁一三行　積度加斗二十一十〔九〕分　據集解引錢大昕說補。

三〇六四頁一四行　謂(盡)〔晝〕漏分後盡漏盡也　集解引李銳說，謂「謂盡漏」當作「謂晝漏」。晝漏分後者，晝漏與夜漏分之後，謂自夜上水後至夜漏盡，月在張、心，則注於術。今據改。

三〇六五頁三行　以夜半到明日所行分(分)減蔀法　據集解引李銳說删。

三〇六五頁五行　置其節氣夜(半)〔漏〕之數　據集解引錢大昕說改。

三〇六五頁六行　即(明)月〔明〕所在度也　據集解引盧文弨說改。

三〇六五頁八行　加七度三百五十九分四分(之)三　據集解引盧文弨說删。

三〇六五頁八行　〔以〕宿次除之　據集解引盧文弨說補。

三〇六五頁一〇行　小分〔滿〕四從大分〔大分〕滿蔀月從度　據集解引李銳說補。

三〇六五頁一五行　以月數乘積〔食〕　據集解引錢大昕說補。

三〇六六頁三行　加五(百)〔月〕二十分　據集解引錢大昕說改。

三〇六六頁五行　又以四百九十〔九〕乘積月　據集解引錢大昕說補。

三〇六六頁一一行　餘以爲積月　按：集解引李銳說，謂此省文也。以術爲之，當以章月乘餘年，滿章法得一爲積月，不滿爲閏餘。

三〇六六頁一五行　不滿法(法)什之　據集解引錢大昕說删。

三〇六七頁二行　餘爲昨夜未(晝)〔盡〕　據集解引李銳說改。

三〇六七頁三行　以章法乘周率爲(用)〔月〕法　據集解引錢大昕說改。

三〇六七頁四行　以月之(月)〔日〕乘積〔月〕爲朔大小餘　據集解引李銳說改。

三〇六七頁四行　乘爲入月日餘　按：集解引錢大昕說，謂此處有脫譌。今以算術求之，當以蔀日乘積月，如蔀月而一，爲積日，不盡爲小餘；積日滿六十去之，餘爲大餘也。又以蔀日乘月餘，以月法乘朔小餘，併之，以四千四百六十五約之，所得如日度法而一，爲入月日，不盡爲日餘也。又引李銳說，謂以算求之，當以蔀日乘月餘，以月法乘朔小餘，從之，章法乘章月，得數約之，如日度法，爲入月日、日餘。

三〇六七頁五行　以〔周〕率去日率　據集解引錢大昕說補。

三〇六七頁五行　如日度法爲〔積〕度(之)〔度〕餘也　集解引錢大昕說，謂「爲度之餘」當云「爲積度度餘」。又引李銳說，謂「如日度法，爲度之餘也」，當云「如日度法爲積度，不盡爲度之餘也」。今按：錢、李二氏之說皆合理，局本依錢說改，今從之。

三〇六七頁一〇行　日餘萬四千六百四十(七)〔一〕　據集解引錢大昕說改。

三〇六七頁一四行　入月日十(一)〔二〕　據集解引錢大昕說改。

三〇六八頁四行　入月日二十(三)〔四〕　據集解引錢大昕說改。

三〇六八頁七行　月法十〔一〕萬七百七十　據汲本、殿本補。

三〇六八頁一〇行　月餘二十一萬七千六百六十〔三〕　據集解引錢大昕說補。

三〇六八頁一三行　虛分四百四十(九)〔一〕　據集解引錢大昕說改。

三〇六八頁一三行　入月日二十(七)〔八〕　據集解引錢大昕說改。

三〇六八頁一三行　日度法四萬七千六百三十(一)〔二〕　據集解引錢大昕說改。

三〇六八頁一四行　不盡名〔爲〕合餘　集解引惠棟說，謂「名」下乾象曆有「爲」字，應增入。今據補。

三〇六八頁一五行　〔合〕餘以周率除之　據集解引李銳說補。

三〇六九頁二行　從小積〔爲積月不盡〕爲月餘　據集解引李銳說補。

三〇六九頁五行　其閏〔餘〕滿二百二十四以上　據集解引李銳說補。

三〇六九頁六行　以蔀日乘(之)入紀月　據集解引錢大昕說刪。

三〇六九頁八行　所得(得)滿日度法得一　據集解引錢大昕說刪。

三〇六九頁一三行　以周率〔乘〕小餘　據集解引盧文弨說補。

三〇六九頁一四行　即(正)〔至〕後星合日數也　據集解引李銳說改。

三〇六九頁一五行　(餘一)〔金水〕加晨得夕　據集解引錢大昕說改。

三〇七〇頁二行　又〔加大〕餘二十九〔小餘四百九十九〕　集解引錢大昕說，謂「又」下疑有脫文，當云「加大餘二十九，小餘四百九十九」。今據補。按：此即上求後合月中所謂「加月餘於月餘，滿其月法得一」也，故應再加大餘二十九，小餘四百九十九。

三〇七〇頁三行　(如)〔加〕大餘　據集解引錢大昕說改。

三〇七〇頁四行　以入月日〔日〕餘加今所得　據集解引盧文弨說補。

三〇七〇頁四行　其前合月朔小餘(不)滿其虛分者　據集解引李銳說删。

三〇七〇頁八行　木晨伏十六日七千(二)〔三〕百二十分半　據集解引錢大昕說改。

三〇七〇頁一〇行　八十四日(進)〔退〕十二度　據集解引錢大昕說改。

三〇七〇頁一三行　伏復十六日七千(二)〔三〕百二十分半　據集解引錢大昕說改。

三〇七〇頁一四行　行星三十(二)〔三〕度與萬三百一十四分　據集解引錢大昕說改。

三〇七一頁一行　〔百〕八十四日行〔百〕一十二度　據集解引錢大昕說補。

三〇七一頁四行　行〔三〕百三度　據集解引錢大昕說補。

三〇七一頁六行　通率日行千八百七十六分之九百九十七　「九十七」原譌「九十六」，據張元濟校勘記謂「六」字原作「大」，影印上板時描改也。

三〇七一頁一一行　〔一〕見三百四十日　據集解引盧文弨說補。

三〇七一頁一五行　〔旋〕順　按：依文義當脫一「旋」字，今補。

三〇七一頁一五行　日行(行)四十六分度之三十三　據集解引錢大昕說删。

三〇七一頁一五行　而〔疾〕日行一度九十〔一〕分度之十五　據集解引錢大昕說補。

三〇七二頁三行　一合二百九十二日〔二〕百八十一分　據集解引錢大昕說補。

三〇七二頁七行　而（進）〔遲〕　據集解引錢大昕說改。

三〇七二頁九行　退四度而（後）〔復〕合　據集解引錢大昕說改。

三〇七二頁九行　凡（三）〔再〕合一終　據集解引錢大昕說改。

三〇七三頁二行　〔旋〕逆　據集解引錢大昕說補。

三〇七三頁三行　行三十〔二〕度　據集解引錢大昕說補。

三〇七三頁五行　（如）〔加〕星合日度餘　據集解引錢大昕說改。

三〇七三頁五行　（術）〔行〕分母乘之　據集解引李銳說改。

三〇七三頁六行　分（日）如〔日〕度法而一　據集解引李銳說改。

三〇七三頁六行　不盡如（法）半〔法〕以上　據集解引盧文弨說改。

三〇七三頁一〇行　（日）〔月〕名　據集解引李銳說改。按：下表排列依李銳漢四分術改定。

三〇七四頁三行　斗二十六四分〔一〕退二　據集解引李銳說補。

三〇七四頁三行　女十二進〔二〕〔一〕　據集解引李銳說改。

三〇七四頁三行　虛十進〔三〕〔二〕　據集解引李銳說改。

三〇七四頁四行　危十(六)〔七〕　據集解引李銳說改。

三〇七四頁四行　室十六進(二)〔三〕　據集解引李銳說改。

三〇七四頁四行　壁(十)〔九〕進(三)〔二〕　汲本、殿本「進三」作「進二」。集解引李銳說，謂「壁十」當作「壁九」，「進二」作「進一」。今據改。按：集解引李銳說，謂案此赤道度卽太初星距見於三統術者是也。自漢以後相沿承用，至唐大衍術始改畢、觜、參、鬼四宿，後漢施行四分，未嘗改測，則二宿度數不得與三統術異。今本作「危十六」「壁十」者，與下文黃道度相涉而誤也。

三〇七四頁六行　婁十二(進)〔退〕一　汲本、殿本「進一」作「進二」。集解引李銳說，謂當作「退一」。今據改。

三〇七四頁六行　胃十四(進二)〔退一〕　據集解引李銳說改。

三〇七四頁六行　昴十一(進)〔退〕二　據集解引李銳說改。

三〇七四頁七行　畢十六(進)〔退〕三　汲本、殿本「進三」作「進二」。集解引李銳說，謂當作「退三」。今據改。

三〇七四頁一〇行　翼十八進(一)〔二〕　據集解引李銳說改。

三〇七四頁一三行　尾十八(進)〔退〕三　據集解引李銳說改。

三〇七五頁二行　斗二十四(進一)〔四分一〕　據集解引李銳說改。

三〇七六頁一行　夜漏減(三)〔之二〕百而一　據集解引李銳說改。

三〇七六頁二行　如法為少〔二為半三為太〕　據集解引李銳說補。

三〇七六頁五行　赤道橫帶渾天之腹去極九十一度十〔六〕分之五　御覽無「渾」字。又「分」上原無「六」字；占經、御覽作「十九分」，亦非是。今依算理補。

三〇七六頁七行　就夏曆景去極之法以為率也　按：「夏曆景」開元占經作「夏至曆景」，影印宋本御覽引作「夏曆晷景」，鮑刻本作「夏至晷景」。

三〇七六頁九行　取北極及衡各（誠）〔鍼〕椓之為軸　據嚴可均輯全後漢文改。

三〇七六頁一〇行　以為〔百〕八十二度八分之五　據開元占經補。

三〇七六頁一一行　規箕之半際（夕）多〔少〕黃赤道幾也　集解引盧文弨說，謂「夕」字衍。今按：「夕」乃「少」字之形譌，又顛倒其文耳。下云「其所多少」，可證也。開元占經引作「規箕半之際多少黃赤道幾何也」。

三〇七六頁一三行　從（此）〔北〕極數之　據汲本、殿本改。

三〇七六頁一三行　則（無）〔去〕極之度也　據開元占經引改。

三〇七六頁一五行　故使中道三日之中（著）〔差〕少半也　據開元占經改。

三〇七七頁三行　而度猶〔云〕退者　集解引盧文弨說，謂「猶」下當有「云」字。今據補。

三〇七七頁四行　而以赤道（重廣）〔量度〕黃道　據開元占經引改。

三〇七七頁五行　以赤道爲(強)〔距〕耳　據開元占經引改。

三〇七七頁五行　故於黃道亦〔有〕進退也　據開元占經補。

三〇七七頁九行　斗二十一度八分退二　原作斗二十度百一十分八分退二譌，逕據集解引錢大昕說改正。按：錢云因下有「百一十五」之文而重出耳。此以三十二爲度法，分滿法卽進爲度，無有過三十一分者。

三〇七七頁一〇行　女二度七分進一　「進」下原脫「一」字，王先謙謂李本作「進一」，今逕補。

三〇七七頁一一行　百一十　原作「百一十一」，譌。王先謙謂李本作「百一十」，逕據改。

三〇七七頁一二行　危十度　原作「危七度」，譌，逕據集解引錢大昕說改正。

三〇七七頁一二行　百六少強　「少強」原作「少弱」，譌。王先謙謂李本作「少強」，逕據改。

三〇七七頁一二行　畢五少弱退三　「少弱」原作「少強」，譌，逕據汲本改正。

三〇七七頁一三行　室八度二十八分進三　「進三」原作「退三」，譌。王先謙謂李本「退」作「進」，逕據改。

三〇七七頁一三行　箕大弱退三　「箕」下原有大字「六」，譌。王先謙謂李本無「六」字，逕據刪。

三〇七八頁一行　八十九強　「強」原作「少強」，譌。王先謙謂李本無「少」字，逕據刪。

三〇七八頁一行　斗十一弱退二　「弱」原作「強」，譌。王先謙謂李本作「弱」，逕據改。

三〇七八頁二行　胃一度十七分退一　「退一」原作「退二」，譌。王先謙謂李本作「退一」，逕據改。

三〇七八頁二行　星四大進一　「進」下原脫「一」字，王先謙謂李本「進」下有「一」字，逕據補。

三〇七八頁三行　張十七進一　「進一」原譌「進二」，逕據汲本改正。按：王先謙謂李本作「大進一」。

三〇七八頁四行　畢六度　「六」原作「八」，譌，逕據汲本改正。

三〇七八頁四行　女十少進一　「進」原作「弱」，譌。王先謙謂李本「弱」作「進」，逕據改。

三〇七八頁五行　角大弱　「大」原作「六」，大字，譌。王先謙謂李本「六」作「大」，小字，逕據改。

三〇七八頁七行　室十二少弱進三　「進三」原作「退三」，譌。王先謙謂李本作「進三」，逕據改。

三〇七八頁九行　星四度二分進一　「二分進一」原作「三分進二」，譌。王先謙謂李本作「二分進一」，逕據改。

三〇七八頁一〇行　胃九大弱退一　「退一」原作「退二」，譌。王先謙謂李本作「退一」，逕據改。

三〇七八頁一一行　翼九度十六分進二　「進二」原作「退二」，譌。李本作「進一」，亦誤。依算理應爲「進二」，今逕改。

三〇七八頁一一行　斗十少退二　「退」下原脫「二」字，王先謙謂李本作「退二」，逕據補。

三〇七八頁一三行　軫六度二十三分進一　「進一」原作「退一」，譌。王先謙謂李本作「進一」，逕據改。

三〇七八頁一三行　斗二十一強退二　「退」下原脫一字。汲本、殿本作「退一」，譌。王先謙謂李本作「退二」，逕據補。

三〇七八頁一四行　亢八度五分退一　「退一」原作「退三」，譌。王先謙謂李本作「退一」，逕據改。

三〇七八頁一四行　九十六大強　「大強」原作「少強」，譌。王先謙謂李本作「大強」，逕據改。

三〇七九頁一行　氐十四度十二分退二　「十二分」原作「十三分」，譌。錢大昕謂「三」當作「二」，王先謙謂李本作「十二分」，逕據改。

三〇七九頁一行　虛六大進二　「進二」原作「進一」，譌。王先謙謂李本作「進二」，逕據改。

三〇七九頁二行　尾四度　「尾」原作「房」，譌。王先謙謂李本作「尾」，逕據改。

三〇七九頁二行　丈　「丈」下原有「四寸二分」四字。集解引李銳說，謂案祖沖之術二至晷景與此同。其至前後各氣晷景，以此至前後晷景兩兩相加，折半得之。如此術大雪景丈二尺五寸六分，小寒景二尺三寸，相加半之，得沖之術大雪、小寒景一丈二尺四寸三分是也。覆檢此文，惟立冬一氣不合。案祖沖之稱四分志立冬中景長一丈，立春中景九尺六寸，相加半之，得九尺八寸，與沖之術立春、立冬景正合。然則此文立冬晷景丈四寸二分，誤衍「四寸二分」四字耳。今逕據刪。

三〇七九頁二行　張十五大強進一　「進一」原作「進二」，汲本無「進一」二字。王先謙謂李本多「進一」二字，殿本同，逕據改。

三〇七九頁三行　室三　原作「室二」，譌。王先謙謂李本「室二」作「室三」，逕據改。

三〇七九頁四行　斗六度一分退二　「退二」原作「退三」，譌。王先謙謂李本作「退二」，逕據改。

三〇七九頁四行　軫十五弱進一　「弱」原作「少強」，譌。李本作「少弱」，亦譌。依算理應作「弱」，逕改。

三〇七九頁一五行　振寒（溫）〔洞〕泄　據汲本、殿本改。

三〇八〇頁二行　〔國〕有大喪　據汲本、殿本補。

三〇八〇頁一四行　五疸　「疸」原譌「疽」，逕據殿本、集解本改正。

三〇八〇頁一六行　每次三十（二）度三十（三）〔二〕分之十四　據集解引錢大昕說删改。

三〇八〇頁一六行　自危十度至壁（八）〔九〕度　據集解引錢大昕說改。下「自壁八度至胃一度」同。

三〇八〇頁一七行　立春驚蟄居之　按：殿本「驚蟄」作「雨水」，下「雨水」作「驚蟄」。集解引錢大昕說，謂此以驚蟄爲正月中氣，雨水爲二月節，依古法也。四分術以雨水爲正月中氣。

三〇八一頁一行　清明穀雨居之　集解引盧文弨說，謂清明穀雨當互易。今按：證以月令問答，惟驚蟄、雨水用三統，餘皆用四分，易之非是。

三〇八一頁一〇行　強正弱（直）〔負〕也　集解引李鋭說，謂「直」當作「負」，負猶背也。今據改。

三〇八二頁七行　追太初前（世）〔卅〕一元　據集解引盧文弨說改。按：前志謂太初元年距上元十四萬三千一百二十七歲，正爲太初前卅一元，「卅」與「世」形近而譌。

三〇八二頁九行　追漢（三）〔四〕十五年庚辰之歲　據集解引錢大昕說改。

三〇八三頁二行　趨走目下遂竟端右出相好藩　按：集解引惠棟說，謂邕集「目」作「陛」，「竟」作「由」，

「好」作「外」。

三〇八三頁三行　一旦(拔)〔被〕章　據汲本、殿本改。

三〇八三頁四行　非臣無狀所敢〔復〕望　據汲本、殿本補。

三〇八三頁五行　〔減罪〕一等　「一等」上疑有脫文，今據嚴可均輯全後漢文補「減罪」二字。

三〇八三頁六行　〔邕爲〕郡縣促遣　集解引盧文弨說，謂脫「邕爲」二字。今據補。按：惠棟補注謂「郡縣」上邕集有「邕爲」二字。

三〇八三頁六行　偏於吏手　按：集解引惠棟說，謂「偏」邕集作「迫」。

三〇八三頁七行　但〔懷〕愚心　據集解引盧文弨說補。

三〇八三頁八行　略以所有舊事〔與臣〕　據集解引盧文弨說補。

三〇八三頁一〇行　(所使元順)〔其〕難者皆以付臣　集解引惠棟說，謂邕集無「所使元順」四字，有「其」字。今據改。

三〇八三頁一一行　請太(師)〔史〕舊注　據集解引盧文弨說改。

三〇八三頁一三行　尋繹適有頭角　集解引盧文弨說，謂「尋繹」下脫「度數」二字。按：如盧說增「度數」二字，則當於「尋繹度數」絕句。

三〇八三頁一三行　(遂)〔逐〕放邊野　集解引惠棟說，謂邕集「遂」作「逐」。今據改。

三〇八三頁一三行　（故）〔胡〕廣所校　據汲本、殿本改。

三〇八三頁一三行　不能違望　按：集解引盧文弨說，謂「違望」一作「自違」。

三〇八三頁一五行　不（言四）〔意西〕夷相與合謀　據集解引盧文弨說改。

三〇八三頁一六行　謹先顛踣　按：集解引惠棟說，謂「謹」邕集作「恐」。

三〇八三頁一六行　臣欲（制）刪定者一　據集解引盧文弨說刪。

三〇八三頁一七行　臣欲著者（三）〔五〕　集解引惠棟說，謂「三」邕集作「五」。盧文弨亦謂「三」當作「五」。今據改。

三〇八四頁一行　披（散）〔灑〕愚情　集解引惠棟說，謂「散」邕集作「灑」。盧文弨亦謂「散」當作「灑」。今據改。

後漢書志第四

禮儀上

合朔　立春　五供　上陵　冠　夕牲　耕　高禖　養老　先蠶　祓禊

夫威儀，所以與君臣，序六親也。若君亡君之威，臣亡臣之儀，上替下陵，此謂大亂。大亂作，則羣生受其殃，可不慎哉！故記施行威儀，以爲禮儀志。〔一〕

〔一〕謝沈書曰：「太傅胡廣博綜舊儀，立漢制度，蔡邕依以爲志，譙周後改定以爲禮儀志。」

禮威儀，每月朔旦，太史上其月曆，有司、侍郎、尚書見讀其令，奉行其政。朔前後各二日，皆牽羊酒至社下以祭日。日有變，割羊以祠社，用救日（日）變。執事者冠長冠，衣皁單衣，絳領袖（綠）〔緣〕中衣，絳袴絑，以行禮，如故事。〔一〕

〔一〕公羊傳曰：「日有食之，鼓，用牲于社，求乎陰之道也。以朱絲縈社，或曰脅之，或曰爲闇。恐人犯之，故縈之也。」何休曰：「脅之與責求同義。社者，土地之主也。月者，土地之精也。上繫於天而犯日，故鳴鼓而攻之，脅其本也。朱絲縈之，助陽抑陰也。或曰為闇者，社者土地之主尊也，為日光盡，天闇冥，恐人犯歷之，故縈之。然此說非也。先言鼓，後言用牲者，明先以尊者命責之，後以臣子禮接之，所以為順也。」白虎通曰：「日食必救之，陰侵陽也。鼓攻之，以陽責陰也。故春秋『日食，鼓，用牲于社』。所以必用牲者，(土)〔社〕地別神也，尊之，不敢虛責也。日食、大水則鼓，用牲，大旱則雩祭求雨，非虛言也。助陽責下，求陰之道也。」決疑要注曰：「凡救日食，皆著赤幘，以助陽也。日將食，天子素服避正殿，內外嚴。日有變，伐鼓聞音，侍臣著赤幘，帶劍入侍，三臺令史已(下)〔上〕皆持劍立其戶前，衞尉卿驅馳繞宮，察巡守備，周而復始。日復常，乃皆罷(之)。」

立春之日，夜漏未盡五刻，京師百官皆衣青衣，郡國縣道官下至斗食令史皆服青幘，立青幡，施土牛耕人于門外，以示兆民，至立夏。唯武官不。立春之日，下寬大書曰：「制詔三公：方春東作，敬始慎微，動作從之。罪非殊死，且勿案驗，皆須麥秋。退貪殘，進柔良，下當用者，如故事。」〔一〕

〔一〕月令曰：「命相布德和令。」蔡邕曰：「即此詔之謂也。」獻帝起居注曰：「建安二十二年二月壬申，詔書絕，立春寬緩詔書不復行。」

正月上丁，祠南郊。〔一〕禮畢，次北郊，明堂，高廟，世祖廟，謂之五供。五供畢，以次上陵。

〔一〕白虎通曰：「春秋傳曰『以正月上辛』；尚書曰『丁巳，用牲于郊，牛二』。先甲三日，辛也，後甲三日，丁也，皆可接事昊天之日。」

西都舊有上陵。東都之儀，百官、四姓親家婦女、公主、諸王大夫、〔一〕外國朝者侍子、郡國計吏會陵。晝漏上水，大鴻臚設九賓，隨立寢殿前。〔二〕鍾鳴，謁者治禮引客，羣臣就位如儀。乘輿自東廂下，太常導出，西向拜，（止）〔折〕旋升阼階，拜神坐。退坐東廂，西向。侍中、尚書、陛者皆神坐後。公卿羣臣謁神坐，太官上食，太常樂奏食舉，〔舞〕文始、五行之舞。〔三〕（禮）樂闋，（君）〔羣〕臣受賜食畢，郡國上計吏以次前，當神軒占其郡〔國〕穀價，民所疾苦，欲神知其動靜。孝子事親盡禮，敬愛之心也。周徧如禮。〔四〕最後親陵，遣計吏，賜之帶佩。八月飲酎，上陵，禮亦如之。〔五〕

〔一〕蔡邕獨斷曰：「凡與先后有瓜葛者。」

〔二〕薛綜曰：「九賓謂王、侯、公、卿、二千石、六百石下及郎、吏、匈奴侍子，凡九等。」

〔三〕前書志曰：「文始舞者，本韶舞也，高祖六年更名文始，以示不相襲也。五行舞者，本周舞也，秦始皇二十六年更名五行之舞也。」

〔四〕謝承書曰：「建寧五年正月，車駕上原陵，蔡邕爲司徒掾，從公行，到陵，見其儀，愾然謂同坐者曰：『聞古不墓祭。朝廷有上陵之禮，始（爲）〔謂〕可損。今見（威）〔其〕儀，察其本意，乃知孝明皇帝至孝惻隱，不可易舊。』或曰：『本意云何？』『昔京師在長安時，其禮不可盡得聞也。光武即世，始葬于此。明帝嗣位踰年，羣臣朝正，感先帝不復聞見此禮，乃帥公卿百僚，就園陵而創焉。尚書(陛)〔階〕西(陛爲)〔祭設〕神坐，天子事亡如事存之意。苟先帝有瓜葛之屬，男女畢會，王、侯、大夫、郡國計吏，各向神坐而言，庶幾先帝神魂聞之。今者日月久遠，後生非時，人但見其禮，不知其哀。以明帝聖孝之心，親服三年，久在園陵，初興此儀，仰察几筵，下顧羣臣，悲切之心，必不可堪。』邕見太傅胡廣曰：『國家禮有煩而不可省者，不知先帝用心周密之至於此也。』廣曰：『然。子宜載之，以示學者。』邕退而記焉。」魚豢曰：「孝明以正月旦，百官及四方來朝者，上原陵朝禮，是謂甚違古不墓祭之義。」臣昭以爲邕之言然。

〔五〕丁孚漢儀曰：「酎金律，文帝所加，以正月旦作酒，八月成，名酎酒。因(合)〔令〕諸侯助祭貢金。」漢律金布令曰：「皇帝齋宿，親帥羣臣承祠宗廟，羣臣宜分奉請。諸侯、列侯各以民口數，率千口奉金四兩，奇不滿千口至五百口亦四兩，皆會酎，少府受。又大鴻臚食邑九眞、交阯、日南者，用犀角長九寸以上若瑇瑁甲一，鬱林用象牙長三尺以上若翡翠各二十，準以當金。」漢舊儀曰：「皇帝惟八月酎，車駕夕牲，牛以絳衣之。皇帝暮視牲，以鑑燧取水於月，以火燧取火於日，爲明水火。左袒，以水沃牛右肩，手執鸞刀，以切牛毛薦之，而即更衣，(巾)侍〔中〕上熟，乃祀(之)。」

凡齋，天地七日，宗廟、山川五日，小祠三日。齋日內有汙染，解齋，副倅行禮。先齋一日，有汙穢災變，齋祀如儀。大喪，唯天郊越紼而齋，地以下皆百日後乃齋，如故事。〔一〕

〔一〕魏文帝詔曰：「漢氏不拜日於東郊，而旦夕常於殿下東面拜日，煩褻似家人之事，非事天交神之道也。」於是朝日東門之外，將祭必先夕牲，其儀如郊。

正月甲子若丙子爲吉日，可加元服，儀從冠禮。乘輿初〔加〕緇布進賢，次爵弁，次武弁，次通天。（以據）〔冠訖〕，皆於高祖廟如禮謁。〔一〕王公以下，初加進賢而已。〔二〕

〔一〕冠禮曰：「成王冠，周公使祝雍〔祝王〕，曰：『辭達而勿多也。』祝雍曰：『〔使王〕近於民，遠於年，遠於佞，近於義，嗇於〔時，惠於〕財，任賢使能。』」博物記曰：「孝昭帝冠辭曰：『陛下摛顯先帝之光耀，以承皇天之嘉祿，欽奉仲春之吉辰，普尊大道之郊域，秉率百福之休靈，始加昭明之元服。推遠沖孺之幼志，蘊積文武之就德，肅勤高祖之清廟，六合之內，靡不蒙德，永永與天無極。』」獻帝傳曰「興平元年正月甲子，帝加元服，司徒淳于嘉爲賓，加賜玄纁駟馬，〔賜〕貴人、（公主）〔王、公〕、卿、司隸〔校尉〕、城門五校及侍中、尚書、給事黃門侍郎各一人爲太子舍人也。

〔二〕獻帝起居注曰：「建安十八年正月壬子，濟北王加冠戶外，以見父母。給事黃門侍郎劉瞻兼侍中，假貂蟬加濟北王，給之。」

正月，天郊，夕牲。〔一〕晝漏未盡十八刻初納，夜漏未盡八刻初納，〔二〕進熟獻，太祝送，旋，皆就燎位，宰祝舉火燔柴，火然，天子再拜，興，有司告事畢也。明堂、五郊、宗廟、太社稷、六宗夕牲，皆以晝漏〔未盡〕十四刻初納，夜漏未盡七刻初納，進熟獻，送神，還，有司告事畢。六宗燔燎，火大然，有司告事畢。

〔一〕周禮「展牲」，干寶曰「若今夕牲」。又郊儀，先郊日未晡五刻夕牲，公卿京尹衆官悉至壇東就位，太祝吏牽牲入，到榜，廪犧令跪曰：「請省牲。」舉手曰：「腯。」太祝令繞牲，舉手曰：「充。」太史令牽牲就庖，〔以二陶〕豆酌毛血，其一奠天神坐前，其一奠太祖坐前。今之郊祀然也。

〔二〕干寶周官注曰：「納，亨納。牲將告殺，謂向祭之（辰）〔晨〕也。」

正月始耕。〔一〕晝漏上水初納，執事告祠先農，已享。〔二〕耕時，有司請行事，就耕位，天子、三公、九卿、諸侯、百官以次耕。〔三〕力田種各耰訖，有司告事畢。〔四〕是月令曰：「郡國守相皆勸民始耕，如儀。諸行出入皆鳴鍾，皆作樂。其有災眚，有他故，若請雨、止雨，皆不鳴鍾，不作樂。」〔五〕

〔一〕月令曰：「天子親載耒耜，措之參保介之御閒，帥三公、九卿，躬耕帝藉。」盧植注曰：「帝，天也。藉，耕也。」

〔二〕賀循藉田儀曰：「漢耕日，以太牢祭先農於田所。」春秋傳曰：「耕藉之禮，唯齋三日。」左傳曰：「郿人藉稻。」杜預注曰：「藉稻，履行之。」薛綜注二京賦曰：「爲天神借民力於此田，故名曰帝藉。田在國之辰地。」干寶周禮注曰：「古之王者，貴爲天子，富有四海，而必私置藉田，蓋其義有三焉：一曰，以奉宗廟，親致其孝也；二曰，以訓于百姓在勤，勤則不匱也；三曰，聞之子孫，躬知稼穡之艱難無（違）〔逸〕也。」

〔三〕鄭玄注周禮曰：「天子三推，公五推，卿、諸侯九推，庶人終於千畝。庶人謂徒三百人也。」月令章句曰：「卑者殊勞，故三公五推。禮，自上以下，降殺以兩，勞事反之。諸侯上當有孤卿七推，大夫十二，士終畝，可知也。」盧植注禮記曰：「天子耕藉，一發九推耒。周禮，二耜爲耦，一耜之伐，廣尺深尺。伐，發也。天子及三公，坐而論道，參五職事，故三公以五爲數。卿、諸侯當究成天子之職事，故以九爲數。伐皆三者，禮以三爲文。」

〔四〕史記曰：漢文帝詔云：「農，天下之本。其開藉田，朕躬耕，以給宗廟粢盛。」應劭曰：「古者天子耕藉田千畝，爲天下先。藉者，帝王典藉之常也。」而應劭風俗通又曰：「古者使民如借，故曰藉田。」鄭玄曰：「藉之言借也。王一耕之，使庶人耘芓終之。」盧植曰：「藉，耕也。春秋傳曰『鄅人藉稻』，故知藉爲耕也。」韋昭曰：「借民力以治之，以奉宗廟；且以勸率天下，使務農也。」杜預注曰：「鄅人藉稻，其君自出藉稻，蓋履行之。」瓚曰：「藉，蹈藉也。本以躬親爲義，不得以假借爲稱也。」漢舊儀曰：「春始東耕於藉田，官祠先農。先農卽神農炎帝也。祠以一太牢，百官皆從，大賜三輔二百里孝悌、力田、三老帛。種百穀萬斛，爲立藉田倉，置令、丞。穀皆以給祭天地、宗廟、羣神之祀，以爲粢盛。皇帝躬秉耒耜而耕，古爲甸師官。」賀循曰：「所種之穀，黍、稷、穜、稑。稑，早也。穜，晚也。」干寶周禮注曰：「穜，晚〔穀〕，秔稻之屬。稑，（陵）〔早〕穀，黍稷之屬。」

〔五〕春秋釋痾曰：「漢家郡守行大夫禮，鼎俎籩豆，工歌縣。」何休曰：「漢家法陳師，置守相，故行其樂也。」

仲春之月，立高禖祠于城南，祀以特牲。〔一〕

〔一〕月令：「玄鳥至之日，以太牢祠。」詩曰：「克禋克祀，以弗無子。」毛萇傳曰：「弗，去無子求有子。古者必立郊禖焉。玄鳥至之日，以太牢祀于郊禖，天子親往，后妃帥九嬪御，乃禮天子所御，帶以弓韣，授以弓矢，于郊禖之前。」鄭玄注云：「弗之言祓也。禋祀上帝于郊禖，以祓無子之疾而得福也。」月令章句曰：「高，尊也。禖，祀也。吉事先見之象也。蓋爲人所以祈子孫之祀。玄鳥感陽而至，其來主爲孚乳蕃滋，故重其至日，因以用事。契母簡狄，蓋以玄鳥至日有事高禖而生契焉。故詩曰：『天命玄鳥，降而生商。』韣，弓衣也。祀以高禖之命，飲之以醴，帶以弓衣，尙使得男也。」離騷曰：「簡狄在臺嚳何宜？玄鳥致（胎）〔貽〕女何嘉？」王逸曰：「言簡狄侍帝嚳於臺上，有飛燕墮其卵，嘉而吞之，因生契。」鄭玄注禮記曰：「後王以爲禖官嘉祥，而立其祠。」盧植注云：「玄鳥至時，陰陽中，萬物生，故於是以三牲請子於高禖之神。居明顯之處，故謂之高。因其求子，故謂之禖。以爲古者有媒氏之官，因以爲神。」晉元康中，高禖壇上石破，詔問出何經典，朝士莫知。博士束晳荅曰：「漢武帝晚得太子，始爲立高禖之祠。高禖者，人之先也。故立石爲主，祀以太牢。」

明帝永平二年三月，上始帥羣臣躬養三老、五更于辟雍。〔一〕行大射之禮。〔二〕郡、縣、道行鄉飲酒于學校，皆祀聖師周公、孔子，牲以犬。〔三〕於是七郊禮樂三雍之義備矣。

〔一〕孝經援神契曰：「尊三老者，父象也。謁者奉几，安車輭輪，供綏執（授）〔兄〕事五更，寵以度，接禮交容，謙恭順貌。」宋均曰：「三老，老人知天、地、人事者。奉几，授三老也。安車，坐乘之車。輭輪，蒲裹輪。供綏，三老就車，天子親執綏授之。五更，老人知五行更代之事者。度，法也。度以寵異之也。」鄭玄注禮記曰：「皆年老更事致仕者也。名三五者，取象三辰五星，天所因以照明天下者。」玄又一注：「皆老人更知三德五事者也。」應劭漢官儀曰：「三老、五更，三代所尊也。安車輭輪，送迎至家，天子獨拜于屏。三者，道成於天、地、人。老者，久也，舊也。五者，訓於五品。更者，五世長子，更更相代，言其能以善道改更已也。三老、五更皆取有首妻，男女完具。」臣昭案：桓榮五更，後除兄子二人補四百石，則榮非長子矣。蔡邕曰：「五更，長老之稱也。」

〔二〕袁山松書曰：「天子皮弁素積，親射大侯。」

〔三〕鄭玄注儀禮曰「狗取擇人」，孟冬亦如之。石渠論曰：「鄉射合樂，而大射不，何也？」章玄成曰：『鄉人本無樂，故於歲時合樂以同其意。諸侯故自有樂，故不復合樂。』」鄭玄注鄉飲酒禮曰：「今郡國十月行鄉飲酒禮，黨正每歲邦索鬼神而祭祀，則以禮屬民而飲酒于序，以正齒位之禮。凡鄉黨飲酒，必於民聚之時，欲其見化知尙賢尊長也。玄冠衣皮弁服，與禮異。」服虔、應劭曰，漢家郡縣饗射祭祀，皆假士禮而行之。樂縣笙磬籩俎，皆如士制。

養三老、五更之儀，先吉日，司徒上太傅若講師故三公人名，用其德行年耆高者一人爲老，次一人爲更也。〔一〕皆服都紵大袍單衣，皁緣領袖中衣，冠進賢，扶(玉)〔王〕杖。五更亦如之，不杖。皆齋于太學講堂。〔二〕其日，乘輿先到辟雍禮殿，御坐東廂，遣使者安車迎三老、五更。天子迎于門屏，交禮，道自阼階，三老升自賓階。至階，天子揖如禮。三老升，東面，三公設几，九卿正履，天子親袒割牲，執醬而饋，執爵而酳，祝鯁在前，祝饐在後。〔三〕五更南面，公進供禮，亦如之。〔四〕明日皆詣闕謝恩，以見禮遇大尊顯故也。〔五〕

〔一〕盧植禮記注曰：「選三公老者爲三老，卿大夫中之老者爲五更，亦參五之也。」

〔二〕月令章句曰：「三老，國老也。五更，庶老也。」

〔三〕禮記曰：「天子適饌省醴，養老之珍具，遂發詠焉。退，脩之以孝養；反，升歌清廟。」孝養之詩也。

〔四〕譙周五經然否曰：「漢初或云三老荅天子拜，遭王莽之亂，法度殘缺。漢中興，定禮儀，羣臣欲令三老荅拜。城門校尉董鈞駮曰：『養三老，所以敎事父之道也。若荅拜，是使天下荅子拜也。』詔從鈞議。」譙周論之曰：「禮，尸服上服，猶以非親之故荅子拜，士見異國君亦荅拜，是皆不得視猶子也。」虞喜曰：「且據漢儀，於門屏交禮，交禮即荅拜。中興謬從鈞議，後革之，深得其意。」

〔五〕前書禮樂志曰：「顯宗（因）〔宗〕祀光武皇帝於明堂，養三老、五更於辟雍，威儀既盛矣；德化未流洽者，以其禮樂未具，羣下無所誦說，而庠序尚未設之故也。孔子曰：『譬如爲山，未成一簣，止，吾止也。』」

是月，皇后帥公卿諸侯夫人蠶。〔一〕祠先蠶，禮以少牢。〔二〕

〔一〕丁孚漢儀曰：「皇后出，乘鸞輅，青羽蓋，駕駟馬，龍旂九旒，大將軍妻參乘，太僕妻御，前鸞旂車，皮軒闟戟，雒陽令奉引，亦千乘萬騎。車府令設鹵簿駕，公、卿、五營校尉、司隸校尉、河南尹妻皆乘其官車，帶夫本官綬，從其官屬導從皇后。置虎賁、羽林騎，戎頭、黃門鼓吹，五帝車，女騎夾轂，執法御史在前後，亦有金鉦黃鉞，五將導。桑于蠶宮，手三盆于繭館，畢，還宮。」月令曰：「禁婦人無觀。」案谷永對稱「四月壬子，皇后蠶桑之日也」，則漢桑亦用四月。

〔二〕漢舊儀曰：「春桑生而皇后（視）〔親〕桑於菀中。蠶室養蠶千薄以上。祠以中牢羊豕，（令）〔祭〕蠶神曰菀窳婦人、寓氏公主，凡二神。羣臣妾從桑還，獻於繭觀，皆賜從桑者（樂）〔絲〕。皇后自行。凡蠶絲絮，織室以作祭服。祭服者，冕服也。天地宗廟羣（臣）〔神〕五時之服。其皇帝得以作縷縫衣，（皇后）得以作巾絮而已。置蠶官令、丞，諸天下官（下法）皆詣蠶室，（亦）〔與〕婦人從事，故舊有東西織室作（法）〔治〕。」晉后祠先蠶。先蠶壇高一丈，方二丈，爲四出陛，陛廣五尺，在采桑壇之東南。

是月上巳，官民皆絜於東流水上，曰洗濯祓除去宿垢疢爲大絜。絜者，言陽氣布暢，萬

物訖出，始絜之矣。〔一〕

〔一〕謂之禊也。風俗通曰：「周禮『女巫掌歲時以祓除疾病』。禊者，絜也。春者，蠢也，蠢〔蠢〕搖動也。尚書『以殷仲春，厥民析』，言人解析也。」蔡邕曰：「論語『暮春者，春服既成，冠者五六人，童子六七人，浴乎沂，風乎舞雩，詠而歸』。自上及下，古有此禮。今三月上巳，祓禊於水濱，蓋出於此。」杜篤祓禊賦曰「巫咸之徒，秉火祈福」，則巫祝也。一說云，後漢有郭虞者，三月上巳產二女，二日中並不育，俗以爲大忌，至此月日諱止家，皆於東流水上爲祈禳自絜濯，謂之禊祠。引流行觴，遂成曲水。韓詩曰：「鄭國之俗，三月上巳，之溱、洧兩水之上，招魂續魄，秉蘭草，祓除不祥。」漢書「八月祓灞水」，亦斯義也。後之良史，亦據爲正。臣昭曰：郭虞之說，良爲虛誕。假有庶民旬內夭其二女，何足驚彼風俗，稱爲世忌乎？杜篤乃稱「王、侯、公主暨于富商，用事伊、雒，帷幔玄黃」。本傳大將軍梁商，亦歌泣於雒禊也。自魏不復用三日水宴者焉。

校勘記

三〇二頁六行　蔡邕依以爲志　按：汲本、殿本「依」作「因」。

三〇二頁八行　用救日（日）變　據盧文弨羣書拾補（下簡稱「盧校」）刪。按：晉志不重「日」字。

三〇二頁九行　絳領袖（緣）〔緣〕中衣　據盧校改。

三〇二頁一〇行　或曰爲閽　按：「閽」原譌「閭」，逕改正。

三〇二頁一二行　脅之與責求同義　按：「責」原譌「賁」，逕改正。

三一〇二頁二行　上繫於天而犯日　按：「而」原譌「陌」，逕改正。

三一〇三頁二行　日食必救之陰侵陽也　按：盧云此下本書云「鼓，用牲於社。社者衆陰之主，以朱絲縈之，鳴鼓攻之，以陽責陰也」。今删去十七字，欠分析。

三一〇三頁三行　（土）〔社〕地別神也　據盧校改。按：今白虎通作「社」。

三一〇三頁五行　三臺令史已（下）〔上〕　據盧校改。按：晉志引決疑作「上」。

三一〇三頁六行　日復常乃皆罷（之）　據盧校删。按：晉志引決疑無「之」字。

三一〇三頁五行　太常導出西向拜（止）〔折〕旋升阼階　據盧校改。按：通典「止」作「折」，無「阼」字。

三一〇三頁六行　〔舞〕文始五行之舞　據盧校補。按：通典有「舞」字。

三一〇三頁七行　（禮）樂闋（君）〔羣〕臣受賜食畢　據盧校改，與通典合。

三一〇三頁七行　當神軒占其郡〔國〕穀價　據盧校補。按：通典有「國」字，「占」作「告」。

三一〇三頁一五行　始（爲）〔謂〕可損　據盧校改。按：通典亦作「爲」，謂爲古通。

三一〇三頁一五行　今見（威）〔其〕儀　據盧校改。按：通典作「其」。

三一〇三頁一五行　或曰本意云何　盧云此下應有一「曰」字，古或可省。今按：袁紀有「曰」字。

三一〇四頁二行　就園陵而創焉　集解引惠棟說，謂「創」宋本作「朝」。今按：袁紀作「朝」。

三一〇四頁二行　尙書（陛）〔階〕西（陛爲）〔祭設〕神坐　據盧校改。按：盧以通典校，通志無「祭」字。

三〇四頁四行　久在園陵　集解引惠棟說，謂「久」宋本作「又」。今按：通典作「久」。

三〇四頁八行　因(合)〔令〕諸侯助祭貢金　據盧校改。按：通典作「令」。

三〇四頁一一行　牛以絳衣之　按：御覽二十五引「絳」作「繡」。

三〇四頁一二行　以鑑燧取水於月以火燧取火於日　按：御覽引「鑑燧」作「陰燧」，「火燧」作「陽燧」。

三〇四頁一三行　以切牛毛薦之　按：「以切牛毛」殿本作「以切牛尾」，通志同。御覽引及孫輯漢舊儀並作「以切牛毛血」，通典引作「以切牛尾之毛」。

三〇四頁一三行　而卽更衣(巾)侍〔中〕上熟乃祀(之)　據盧校補删。按：盧云從通典、通志。

三〇四頁一六行　漢氏不拜日於東郊　按：汲本「氏」作「時」。

三〇五頁一行　乘輿初〔加〕緇布進賢　據盧校補。按：通典、通志並有「加」字。

三〇五頁二行　次通天(以據)〔冠訖〕　據盧校改。按：通典、通志並作「冠訖」，惠棟亦謂當從五禮新儀作「冠訖」。

三〇五頁三行　周公使祝雍〔祝王〕　據盧校補。按：盧以大戴禮、家語校。

三〇五頁三行　〔使王〕近於民遠於年　據盧校補。按：盧以大戴禮、家語校。

三〇五頁三行　遠於佞近於義　按：盧云文不類，又韻不諧，大戴禮及家語皆無，疑妄增也。

三〇五頁四行　嗇於〔時惠於〕財　據盧校補。按：盧以大戴禮、家語校。

三〇五頁五行　普尊大道之郊域　汲本「尊」作「遵」。按：遵尊同。

三〇五頁六行　靡不蒙德　按：盧云通典「德」作「福」。

三〇五頁六行　永永與天無極　按：盧云通典作「承天無極」。

三〇五頁七行　〔賜〕貴人（公主）〔王公〕卿司隸〔校尉〕城門五校　據盧校補改。按：盧以通典、通志校。

三〇五頁一三行　皆以晝漏〔未盡〕十四刻初納　據盧校補。按：盧云依文義當有「未盡」二字。

三〇六頁一行　周禮展牲干寶曰若今夕牲　按：盧云此乃鄭康成注周禮之言，曰今，正指漢時，取以證漢制極合。干寶乃晉人，夕牲不始於晉，何云今邪？此援引之失。

三〇六頁一行　太祝吏牽牲入到榜　按：盧云宋志「吏」作「史」。

三〇六頁二行　太史令牽牲就庖〔以二陶〕豆酌毛血　據盧校補。按：盧云宋志有「以二陶」三字，「史」作「祝」。

三〇六頁四行　謂向祭之（辰）〔晨〕也　據盧校改。按：盧云亦康成注。

三〇六頁一三行　躬知稼穡之艱難無（違）〔逸〕也　據盧校改。按：黃山謂此本尙書無逸爲說也。在勤以訓百姓，無逸以示子孫，義各有當。

三〇七頁一〇行　種晚〔穀〕秔稻之屬稑（陵）〔早〕穀黍稷之屬　據盧校補改。

三〇七頁一一行　漢家法陳師　按：盧云疑有脫譌。

三〇七頁一三行　弗去無子求有子　按：應作「弗，去也。去無子求有子」。「去」下脫「也去」二字。

三〇七頁一六行　其來主爲孚乳蕃滋　按：汲本「孚」作「字」。

三〇八頁二行　玄鳥致（胎）〔貽〕女何嘉　據盧校改。按：今本楚辭天問「嘉」一作「喜」。

三〇八頁九行　供綏執〔授兄〕事五更　據盧校補。

三〇九頁六行　扶（玉）〔王〕杖　集解引惠棟說，謂「玉杖」當作「王杖」，惠說是，今據改。以下逕改。

三〇九頁八行　至階　按：集解引惠棟說，謂「至」下應有「裨」字。

三〇九頁一〇行　公進供禮　按：校補引錢大昭說，謂「公」本又作「三公」。

三一〇頁二行　顯宗（因）〔宗〕祀光武皇帝於明堂　據盧校改，與前志合。

三一〇頁二行　威儀旣盛矣　按：前志「盛」下有「美」字。

三一〇頁五行　丁孚漢儀　按：「儀」原譌「義」，逕改正。

三一〇頁一〇行　春桑生而皇后（視）〔親〕桑於菀中　據汲本改。按：「菀」各本作「苑」，菀與苑同。

三一〇頁一〇行　（今）〔祭〕蠶神曰菀窳婦人寓氏公主　據盧校改，與孫星衍校漢舊儀合。

三一〇頁一一行　皆賜從桑者（樂）〔絲〕　據盧校改，與孫校漢舊儀合。

三一〇頁一三行　天地宗廟羣（臣）〔神〕五時之服　據盧校改，與孫校漢舊儀合。

三一〇頁一二行　〔皇后〕得以作巾絮而已　孫校漢舊儀及御覽布帛部、服用部引並有「皇后」二字，今據補。按：御覽服用部引作「皇后得以作絮巾」，布帛部作「皇后閒以作巾絮而已」。

三一〇頁一三行　諸天下官〔下法〕皆詣蠶室〔亦〕〔與〕婦人從事故舊有東西織室作〔法〕〔治〕　據盧校補改，與孫校漢舊儀合。

三一一頁二行　蠢〔蠢〕搖動也　據今本風俗通補。

三一一頁五行　後漢有郭虞者　按：盧云案晉書束晳傳云武帝嘗問摯虞三日曲水之義，虞對曰：「漢章帝時，平原徐肇以三月初生三女，至三日俱亡」云云，晳以爲起自周公。今此云郭虞，得無因摯虞致誤邪？

三一一頁五行　三月上巳產二女　按：通典作「三月三日上辰產二女，上巳日產一女」。通志同。

三一一頁七行　八月祓灞水　按：通典、通志「水」作「上」。

三一一頁八行　旬內夭其二女　按：通典、通志「二」作「三」。

三一一頁八行　何足驚彼風俗　按：通典、通志「驚」作「警」。

後漢書志第五

禮儀中

立夏　請雨　拜皇太子　拜王公　桃印　黃郊　立秋　貙劉　案戶
祠星　立冬　冬至　臘　大儺　土牛　遣衞士　朝會

立夏之日，夜漏未盡五刻，京都百官皆衣赤，至季夏衣黃，郊。其禮：祠特，祭竈。

自立春至立夏盡立秋，郡國上雨澤。若少，(府)郡縣各埽除社稷；其旱也，公卿官長以次行雩禮求雨。〔一〕閉諸陽，衣皁，興土龍，〔二〕立土人舞僮二佾，七日一變如故事。〔三〕反拘朱索〔縈〕社，伐朱鼓。〔四〕禱賽以少牢如禮。〔五〕

〔一〕公羊傳曰：「大雩，旱祭也。」何休注曰：「君親之南郊，以六事謝過自責曰：『政不善與？民失職與？宮室崇與？婦謁盛與？苞苴行與？讒夫倡與？』使童男女各八人舞而呼雩，故謂之雩。」春秋繁露曰：「大旱雩祭而請雨，大水鳴鼓而攻社，天地之所爲，陰陽之所起也。或請焉，或(怒)〔攻〕焉，何(如)也？曰：大旱，陽滅陰也。陽滅陰者，尊厭卑也。固其義也，雖大甚，拜請之而已，敢有加也？大水者，陰滅陽也。陰滅陽者，卑勝尊也。以賤陵貴者逆節，故鳴鼓而攻之，朱絲而脅之，爲其不義，此亦春秋之不畏強禦也。變天地之位，正陰陽之序，（貞）〔直〕行其道而不（忘）〔忌〕其難，義之至也。」又仲舒奏江都王云：「求雨之方，損陽益陰。願大王無收廣陵女子爲人祝者一月租，賜諸巫者；諸巫毋大小皆相聚於郭門，爲小壇，以脯酒祭；女獨擇寬大便處移市，市使無內丈夫，丈夫無得相從飲食；令吏妻各往視其夫，皆到即起，雨注而已。」服虔注左傳曰：「大雩，夏祭天名。雩，遠也，遠爲百穀求膏雨也。龍見而雩。龍，角、亢也。謂四月昏，龍星體見，萬物始盛，待雨而大，故雩祭以求雨也。」一說，大雩者，祭於帝而祈雨也。一說，郊，祀天祈農事；雩，祭山川而祈雨也。漢舊儀：「求雨，太常禱天地、宗廟、社稷、山川以賽，各如其常牢，禮也。四月立夏旱，乃求雨禱雨而已；後旱，復重禱而已；訖立秋，雖旱不得禱求雨也。」

〔二〕山海經曰：「大荒東北隅有山，名曰凶犁土丘。應龍處南極，殺蚩尤與夸父，不得復上，故下數旱。旱而爲應龍之狀，乃得大雨。」郭璞曰：「今之土龍，本此氣應，自然冥感，非人所能爲也。」董仲舒云：「春旱求雨，令縣邑以水日令民禱社稷，家人祠戶。毋伐名木，毋斬山林。暴巫聚蛇八日。於邑東門之外爲四通之壇，方八尺，植蒼繒八。其神共工。祭之以生魚八，玄酒，具清酒（搏）〔膊〕脯。擇巫之絜清辯口利辭者以爲祝。祝齋三日，服蒼衣。先再拜，乃跪陳，陳已，復再拜，乃起。祝曰：『昊天生五穀以養人。今五穀病旱，恐不成。敬進清酒（搏）〔膊〕脯，再拜請雨。雨幸大澍，奉牲禱。』以甲、乙日爲大青龍一，長八丈，居中央；爲小龍七，各長四丈，於東方，皆東鄉，其間相去八尺。小僮八人，皆齋三日，服青衣舞之。田嗇夫亦齋三日，服青衣而立之。（諸里）〔鑿〕社通之於閭外之溝。取五蝦蟇，錯置社之中。池方八尺，深一尺，置水蝦蟇焉。具清酒（搏）〔膊〕脯。祝齋三日，服蒼衣，拜跪，陳祝如初。取三歲雄雞與三歲豭豬，皆燔之於四通神宇。令民闔邑里南門，置水其外，開里北門，具老豭豬一，置之里北門之外。市中亦置一豭豬。聞（彼）〔鼓〕聲，皆燒豬尾，取死人骨埋之，開山淵積薪而焚之。決通道橋之壅塞不行者決瀆之。幸而得雨，報以豚一，酒、鹽、黍財足。以茅爲席，毋斷。夏求雨，令縣邑以水日家人祀竈，毋舉土功。更大浚井。暴釜於壇，杵臼于術，七日。爲四通之壇於邑南門之外，方七尺，植赤繒七。其神蚩尤。祭之以赤雄雞七，玄酒，具清酒(摶)〔膊〕脯。祝齋三日，服赤衣，拜跪、陳祝如春。以丙、丁日爲赤大龍一，長七丈，居中；又爲小龍六，〔各〕長三丈五尺，於南方，皆南鄉，其閒相去七尺。壯者七人，皆齋三日，服赤衣而舞之。司空嗇夫亦齋三日，服赤衣而立之。鑿社而通之閭外之溝。取五蝦蟇，錯置社之中。池方七尺，深一尺。酒脯祭。齋衣赤，拜跪、陳祝如初。取三歲雄雞、豭豬，燔之四通神宇。開陰閉陽如春也。季夏，禱山陵以助之。令縣邑一徙市於邑南門之外，五日，禁男子無得行入市。家人祠中霤。毋舉土功。聚巫市旁，爲之結蓋。爲四通之壇於中央，植黃繒五。其神后稷。祭之以(毋)〔母〕飥五，玄酒，具清酒(摶)〔膊〕脯。令各爲祝齋三日，衣黃衣，皆如春祠。以戊、已日爲大黃龍一，長五丈，居中央；又爲小龍四，各長二丈五尺，於中央，皆南鄉，其閒相去五尺。丈夫五人，皆齋三日，服黃衣而舞之。老者亦齋三日，衣黃衣而立之。亦通社中於閭外溝。蝦蟇池方五尺，深一尺。他皆如前。秋，暴巫尪至九日。毋舉火事，煎金器。家人祠門。爲四通之壇於邑西門之外，方九尺，植白繒九。其神(太)〔少〕昊。祭之桐木魚九，玄酒，具清酒(摶)〔膊〕脯。衣白衣。他如春。以庚、辛日爲大白龍一，長九丈，居中央；爲小龍八，各長四丈五尺，於西方，皆西鄉，其閒相去九尺。鰥者九人，皆齋三日，服白衣而舞之。司馬亦齋三日，衣白衣而立之。蝦蟇池方九尺，深一尺。他如前。冬，舞龍六日，禱於名山以助之。家人祠井。毋壅水。爲四通之壇於邑北門之外，方六尺，植黑繒六。其神玄冥。祭之以黑狗子六，玄酒，具清酒(摶)〔膊〕脯。祝齋三日，衣玄衣。祝禮如春。以壬、癸日爲大黑龍一，長六丈，居中央；又爲小龍五，各長三丈，於北方，皆北鄉，其閒相去六尺。老者六人，皆齋三日，衣黑衣而舞之。尉亦齋三日，服黑衣而立之。蝦蟇池皆如春。

四時皆庚子日，令吏民夫婦皆偶處。凡求雨，大體丈夫欲藏而居，女子欲和而樂。」應龍有翼。法言曰：「象龍之致雨。艱矣哉，龍乎！龍乎！」新論曰：「劉歆致雨，具作土龍，吹律，及諸方術，無不備設。譚問：『求雨所以爲土龍，何也？』曰：『龍見者，輒有風雨興起，以迎送之，故緣其象類而爲之。』」

〔三〕周禮曰：「雩舞，帥而舞旱暵之事。」鄭玄曰：「雩，赤卑染羽爲之也。」旱暵，注：「陽也，用假色者，欲其有時而去之。」

〔四〕漢舊儀曰：「成帝三年六月，始命諸官止雨，朱繩反縈社，擊鼓攻之，是後水旱常不和。」干寶曰：「朱絲縈社。社，太陰也。朱，火色也。絲，（維）〔離〕屬。天子伐鼓於社，責羣陰也；諸侯用幣於社，請上公也；伐鼓於朝，退自攻也。此聖人之厭勝之法也。」

〔五〕漢舊儀曰：「武帝元封日到七月畢賽之，秋冬春不求雨。」古今注曰：「武帝元封六年五月旱，女及巫丈夫不入市也。」

拜皇太子之儀：百官會，位定，謁者引皇太子當御坐殿下，北面；司空當太子西北，東面立。讀策書畢，中常侍持皇太子璽綬東向授太子。太子再拜，三稽首。謁者贊皇太子臣某，（甲）〔中〕謁者稱制曰「可」。三公升階上殿，賀壽萬歲。因大赦天下。供賜禮畢，罷。

拜諸侯王公之儀：百官會，位定，謁者引光祿勳前。〔一〕謁者引當拜〔者〕前，當坐伏殿下。光祿勳前，一拜，舉手曰：「制詔其以某爲某。」〔二〕讀策書畢，謁者稱臣某再拜。尚書郎以璽印綬付侍御史。侍御史前，東面立，授璽印綬。王公再拜頓首三(下)。贊謁者曰：「某王臣某新封，某公某初〔除〕，謝。」中謁者報謹謝。贊者立曰：「(謝)皇帝爲公興。」(皆冠)〔重坐，受策者拜〕謝，起就位。供賜禮畢，罷。〔三〕

〔一〕丁孚漢儀曰「太常住蓋下，東向讀文」，與此異也。

〔二〕丁孚漢儀有夏勤策文，曰：「維元初六年三月甲子，制詔以大鴻臚勤爲司徒。曰：『朕承天序惟稽古，建爾于位爲漢輔。往率舊職，敬敷五敎，五敎在寬。左右朕躬，宣力四表，保乂皇家。於戲！實惟秉國之均，旁祇厥緒，時亮天工，可不愼與！勖(而)〔其〕戒之！』」

〔三〕臣昭曰：漢立皇后，國禮之大，而志無其儀，良未可了。案蔡質所記立宋皇后儀，今取以備闕。云：「尚書令臣囂、僕射臣鼎、尚書臣旭、臣乘、臣滂、臣謨、臣詣稽首言：『伏惟陛下履乾則坤，動合陰陽。羣臣大小咸以長秋宮未定，遵舊依典，章表仍聞，歷時乃聽。令月吉日，以宋貴人爲皇后，應期正位，羣生兆庶莫不式舞。易稱「受茲介祉」，詩云「干祿百福，子孫千億」，萬方幸甚。今吉日以定，臣請太傅、太尉、司徒、司空、太常條列禮儀正處上，羣臣妾無得上壽，如故事。臣囂、臣鼎、臣旭、臣乘、臣滂、臣謨、臣詣愚闇不達大義，誠惶誠恐，頓首死罪，稽首再拜以聞。』制曰：『可。』維建寧四年七月乙未，制詔：『皇后之尊，與帝齊體，供奉天地，祇承宗廟，母臨天下。故有莘興殷，姜任母周，二代之隆，蓋有內德。長秋宮闕，中宮曠位，宋貴人(乘)〔秉〕淑媛之懿，體河山之儀，威容昭曜，德冠後庭。羣寮所咨，(人)〔僉〕曰宜哉。卜之蓍龜，卦得承乾。有司奏議，宜稱紱組，以(臨)〔母〕兆民。

今使太尉襲使持節奉璽綬，宗正祖爲副，立貴人爲皇后。后其往踐爾位，敬宗禮典，肅慎中饋，無替朕命，永終天祿。』皇后初即位章德殿，太尉使持節奉璽綬，天子臨軒，百官陪位。皇后北面，太尉住蓋下，東向，宗正、大長秋西向。宗正讀策文畢，皇后拜，稱臣妾，畢，住位。太尉襲授璽綬，中常侍長（樂）〔秋〕太僕高鄉侯覽長跪受璽綬，奏於殿前，女史授婕妤，婕妤長跪受，以授昭儀，昭儀受，長跪以帶皇后。皇后伏，起拜，稱臣妾。訖，黃門鼓吹三通。鳴鼓畢，羣臣以次出。后即位，大赦天下。皇后秩比國王，即位威儀，赤紱玉璽。」

仲夏之月，萬物方盛。日夏至，陰氣萌作，恐物不楙。其禮：以朱索連葷菜，彌牟〔朴〕蠱鍾。以桃印長六寸，方三寸，五色書文如法，以施門戶。代以所尚爲飾。夏后氏金行，作葦茭，言氣交也。〔一〕殷人水德，以螺首，慎其閉塞，使如螺也。周人木德，以桃爲更，言氣相更也。漢兼用之，故以五月五日，朱索五色印爲門戶飾，以難止惡氣。〔二〕日夏至，禁舉大火，止炭鼓鑄，消石冶皆絕止。至立秋，如故事。是日浚井改水，日冬至，鑽燧改火云。

〔一〕風俗通曰：「傳曰『萑葦有叢』。呂氏春秋曰『（湯）始得伊尹，祓之於廟，熏以萑葦』。周禮『卿大夫之子名曰門子』。論語曰『誰能出不由戶（者）』。故用葦者，欲人之子孫蕃（植）〔殖〕，不失其類，有如萑葦。茭者交易，陰陽代興者也。」

〔二〕桃印本漢制，所以輔卯金，魏除之也。

先立秋十八日，郊黃帝。是日夜漏未盡五刻，京都百官皆衣黃。至立秋，迎氣於黃郊，樂奏黃鍾之宮，歌帝臨，冕而執干戚，舞雲翹、育命，所以養時訓也。

立秋之日，夜漏未盡五刻，京都百官皆衣白，施皁領緣中衣，迎氣〔於〕白郊。禮畢，皆衣絳，至立冬。

立秋之日，（自）〔白〕郊禮畢，始揚威武，斬牲於郊東門，以薦陵廟。其儀：乘輿御戎路，白馬朱鬣，躬執弩射牲。牲以鹿麛。〔一〕太宰令、謁者各一人，載（以）獲車，馳（駟）送陵廟。〔於是乘輿〕還宮，遣使者齎束帛以賜武官。〔二〕武官肄兵，習戰陣之儀、斬牲之禮，名曰貙劉。兵、官皆肄孫、吳兵法六十四陣，名曰乘之。〔三〕立春，遣使者齎束帛以賜文官。〔四〕貙劉之禮：祠先虞，執事告先虞已，烹鮮時，有司〔告〕，乃逡巡射牲。獲車畢，有司告事畢。〔五〕

〔一〕月令曰：「天子乃厲（㧑）〔飾〕，執弓挾矢以獵。」月令章句曰：「親執弓以射禽，所以教兆民（載）戰事也。四時閑習，以救無辜，以伐有罪，所以強兵保民，安不忘危也。」

〔二〕漢官名秩曰：「賜太尉、將軍各六十四，執金吾、諸校尉各三十四，武官倍於文官。」

〔三〕月令，孟冬天子講武，習射御，角力。盧植注曰：「角力，如漢家乘之，引（闘）〔關〕蹋踘之屬也。」今月令，季秋天子乃教田獵，以習五戎。月令章句曰：「寄戎事之教於田獵。武事不可空設，必有以誡，故寄教於田獵，閑肄五兵。

天子、諸侯無事而不田爲不敬，田不以禮爲暴天物。」周禮：「司馬以旗致民，平列陣，如戰之陳。王執路鼓，諸侯執賁鼓，軍將執晉鼓，師帥執提，旅帥執鼙，卒長執鐃，兩司馬執鐸，公司馬執鐲，以教坐作進退疾徐疏數之節。」士卒聽聲視旗，隨而前却，故曰師之耳目，在吾旗鼓。春教振旅以蒐田，夏教茇舍以苗田，秋教治兵以獮田，冬教大閱以狩田。春夏示行禮，取禽供事而已。秋者殺時，田獵之正，其禮盛。獨斷曰：「巡狩〔校〕獵還，公卿以下陳雒陽都亭前街上，乘輿到，公卿以下拜，天子下車，公卿〔親〕識顏色，然後還宮。古語曰『在車爲下』，唯此時施行。」魏書曰：「建安二十一年三月，曹公親耕藉田。有司奏：『四時講武於農隙。漢承秦制，三時不講，唯十月車駕幸長安水南門，會五營士，爲八陣進退，名曰乘之。今金革未偃，士民素習，可無四時講武，但以立秋擇吉日大朝車騎，號曰治兵。上合禮名，下承漢制也。』」

〔四〕漢官名秩曰：「賜司徒、司空帛四十匹，九卿十五匹。」古今注曰：「建武八年立春，賜公十五匹，卿十匹。」

〔五〕古今注曰：「永平元年六月乙卯，初令百官貙膢，白幕皆霜。」風俗通稱「韓子書山居谷汲者，膢臘而賓水。」楚俗常以十二月祭飲食也。又曰〔當〕〔嘗〕新始殺〔也〕。食〔新〕曰貙膢。」

仲秋之月，縣道皆案戶比民。年始七十者，授之以王杖，餔之糜粥。八十九十，禮有加賜。王杖長〔九〕尺，端以鳩鳥爲飾。鳩者，不噎之鳥也。欲老人不噎。是月也，祀老人星于國都南郊老人廟。

季秋之月，祠星于城南壇心星廟。

立冬之日，夜漏未盡五刻，京都百官皆衣皁，迎氣於黑郊。禮畢，皆衣絳，至冬至絕事。

冬至前後，君子安身靜體，百官絕事，不聽政，擇吉辰而後省事。絕事之日，夜漏未盡五刻，京都百官皆衣絳，至立春。諸五時變服，執事者先後其時皆一日。

日冬至、夏至，陰陽晷景長短之極，微氣之所生也。〔一〕故使八能之士八人，或吹黃鍾之律閒竽；或撞黃鍾之鍾；或度晷景，權水輕重，水一升，冬重十三兩；或擊黃鍾之磬；或鼓黃鍾之瑟，軫閒九尺，二十五絃，宮處于中，左右爲商、徵、角、羽；或擊黃鍾之鼓。先之三日，太史謁之。至日，夏時四孟，冬則四仲，其氣至焉。

〔一〕白虎通曰：「至日所以休兵，不興事，閉關，商旅不行何？此日陰陽氣微，王者承天理物，故率天下靜，不復行役，以扶助微氣，成萬物也。夏至陰氣始動，冬至陽氣始萌。易曰：『先王以至日閉關，商旅不行。』夏至陰始起，反大熱何？陰氣始起，陽氣推而上，故大熱也。冬至陽始起，陰氣推而上，故大寒也。」

先氣至五刻，太史令與八能之士（郎）〔卽〕坐于端門左塾。（太子）〔大予〕具樂器，夏赤冬黑，列前殿之前西上，鍾爲端。守宮設席于器南，北面東上，正德席，鼓南西面，令晷儀東北。三刻，中黃門持兵，引太史令、八能之士入自端門，就位。二刻，侍中、尙書、御史、謁者皆陛。一刻，乘輿親御臨軒，安體靜居以聽之。太史令前，當軒溜北面跪。舉手曰：「八能之士以備，請行事。」制曰「可」。太史令稽首曰「諾」。起立少退，顧令正德曰：「可行事。」正德曰「諾」。皆旋復位。正德立，命八能士曰：「以次行事，閉音以竽。」八能曰「諾」。五音各三十爲闋。正德曰：「合五音律。」先唱，五音並作，二十五闋，皆音以竽。〔一〕訖，正德曰：「八能士各言事。」八能士各書板言事。文曰：「臣某言，今月若干日甲乙日冬至，黃鍾之音調，君道得，孝道褒。」商臣，角民，徵事，羽物，各一板。否則召太史令各板書，封以皁囊，送西陛，跪授尙書，施當軒，北面稽首，拜上封事。尙書授侍中常侍迎受，報聞。以小黃門幡麾節度。太史令前（曰）〔白〕禮畢。制曰「可」。太史令前稽首曰「諾」。太史命八能士詣太官受賜。陛者以次罷。日夏至禮亦如之。〔二〕

〔一〕樂叶圖徵曰：「夫聖人之作樂，不可以自娛也，所以觀得失之效者也。故聖人不取備於一人，必從八能之士。故撞鐘者當知鐘，擊鼓者當知鼓，吹管者當知管，吹竽者當知竽，擊磬者當知磬，鼓琴者當知琴。故八士（曰）或調陰陽，或調律曆，或調五音。故撞鐘者以知法度，鼓琴者以知四海，擊磬者以知民事。鍾音調，則君道得；君道得，則黃鍾、蕤賓之律應。君道不得，則鐘音不調；鐘音不調，則黃鍾、蕤賓之律不應。鼓音調，則臣道得；臣道得，則太蔟之律應。管音調，則律曆正；律曆正，則夷則之律應。磬音調，則民道得；民道得，則林鍾之律應。竽音調，則法度得；法度得，則無射之律應。琴音調，則四海合歲氣，百川一合德。鬼神之道行，祭祀之道得，如此，則姑洗之律應。五樂皆得，則應鍾之律應。天地以和氣至，則和氣應；和氣不至，則天地和氣不應。鍾音調，下臣以法賀主。鼓音調，主以法賀臣。磬音調，主以德施於百姓。琴音調，主以德及四海。八能之士常以日冬至成天文，日夏至成地理。作陰樂以成天文，作陽樂以成地理。」

〔三〕蔡邕獨斷曰：「冬至陽氣始動，夏至陰氣始起，麋鹿角解，故寢兵鼓。身欲寧，志欲靜，故不聽事，迎送（凡田獵）〔五日。臘〕者，歲終大祭，縱吏民宴飲。非迎氣，故但送不迎。正月歲首，亦如臘儀。冬至陽氣起，君道長，故賀。夏至陰氣起，君道衰，故不賀。鼓以動衆，鍾以止衆，故夜漏盡，鼓鳴則起；晝漏盡，鍾鳴則息。」

季冬之月，星迴歲終，陰陽以交，勞農大享臘。〔一〕

〔一〕高堂隆曰：「帝王各以其行之盛而祖，以其終而臘。火生於寅，盛於午，終於戌，故火家以午祖，以戌臘。」秦靜曰：「古禮，出行有祖祭，歲終有蜡臘，無正月必祖之祀。漢氏以午祖，以戌臘。午南方，故以祖。冬者，歲之終，物畢成，故以戌臘。而小數之學者，因爲之說，非典文也。」

先臘一日，大儺，〔一〕謂之逐疫。〔二〕其儀：選中黃門子弟年十歲以上，十二以下，百二十人爲侲子。皆赤幘皁製，執大鼗。〔三〕方相氏黃金四目，蒙熊皮，玄衣朱裳，執戈揚盾。十二獸有衣毛角。中黃門行之，冗從僕射將之，以逐惡鬼于禁中。夜漏上水，朝臣會，侍中、尚書、御史、謁者、虎賁、羽林郎將執事，皆赤幘陛衞。乘輿御前殿。黃門令奏曰：「侲子備，請逐疫。」於是中黃門倡，侲子和，曰：「甲作食殃，胇胃食虎，雄伯食魅，騰簡食不祥，攬諸食咎，伯奇食夢，強梁、祖明共食磔死寄生，委隨食觀，錯斷食巨，窮奇、騰根共食蠱。凡使十二神追惡凶，赫女軀，拉女幹，節解女肉，抽女肺腸。女不急去，後者爲糧！」〔四〕因作方相與十二獸儛。嚾呼，周徧前後省三過，持炬火，送疫出端門；〔五〕門外騶騎傳炬出宮，司馬闕門門外五營騎士傳火棄雒水中。〔六〕百官官府各以木面獸能爲儺人師訖，設桃梗、鬱櫑、葦茭畢，執事陛者罷。〔七〕葦戟、桃杖以賜公、卿、將軍、特侯、諸侯云。〔八〕

〔一〕譙周論語注曰：「儺，却之也。」

〔二〕漢舊儀曰：「顓頊氏有三子，生而亡去爲疫鬼。一居江水，是爲（虎）〔虐鬼〕；一居若水，是爲罔兩蜮鬼；一居人宮室區隅（漚庾），善驚人小兒。」月令章句曰：「日行北方之宿，北方大陰，恐爲所抑，故命有司大儺，所以扶陽抑陰也。」盧植禮記注云：「所以逐衰而迎新。」

〔三〕漢舊儀曰：「方相帥百隸及童（女）〔子〕，以桃弧、棘矢、土鼓，鼓且射之，以赤丸、五穀播灑之。」譙周論語注曰：「以葦矢射之。」薛綜曰：「侲之言善，善童幼子也。」

〔四〕東京賦曰：「（捐）〔捎〕魑魅，斮獝狂。斬委蛇，腦方良。囚耕父於清泠，溺女魃於神潢。殘夔魖與罔象，殪壄仲而殲游光。」注曰：「魑魅，山澤之神。獝狂，惡鬼。委蛇，大如車轂。方良，草澤神。耕父、女魃皆旱鬼。惡水，故囚溺於水中，使不能爲害。夔魖、罔象，木石之怪。壄仲、游光，兄弟八人，恆在人間作怪害也。」孔子曰：「木石之怪夔、罔兩，水之怪龍、罔象。」（臣）〔韋〕昭曰：「木石〔謂〕山（怪）也。夔一足，越人謂〔之〕山繅。罔兩，山精，好學人聲，而迷惑人。龍，神物也，非所常見，故曰怪。罔象，食人，一名沐腫。」埤蒼曰：「獝狂，無頭鬼。」

〔五〕東京賦曰：「煌火馳而星流，逐赤疫於四裔。」注曰：「煌，火光。逐，驚走。煌然火光如星馳。赤疫，疫鬼惡者也。」侲子合三行，從東序上，西序下。

〔六〕東京賦注曰：「衞士千人在端門外，五營千騎在衞士外，爲三部，更送至雒水，凡三輩，逐鬼投雒水中。仍上天池，絕其橋梁，使不復度還。」

〔七〕山海經曰：「東海中有度朔山，上有大桃樹，蟠屈三千里，其卑枝門曰東北鬼門，萬鬼出入也。上有二神人，一曰神荼，一曰鬱櫑，主閱領衆鬼之惡害人者，執以葦索，而用食虎。」於是黃帝法而象之。毆除畢，因立桃梗於門戶上，畫鬱櫑持葦索，以御凶鬼，畫虎於門，當食鬼也。史記曰：「東至於蟠木。」風俗通曰：「黃帝〔書〕『上古之時，有神荼與鬱櫑兄弟二人，性能執鬼。』」桃梗，梗者更也，歲終更始，受介祉也。蘇秦說孟嘗君曰：『土偶人語桃梗，今子東國之桃木，刻子爲人。』虎者陽物，百獸之長，能擊鷙牲食魑魅者也。」

〔八〕漢官名秩曰：「大將軍、三公，臘賜錢各三十萬，牛肉二百斤，粳米二百斛；特侯十五萬；卿十萬；校尉五萬；尚書丞、郎各萬五千；千石、六百石各七千；侍御史、謁者、議郎、尚書令各五千；郎官、蘭臺令史三千；中黃門、羽林、虎賁士二人共三千；以爲當祠門戶直，各隨多少受也。」

是月也，立土牛六頭於國都郡縣城外丑地，以送大寒。〔一〕

〔一〕月令章句曰：「是月之（會）〔昏〕建丑，丑爲牛。寒將極，是故出其物類形象，以示送達之，且以升陽也。」

饗遣故衞士儀：百官會，位定，謁者持節引故衞士入自端門。衞司馬執幡鉦護行。行定，侍御史持節慰勞，以詔恩問所疾苦，受其章奏所欲言。畢饗，賜作樂，觀以角抵。樂闋罷遣，勸以農桑。〔一〕

〔一〕周禮（日）府史以下，則有胥有徒。鄭玄注曰：「此謂民給傜役，若今衞〔士〕矣。」蔡邕曰：「見客平樂、饗衞士，瑰偉壯觀也。」

每（月朔）歲首〔正月〕，爲大朝受賀。其儀：夜漏未盡七刻，鍾鳴，受賀。及贄，公、侯璧，中二千石、二千石羔，千石、六百石鴈，四百石以下雉。〔一〕百官賀正月。〔二〕二千石以上上殿稱萬歲。〔三〕舉觴御坐前。司空奉羹，大司農奉飯，奏食舉之樂。百官受賜宴饗，大作樂。〔四〕其每朔，唯十月旦從故事者，高祖定秦之月，元年歲首也。〔五〕

〔一〕獻帝起居注曰：「舊典，市長執鴈，建安八年始令執雉。」

〔二〕決疑要注曰：「古者朝會皆執贄，侯、伯執圭，子、男執璧，孤執皮帛，卿執羔，大夫執鴈，士執雉。漢、魏粗依其制，正旦大會，諸侯執玉璧，薦以鹿皮，公卿已下所執如古禮。古者衣皮，故用皮帛爲幣。玉以象德，璧以稱事。不以貨滲禮，庶羞不踰牲，宴衣不踰祭服，輕重之宜也。」

〔三〕蔡邕獨斷曰：「三公奉璧上殿，向御坐，北面，太常贊曰：『皇帝爲君興。』三公伏，皇帝坐，乃進璧。古語曰『御坐則起』，此之謂也。」

〔四〕蔡質漢儀曰：「正月旦，天子幸德陽殿，臨軒。公、卿、將、大夫、百官各陪〔位〕朝賀。蠻、貊、胡、羌朝貢畢，見屬郡計吏，皆〔陛〕覲，庭燎。宗室諸劉(雜)〔親〕會，萬人以上，立西面。位(公納薦太官賜食酒西入東出)既定，上壽。〔羣〕計吏中庭北面立，太官上食，賜羣臣酒食，〔西入東出〕。(貢事)御史四人執法殿下，虎賁、羽林〔張〕(弧)弓(撮)〔挾〕矢，陛戟左右，戎頭偪脛陪前向後，左右中郎將(住)〔位〕東(西)〔南〕，羽林、虎賁將(住)〔位〕東北，五官將(住)〔位〕中央，悉坐就賜。作九賓(徹)〔散〕樂。舍利〔獸〕從西方來，戲於庭極，乃畢入殿前，激水化爲比目魚，跳躍嗽水，作霧鄣日。畢，化成黃龍，長八丈，出水遨戲於庭，炫燿日光。以兩大絲繩繫兩柱(中頭)閒，相去數丈，兩倡女對舞，行於繩上，對面道逢，切肩不傾，又蹋局出身，藏形於斗中。鍾磬並作，〔倡〕樂畢，作魚龍曼延。小黃門吹三通，謁者引公卿羣臣以次拜，微行出，罷。卑官在前，尊官在後。德陽殿周旋容萬人。陛高二丈，皆文石作壇。激沼水於殿下。畫屋朱梁，玉階金柱，刻鏤作宮掖之好，廁以青翡翠，一柱三帶，韜以赤緹。天子正旦節，會朝百僚於此。自到偃師，去宮四十三里，望朱雀五闕、德陽，其上鬱律與天連。」雒陽宮閣簿云：「德陽宮殿南北行七丈，東西行三十七丈四尺。」

〔五〕蔡邕曰：「羣臣朝見之儀，視不晚朝十月朔之故，以問胡廣。廣曰：『舊儀，公卿以下每月常朝，先帝以其頻，故省，唯六月、十月朔朝。後復以六月朔盛暑，省之。』」蔡邕禮樂志曰：「漢樂四品：一曰大予樂，典郊廟、上陵、殿諸食舉之樂。郊樂，易所謂『先王以作樂崇德，殷薦上帝』，周官『若樂六變，則天神皆降，可得而禮也』。宗廟樂，虞書所謂『琴瑟以詠，祖考來假』，詩云『肅雍和鳴，先祖是聽』。食舉樂，王制謂『天子食舉以樂』，周官『王大食則令奏鍾鼓』。二曰周頌雅樂，典辟雍、饗射、六宗、社稷之樂。辟雍、饗射，孝經所謂『移風易俗，莫善於樂』，禮記曰『揖讓而治天下者，禮樂之謂也』。社稷，〔詩〕所謂『琴瑟擊鼓，以御田祖』者也。禮記曰『夫樂施於金石，越於聲音，用乎宗廟、社稷，事乎山川、鬼神』，此之謂也。三曰黃門鼓吹，天子所以宴樂羣臣，詩所謂『坎坎鼓我，蹲蹲舞我』者也。其短簫、鐃歌，軍樂也。其傳曰『黃帝、岐伯所作，以建威揚德，風勸士』也。蓋周官所謂『王〔師〕大（捷）〔獻〕則令凱樂，軍大獻則令凱歌』也。孝章皇帝親著歌詩四章，列在食舉，又制雲臺十二門詩，各以其月祀而奏之。熹平四年正月中，出雲臺十二門新詩，下大予樂官習誦，被聲，與舊詩並行者，皆當撰錄，以成樂志。」

校勘記

三一一七頁六行　郡國上雨澤若少（府）郡縣各掃除社稷　校補引侯康說，謂「府」字衍。按：通典無「府郡縣」三字，通志無「府」字。盧校并刪「郡縣」二字，則下「各」字無所屬。今依侯康說，刪「府」字。

三一一七頁七行　反拘朱索〔縈〕社　據盧校補。按：通典有「縈」字。

三一一七頁九行　政不善與民失職與　按：今本公羊傳何注「善」作「一」，與「職」叶韻。

三一一七頁一二行　或（怒）〔攻〕焉何（如）也　據盧校改刪。按：通典作「或攻焉」。御覽五百二十五引「何如也」作「何也」。盧云「如」字可省。

三一一八頁一行　（貞）〔直〕行其道而不（忘）〔忌〕其難　據盧校改，與通典合。

三一一八頁三行　女獨擇寬大便處移市　按：盧云「女」字疑衍。又按：「大」原譌「太」，逕改正。

三一一八頁四行　大雩夏祭天名　按：「大」原譌「天」，逕改正。

三一八頁一〇行　家人祠戶　按：「戶」原譌「同」，逕改正。

三一八頁一一行　具淸酒（摶）〔膊〕脯　據盧校改，下同。　按：通考作「摶」，通典作「膊」。校補謂摶與膊通，說文作「脯膊」。

三一八頁一四行　（諸里）〔鑿〕社通之於閭外之溝　據盧校改。

三一八頁一五行　置水蝦蟇焉　按：蘇輿春秋繁露義證云通典無此五字，疑衍文。

三一八頁一七行　聞（彼）鼓聲　據盧校刪。　按：通考有「彼」字，通典作「聞鼓」，無「彼」字、「聲」字。

三一八頁一七行　取死人骨埋之　按：通考「人」作「灰」。

三一八頁一七行　決通道橋之壅塞不行者決瀆之　按：蘇輿云疑當作「決瀆之不行者」，通典作「通橋道之壅塞」。

三一九頁二行　更大浚井　按：「大」一本作「火」。蘇輿云藝文類聚「火」作「水」，疑是。

三一九頁四行　〔各〕長三丈五尺　據盧校補。　按：通典有「各」字。

三一九頁七行　令縣邑一徙市　按：通典「令縣邑」下有「十日」二字。

三一九頁八行　祭之以（毋）〔母〕飽五　據汲本改。　按：通考作「母」，注云「母音模，禮謂之淳母」。

三一九頁三行　其神（太）〔少〕昊　據盧校改。　按：盧依通典改。

三二〇頁四行　坙赤皁染羽爲之也　汲本「皁」作「草」。　按：盧云此注全是後人妄補綴。考地官舞師

「皇舞」，康成不從故書作「翌」，又春官樂師注亦作「皇」。惟考工記「鍾氏染羽，以朱湛丹秫」，鄭司農云「丹秫，赤粟」，今此注作康成，亦是誤記。「皁」毛本作「草」，是古皁字，然亦誤，當作「粟」。

三一三○頁六行　成帝三年六月始命諸官止雨　汲本、殿本「三」作「二」。按：惠棟謂北宋本作「五」。盧云通典、通志皆作「五」，但成帝屢改元，無五年。

三一三○頁七行　絲（維）〔離〕屬　據盧校改。按：盧云通典、通志俱作「屬離」。

三一三○頁一三行　謁者贊皇太子臣某（甲）〔中〕謁者稱制曰可　據汲本改。按：盧云「謁者贊皇太子臣某」句，「甲」乃「中」之譌。又校補引柳從辰說，謂成帝建始四年罷中書官，以中書爲中謁者令，見漢舊儀，作「甲」非。

三一三○頁一四行　謁者引當拜〔者〕前　據盧校補。按：通典有「者」字。

三一三一頁二行　王公再拜頓首三（下）　據盧校刪。按：盧云通典「王公」作「當受策者」。

三一三一頁五行　某公某初〔除〕謝　據盧校補。按：通典有「除」字。

三一三一頁三行　贊者立曰（謝）皇帝爲公興（皆冠）〔重坐受策者拜〕謝起就位　據盧校刪補，與通典合。

三一三一頁六行　丁孚漢儀有夏勤策文　按：「勤」原譌「動」，逕改正。

三一三一頁六行　維元初六年三月　按：盧云案安帝紀，永初三年四月丙寅大鴻臚夏勤爲司徒。若元初時，劉愷乃代勤者。

三一三二頁八行　勤〔而〕〔其〕戒之　據盧校改，與通典合。

三一三二頁一四行　制曰可　按：「可」下原衍「之」字，逕删。

三一三二頁一四行　維建寧四年七月乙未　集解引錢大昕說，謂靈帝紀作「七月癸丑」。今按：靈帝建寧四年七月己未朔，無乙未、癸丑。

三一三二頁一五行　宋貴人〔乘〕〔秉〕淑媛之懿　據汲本改。

三一三二頁一六行　〔人〕〔僉〕曰宜哉　據汲本改，與通典合。

三一三二頁一六行　以〔臨〕〔母〕兆民　據盧校改，與通典合。

三一三三頁一行　今使太尉襲使持節奉璽綬　按：集解引錢大昕說，謂案靈帝紀，太尉聞人襲以三月免官，此立后乃在七月，或紀所書月日誤。

三一三三頁二行　太尉住蓋下　「住」原譌「注」，逕據汲本、殿本改正。按：通典作「太尉立階下」。

三一三三頁三行　長〔樂〕〔秋〕太僕　據盧校改。按：盧云通典「樂」作「秋」，是。

三一三三頁六行　彌牟〔朴〕蟲鍾　據汲本、殿本補。按：集解引錢大昕說，謂彌牟五字未詳。

三一三三頁七行　以桃印長六寸方三寸　按：盧云宋志「印」作「卯」。

三一三三頁八行　愼其閉塞　按：「塞」原譌「寒」，逕改正。

三一三一頁一〇行　消石冶皆絶止　按：「冶」原譌「治」，逕改正。

三一三一頁一一行　〔湯〕始得伊尹　據汲本、殿本補。

三一三二頁一二行　誰能出不由戶（者）　據汲本、殿本删。

三一三二頁一三行　欲人之子孫蕃（植）〔殖〕　據殿本改。

三一三三頁三行　迎氣〔於〕白郊　據汲本、殿本補。

三一三三頁五行　立秋之日（自）〔白〕郊禮畢　據盧校改。按：盧云通典同，今從宋志。

三一三三頁六行　載〔以〕獲車馳（駟）送陵廟　據盧校補删。按：盧云通典有「以」字，此脫。「駟」字衍，宋志無。

三一三三頁七行　〔於是乘輿〕還宮　據集解引惠棟説補。

三一三三頁九行　烹鮮時有司〔告〕　據盧校改。

三一三三頁一〇行　天子乃厲（飭）〔飾〕　盧云「飭」當作「飾」，月令正義云俗本作「飭」，此又轉譌。今據改。

三一三三頁一〇行　所以教兆民（載）戰事也　據盧校删。

三一三三頁一三行　引（鬬）〔鬭〕蹋踘之屬也　據盧校改。

三一三四頁四行　巡狩〔校〕獵還　據汲本、殿本補。

三二四頁五行　公卿〔親〕識顔色　據汲本、殿本補。

三二四頁一〇行　膢臘而竇水　按：校補謂今風俗通「竇」作「買」，今韓非子「竇水」作「相遺以水」。

三二四頁一一行　又曰（當）〔嘗〕新始殺（也）食〔新〕曰貙膢　據盧校删補，與今風俗通合。

三二五頁一三行　王杖長〔九〕尺　據盧校補。按：盧云據御覽七百十補。

三二五頁一三行　（郎）〔卽〕坐于端門左塾　據汲本改。

三二六頁三行　（太子）〔大予〕具樂器　據盧校改。按：集解引錢大昕說，謂「太子」當作「大予」，又引惠棟說，謂當作「太常」。觀下文引蔡邕禮樂志，漢樂四品，一曰大予樂，則錢說是。

三二六頁五行　皆音以竽　按：集解引黄山說，謂此承上「閞音以竽」言，「皆」下當脱「閞」字。

三二六頁七行　否則召太史令各板書　按：校補引錢大昭說，謂「板書」閩本作「書板」。

三二六頁八行　施當軒北面稽首　按：盧云「施」疑「旋」之譌。

三二六頁九行　太史令前（曰）〔白〕禮畢　據盧校改。按：集解引惠棟說，謂北宋本作「白」。

三二六頁一三行　故八士（曰）或調陰陽　據盧校删。

三二六頁一六行　琴音調則四海合歲氣百川一合德　按：盧云「一」或作「以」。

三二七頁四行　迎送（凡田獵）〔五日臘〕者歲終大祭　據殿本改，與盧校本獨斷合。

三二七頁八行　秦靜曰　按：「秦」原譌「泰」，逕改正。

三一二八頁四行　司馬闕門門外　按：集解引黃山說，謂秦蕙田據舊本，「門外」作「之外」。

三一二八頁五行　鬱櫑　汲本、殿本「櫑」作「儡」，注同。文選東京賦作「壘」。按：鬱儡之「儡」或作「壘」，無作「櫑」者，疑此誤。

三一二八頁八行　是爲（虎）〔虐鬼〕　據盧校改。按：虐卽瘧字，虎與虐形近而譌。文選東京賦注正作「瘧鬼」。

三一二八頁八行　一居人宮室區隅（漚庾）　按：文選東京賦注無「漚庾」二字，當卽「區隅」之音注，而誤入正文者，今删。

三一二八頁一一行　方相帥百隸及童（女）〔子〕　據盧校改。按：文選注作「子」。

三一二八頁一三行　（捐）〔捎〕魑魅　據盧校改。按：文選注作「捎」。

三一二八頁一六行　（臣）〔韋〕昭曰木石〔謂〕山（怪）也　據盧校改。按：此劉昭引韋昭注國語文，「臣」當作「韋」。「木石山怪也」今國語韋昭注作「木石謂山也」，盧依韋注改。

三一二八頁一六行　越人謂〔之〕山𤢖　據汲本、殿本補。按：「𤢖」今國語韋注作「繅」。

三一二八頁二六行　好學人聲　按：今國語韋注「學」作「斅」。

三一二九頁一行　一名沐𦛗　按：汲本、殿本「𦛗」作「臃」，盧文弨依國語韋注改爲「腫」。

三一二九頁三行　尙書令各五千　按：盧云「令」下疑脫「史」字。

三二九頁一三行　以爲當祠門戶直　按：「當」原譌「富」，逕據汲本、殿本改正。

三二九頁一五行　是月之（會）〔昏〕建丑　據盧校改。

三三〇頁四行　周禮（日）府史以下　據盧校刪。

三三〇頁六行　每（月朔）歲首〔正月〕　據盧校改。按：盧云「每月朔歲首」譌，今從通典。

三三一頁一行　百官各陪〔位〕朝賀　據盧校補，與通典合。

三三一頁二行　皆〔陛〕覲　據汲本、殿本補。

三三一頁二行　宗室諸劉（雜）〔親〕會萬人以上　據盧校改，與通典合。

三三一頁二行　位（公納薦太官賜食酒西入東出）既定　據盧校刪，與通典合。

三三一頁三行　〔羣〕計吏中庭北面立　據盧校補。按：通典無「立」字。

三三一頁三行　太官上食賜羣臣酒食〔西入東出〕　據盧校補。按：通典作「太官賜酒食，西入東出」。

三三一頁三行　（貢事）御史四人執法殿下　據盧校刪。

三三一頁三行　虎賁羽林〔張〕（弧）弓（撮）〔挾〕矢　據盧校改，與通典合。

三三一頁四行　左右中郎將（住）〔位〕東（西）〔南〕　據盧校改，與通典合。

三三一頁五行　作九賓（徹）〔散〕樂　據盧校改，與通典合。

三三一頁五行　舍利〔獸〕從西方來　據盧校補，與通典合。

三二二頁六行 以兩大絲繩繫兩柱(中頭)閒 按：通典作「又以絲繩繫兩柱閒」，無「中頭」二字，今據刪。

三二三頁七行 〔倡〕樂畢作魚龍曼延 據盧校補，與通典合。

三二三頁八行 陛高二丈 按：通典「二丈」作「一丈」。

三二三頁九行 激沼水於殿下 按：盧云此六字衍，通典無。

三二三頁九行 玉階金柱 按：通典「階」作「陛」。

三二三頁一七行 〔詩〕所謂琴瑟擊鼓 據殿本補。

三二三頁二行 王〔師〕大(捷)〔獻〕則令凱樂 據盧校改。按：周禮「令」下有「奏」字。

三二三頁三行 軍大獻則令凱歌也 按：周禮「令」作「敎」。

後漢書志第六

禮儀下

大喪　諸侯王列侯始封貴人公主薨

不豫，太醫令丞將醫入，就進所宜藥。嘗藥監、近臣中常侍、小黃門皆先嘗藥，過量十二。公卿朝臣問起居無閒。太尉告請南郊，司徒、司空告請宗廟，告五嶽、四瀆、羣祀，並禱求福。疾病，公卿復如禮。

登遐，皇后詔三公典喪事。百官皆衣白單衣，白幘不冠。閉城門、宮門。近臣中黃門持兵，虎賁、羽林、郎中署皆嚴宿衞，宮府各警，北軍五校繞宮屯兵，黃門令、尚書、御史、謁者晝夜行陳。三公啓手足色膚如禮。皇后、皇太子、皇子哭踊如禮。沐浴如禮。守宮令兼東園匠將女執事，黃緜、緹繒、金縷玉柙如故事。〔一〕飯唅珠玉如禮。〔二〕槃冰如禮。〔三〕百官哭臨殿下。是日夜，下竹使符告郡國二千石、諸侯王。〔四〕竹使符到，皆伏哭盡哀。〔五〕小斂如禮。東園匠、考工令奏東園祕器，表裏洞赤，虡文畫日、月、鳥、龜、龍、虎、連璧、偃月，牙檜梓宮如故事。大斂于兩楹之閒。五官、左右虎賁、羽林五將，各將所部，執虎賁戟，屯殿端門陛左右廂，中黃門持兵陛殿上。夜漏，群臣入。晝漏上水，大鴻臚設九賓，隨立殿下。謁者引諸侯王立殿下，西面北上；宗室諸侯、四姓小侯在後，西面北上。治禮引三公就位，殿下北面；特進次中二千石；列侯次二千石；六百石、博士在後；羣臣陪位者皆重行，西上。位定，大鴻臚言具，謁者以聞。皇后東向，貴人、公主、宗室婦女以次立後；皇太子、皇子在東，西向；皇子少退在南，北面：皆伏哭。大鴻臚傳哭，羣臣皆哭。三公升自阼階，安梓宮內珪璋諸物，近臣佐如故事。嗣子哭踊如禮。〔六〕東園匠、武士下釘衽，截去牙。〔七〕太常上太牢奠，太官食監、中黃門、尚食次奠，執事者如禮。太常、大鴻臚傳哭如儀。

〔一〕漢舊儀曰：「帝崩，唅以珠，纏以緹繒十二重。以玉爲襦，如鎧狀，連縫之，以黃金爲縷。腰以下以玉爲札，長一尺，〔廣〕二寸半，爲柙，下至足，亦縫以黃金縷。（請）諸衣衿斂之。凡乘輿衣服，已御，輒藏之，崩皆以斂。」

〔二〕禮稽命徵曰：「天子飯以珠，唅以玉。諸侯飯以珠，唅以（珠）〔璧〕。卿大夫、士飯以珠，唅以貝。」

〔三〕周禮：「凌人，天子喪，供夷槃冰。」鄭玄曰：「夷之言尸也，實冰於槃中，置之尸牀之下，所以寒尸也。」漢禮器制度：「大槃廣八尺，長一丈二尺，深三尺，漆赤中。」

〔四〕應劭曰：「凡與郡國守相竹使符，皆以竹箭五枚，長五寸，鐫刻篆書第一至第五。」張晏曰：「符以代古之珪璋，從簡易也。」此下大喪符，亦猶斯比。

〔五〕漢舊制，發兵皆以銅虎符，其餘徵調，竹使而已。符第合會爲大信，見杜詩傳。

〔六〕周禮：「駔珪、璋、璧、琮、琥、璜之渠眉，疏璧、琮以斂尸。」鄭司農曰：「駔，外有捷盧也。謂珪、璋、璧、琮、琥、璜皆爲開渠，爲眉瑑，沙除以斂尸，令汁得流去也。」鄭玄曰：「以斂尸者，以大斂焉加之也。渠眉，玉飾之溝瑑也，以組穿聯六玉溝瑑之中以斂尸。珪在左，璋在首，琥在右，璜在足，璧在背，琮在腹，蓋取象方明神之也。疏璧、琮者，通於天地。」

〔七〕喪大記曰：「君蓋用漆，三衽三束。」鄭玄注曰：「衽，小要。」

三公奏尚書顧命，太子卽日卽天子位于柩前，請太子卽皇帝位，皇后爲皇太后。奏可。羣臣皆出，吉服入會如儀。太尉升自阼階，當柩御坐北面稽首，讀策畢，以傳國玉璽綬東面跪授皇太子，卽皇帝位。中黃門掌兵以玉具、隨侯珠、斬蛇寶劍授太尉，告令羣臣，羣臣皆伏稱萬歲。或大赦天下。遣使者詔開城門、宮門，罷屯衞兵。羣臣百官罷，入成喪服如禮。兵官戎。〔一〕三公、太常如禮。

〔一〕文帝遺詔：「無布車及兵器。」應劭曰：「不施輕車介士。」

故事：百官五日一會臨，故吏二千石、刺史、在京都郡國上計掾史皆五日一會。天下吏民發喪臨三日。〔一〕先葬二日，皆旦晡臨。既葬，釋服，無禁嫁娶、祠祀。〔二〕佐史以下，布衣冠幘，經帶無過三寸，臨庭中。〔三〕武吏布幘大冠。大司農出見錢穀，給六丈布直。以葬，大紅十五日，小紅十四日，纖七日，釋服。〔四〕部刺史、二千石、列侯在國者及關內侯、宗室長吏及因郵奉奏，諸侯王遣大夫一人奉奏，弔臣請驛馬露布，奏可。

〔一〕文帝遺詔：「其令天下吏民，令到，出臨三日，釋服。」

〔二〕文帝遺詔文有「飲酒食肉自當給，喪事服臨者皆無踐」。踐，徒跣也。

〔三〕文帝遺詔：「殿中當臨者，以旦夕各十五舉音，禮畢罷。非旦夕臨時，禁無得擅哭臨。」

〔四〕應劭曰：「紅者，（中）〔小〕祥、大祥以紅爲領緣（也）。纖〔者〕，禫也。凡三十六日而釋〔服〕。」

以木爲重，高九尺，廣容八歷，裹以葦席。巾門、喪帳皆以簟。車皆去輔轓，疏布惡輪。走卒皆布褠幘。太僕〔駕〕四輪輴爲賓車，大練爲屋幭。中黃門、虎賁各二十人執紼。司空擇土造穿。太史卜日。謁者二人，中謁者僕射、中謁者副將作，油緹帳以覆坑。方石治黃腸題湊便房如禮。〔一〕

〔一〕漢舊儀略載前漢諸帝壽陵曰：「天子即位明年，將作大匠營陵地，用地七頃，方中用地一頃。深十三丈，堂壇高三丈，墳高十二丈。武帝墳高二十丈，明中高一丈七尺，四周二丈，內梓棺柏黃腸題湊，以次百官藏畢。其設四通羨門，容大車六馬，皆藏之內方，外陟車石。外方立，先閉劍戶，戶設夜龍、莫邪劍、伏弩，設伏火。已營陵，餘地爲西園后陵，餘地爲婕妤以下，次賜親屬功臣。」漢書音義曰：「題，頭也。湊，以頭向內，所以爲固也。便房，藏中便坐也。」皇覽曰：「漢家之葬，方中百步，已穿築爲方城。其中開四門，四通，足放六馬，然後錯渾雜物，扞漆繒綺金寶米穀，及埋車馬虎豹禽獸。發近郡卒徒，置將軍尉候，以後宮貴幸者皆守園陵。元帝葬，乃不用車馬禽獸等物。」

大駕，太僕御。方相氏黃金四目，蒙熊皮，玄衣朱裳，執戈揚楯，立乘四馬先驅。〔一〕旂之制，長三仞，十有二游，曳地，畫日、月、升龍，書旐曰「天子之柩」。謁者二人立乘六馬爲次。大駕甘泉鹵簿，金根容車，蘭臺法駕。喪服大行載飾如金根車。皇帝從送如禮。太常上啓奠。夜漏二十刻，太尉冠長冠，衣齋衣，乘高車，詣殿止車門外。使者到，南向立，太尉進伏拜受詔。太尉詣南郊。未盡九刻，大鴻臚設九賓隨立，羣臣入位，太尉行禮。執事皆冠長冠，衣齋衣。太祝令跪讀謚策，太尉再拜稽首。治禮告事畢。太尉奉謚策，還詣殿端門。太常上祖奠，中黃門尚衣奉衣登容根車。東園武士載大行，司徒却行道立車前。治禮引太尉入就位，大行車西少南，東面奉〔謚〕策，太史令奉哀策立後。太常跪曰「進」，皇帝進。太尉讀謚策，藏金匱。皇帝次科藏于廟。太史奉哀策葦篋詣陵。太尉旋復公位，再拜立（哭）。太常跪曰「哭」，大鴻臚傳哭，十五舉音，止哭。太常行遣奠皆如禮。請哭止哭如儀。

〔一〕周禮曰：「方相氏，大喪先柩，及墓入壙，以戈擊四隅，（毆）〔敺〕方良。」鄭玄曰：「方相，放想也，可畏怖之貌。壙，穿地中也。方良，罔兩也。天子之椁，柏，黃腸爲裏，表以石焉。國語曰『木石之怪夔、罔兩』。」

晝漏上水，請發。司徒、河南尹先引車轉，太常跪曰「請拜送」。載車著白系參繆紼，長三十丈，大七寸爲輓，六行，行五十人。公卿以下子弟凡三百人，皆素幘委貌冠，衣素裳。校尉三〔百〕人，皆赤幘不冠，絳科單衣，持幢幡。候司馬丞爲行首，皆銜枚。羽林孤兒、巴俞擢歌者六十人，爲六列。鐸司馬八人，執鐸先。大鴻臚設九賓，隨立陵南羨門道東，北面；

諸侯、王公、特進道西，北面東上；中二千石、二千石、列侯(宜)〔直〕九賓東，北面西上。皇帝白布幕素裏，夾羨道東，西向如禮。容車幄坐羨道西，南向，車當坐，南向，中黃門尚衣奉衣就幄坐。車少前，太祝進醴獻如禮。司徒跪曰「大駕請舍」，太史令自車南，北面讀哀策，掌故在後，已哀哭。太常跪曰「哭」，大鴻臚傳哭如儀。司徒跪曰「請就下位」，東園武士奉下車。司徒跪曰「請就下房」，都導東園武士奉車入房。司徒、太史令奉謚、哀策。〔一〕

〔一〕晉時有人嵩高山下得竹簡一枚，上有兩行科斗書之，臺中外傳以相示，莫有知者。司空張華以問博士束皙。皙曰：「此明帝顯節陵中策也。」檢校果然。是知策用此書也。

東園武士執事下明器。〔一〕筲八盛，容三升，〔二〕黍一，稷一，麥一，粱一，稻一，麻一，菽一，小豆一。甕三，容三升，醯一，醢一，屑一。〔三〕黍飴。載以木桁，覆以疏布。甒二，容三升，醴一，酒一。載以木桁，覆以功布。瓦鐙一。彤矢四，軒輖中，亦短衞。彤矢四，骨，短衞。〔四〕彤弓一。卮八，牟八，〔五〕豆八，籩八，形方酒壺八。槃匜一具。〔六〕杖、几各一。蓋一。鍾十六，無虡。鎛四，無虡。〔七〕磬十六，無虡。〔八〕壎一，簫四，笙一，篪一，柷一，敔一，瑟六，琴一，竽一，筑一，坎侯一。〔九〕干、戈各一，笮一，甲一，胄一。〔一〇〕輓車九乘，芻靈三十六匹。〔一一〕瓦竈二，瓦釜二，瓦甑一。瓦鼎十二，容五升。匏勺一，容一升。瓦案九。瓦大杯十六，容三升。瓦小杯二十，容二升。瓦飯槃十。瓦酒樽二，容五斗。匏勺二，容一升。

〔一〕禮記曰：「明器，神明之也。孔子謂爲明器知喪道矣，備物而不可用也。」鄭玄注既夕曰：「陳明器，以西行南端爲上。」

〔二〕鄭玄注既夕曰：「筲，畚種類也，其容蓋與簋同。」

〔三〕鄭玄注既夕曰：「屑，薑桂之屑。」

〔四〕既夕曰：「翭矢一乘，骨鏃短衞。」鄭玄曰：「翭猶候也，候物而射之矢也。四矢曰乘。骨鏃短衞，亦示不用也。生時翭矢金鏃，凡爲矢，五分笴長而羽其一。」通俗文曰：「細毛翭也。」

〔五〕鄭玄注既夕曰：「牟，盛湯漿。」

〔六〕鄭玄注既夕曰：「槃匜，盥器也。」

〔七〕爾雅曰：「大鍾謂之鏞。」郭璞注曰：「書曰『笙鏞以閒』。亦名鎛。」

〔八〕禮記曰：「有鍾磬而無簨虡。」鄭玄曰：「不懸之也。」

〔九〕禮記曰：「琴瑟張而不平，竽笙備而不和。」

〔一〇〕既夕謂之役器。鄭玄曰：「笮，矢箙。」

〔一一〕鄭玄注禮記曰：「芻靈，束茅爲人馬，謂之芻靈，神之類。」

祭服衣送皆畢，東園匠曰「可哭」，在房中者皆哭。太常、大鴻臚請哭止〔哭〕如儀。司徒曰「百官事畢，臣請罷」，從入房者皆再拜，出，就位。太常導皇帝就贈位。司徒跪曰「請進贈」，侍中奉持鴻洞。贈玉珪長尺四寸，薦以紫巾，廣袤各三寸，緹裏，赤纁周緣；贈幣，玄三纁二，各長尺二寸，廣充幅。皇帝進跪，臨羨道房戶，西向，手下贈，投鴻洞中，三。東園匠奉封入藏房中。太常跪曰「皇帝敬再拜，請哭」，大鴻臚傳哭如儀。太常跪曰「贈事畢」，皇帝促就位。〔一〕容根車游載容衣。司徒至便殿，并騶騎皆從容車玉帳下。司徒跪曰「請就幄」，導登。尙衣奉衣，以次奉器衣物，藏於便殿。太祝進醴獻。凡下，用漏十刻。禮畢，司空將校復土。

〔一〕續漢書曰：「明帝崩，司徒鮑昱典喪事，葬日，三公入安梓宮，還，至羨道半，逢上欲下，昱前叩頭言：『禮，天子鴻洞以贈，所以重郊廟也。陛下柰何冒危險，不以義割哀？』上卽還。」

皇帝、皇后以下皆去麤服，服大紅，還宮反廬，立主如禮。桑木主尺二寸，不書謚。虞禮畢，祔於廟，如禮。〔一〕

〔一〕漢舊儀曰：「高帝崩三日，小斂室中牖下。作栗木主，長八寸，前方後圓，圍一尺，置牖中，望外，內張緜絮以鄣外，以皓木大如指，長三尺，四枚，纏以皓皮四方置牖中，主居其中央。七日大斂棺，以黍飯羊舌祭之牖中。已葬，收主。爲木函，藏廟太室中西牆壁埳中，望內，外不出室堂之上。坐爲五時衣、冠、履，几、杖、竹籠。爲俑人，無頭，坐起如生時。皇后主長七寸，圍九寸，在皇帝主右旁。高皇帝主長九寸。上林給栗木，長安祠廟作神主，東園祕器作梓棺，素木長丈三尺，崇廣四尺。」

先大駕日游冠衣于諸宮諸殿，羣臣皆吉服從會如儀。皇帝近臣喪服如禮。醳大紅，服小紅，十一升都布練冠。醳小紅，服纖。醳纖，服留黃，冠常冠。近臣及二千石以下皆服留

黃冠。百官衣皁。每變服，從哭詣陵會如儀。祭以特牲，不進毛血首。司徒、光祿勳備三爵如禮。〔一〕

〔一〕古今注具載帝陵丈尺頃畝，今附之後焉。光武原陵，山方三百二十三步，高六丈六尺。垣四出司馬門。寢殿、鍾虡皆在周垣內。隄封田十二頃五十七畝八十五步。帝王世記曰：「在臨平亭之南，西望平陰，東南去雒陽十五里。」明帝顯節陵，山方三百步，高八丈。無周垣，爲行馬，四出司馬門。石殿、鍾虡在行馬內。寢殿、園省在東。園寺吏舍在殿北。隄封田七十四頃五畝。帝王世記曰：「故富壽亭也，西北去雒陽三十七里。」章帝敬陵，山方三百步，高六丈二尺。無周垣，爲行馬，四出司馬門。石殿、鍾虡在行馬內。寢殿、園省在東。園寺吏舍在殿北。隄封田二十五頃五十五畝。帝王世記曰：「在雒陽東南，去雒陽三十九里。」和帝愼陵，山方三百八十步，高十丈。無周垣，爲行馬，四出司馬門。石殿、鍾虡在行馬內。寢殿、園省在東。園寺吏舍在殿北。隄封田三十一頃二十畝二百步。帝王世記曰：「在雒陽東南，去雒陽四十一里。」殤帝康陵，山周二百八步，高五丈五尺。行馬四出司馬門。寢殿、鍾虡在行馬中。因寢殿爲廟。園吏寺舍在殿北。隄封田十三頃十九畝二百五十步。帝王世記曰：「高五丈四尺。去雒陽四十八里。」安帝恭陵，山周二百六十步，高十五丈。無周垣，爲行馬，四出司馬門。石殿、鍾虡在行馬內。寢殿、園吏舍在殿北。隄封田一十四頃五十六畝。帝王世記曰：「高十一丈。在雒陽西北，去雒陽十五里。」順帝憲陵，山方三百步，高八丈四尺。無周垣，爲行馬，四出司馬門。石殿、鍾虡在司馬門內。寢殿、園省寺吏舍在殿東。隄封田十八頃十九畝三十步。帝王世記曰：「在雒陽西北，去雒陽十五里。」沖帝懷陵，山方百八十三步，高四丈六尺。爲寢殿行馬，四出門。園寺吏舍在殿東。隄封田五頃八十畝。帝王世記曰：「〔在雒陽〕西北，去雒陽十五里。」質帝靜陵，山方百三十六步，高五丈五尺，爲行馬，四出〔司馬〕門。寢殿、鍾虡在行馬中，園寺吏舍在殿北。隄封田十二頃五十四畝。因寢爲廟。帝王世記曰：「在雒陽東，去雒陽三十二里。」桓帝宣陵，帝王世記曰：「山方三百步，高十二丈。在雒陽東南，去雒陽三十里。」靈帝文陵，帝王世記曰：「山方三百步，高十二丈。在雒陽西北，去雒陽二十里。」獻帝禪陵，帝王世記曰：「不起墳，深五丈，前堂方一丈八尺，後堂方一丈五尺，角廣六尺。在河內山陽之濁城西北，去濁城直行十一里，斜行七里，去懷陵百一十里，去山陽五十里，南去雒陽三百一十里。」蔡質漢儀曰：「十二陵令見河南尹無敬也。」魏文帝終制略曰：「漢文帝之不發霸陵，無求也。光武之掘原陵，封樹也。霸陵之完，功在釋之；原陵之掘，罪在明帝。是釋之忠以利君，明帝愛以害親也。忠臣孝子，宜思釋之之言，察明帝之戒，存於所以安君定親，使魂靈萬載無危，斯則賢聖之忠孝矣。自古及今，未有不亡之國，亦無不掘之墓也。喪亂以來，漢氏諸陵無不發掘，至乃燒取玉柙金縷，骸骨并盡，是焚如之刑也，豈不重痛哉。禍由乎厚葬封樹，桑、霍爲我戒，不亦明乎！」臣昭案：董卓傳：「卓使呂布發諸帝陵及公卿以下冢墓，收其珍寶。」卓別傳曰：「發成帝陵，解金縷，探含璣焉。」呂氏春秋略曰：「審知生，聖人之要也；審知死，聖人之極也。知生者，不以物害生；知死者，不以物害死。凡生於天地之閒，其必有死。孝子之重其親者，若親之愛其子，不棄於溝壑，故有葬送之義。葬者，藏也。以生人心爲之慮，則莫如無動，無動莫如無利。葬淺則狐貍掘之，深則及水泉，故必高陵之上，以避二害。然而忘姦寇之變，豈不惑哉！民之於利也，犯白刃，涉危難以求之；忍親戚，欺知交以求之。今無此危，無此醜，而爲利甚厚，固難禁也。國彌大，家彌富，其葬彌厚，珠玉金銅，不可勝計。姦人聞之，轉以相告，雖有嚴刑重罪，不能止也。且死者彌久，生者彌疏，彌疏則守之彌怠。藏器如故而守之有怠，其勢固必掘矣。世（至）〔主〕爲丘隴，其高若山陵，樹之若林藪，或設闕庭、都邑。以此示富則可矣，以此爲死者則惑矣！大凡死者，其視萬世猶一（瞑）

〔瞑〕也。人之壽，久者不過百，中者六十。以百與六十爲無窮者慮，其情固不相當矣。必以無窮爲慮，然後爲可。今有銘其墓曰，『此中有金寶甚厚，不可掘也』，必爲世笑矣。而爲之闕庭以自表，此何異彼哉！自古及今，未有不亡之國也。無不亡之國，是無不掘之墓。以耳目之所聞見，則齊、荆、燕嘗亡矣；宋、中山已亡矣；趙、韓、魏皆失其故國矣。自此以上，亡國不可勝數，故其大墓無不掘也。而猶皆爭爲之，豈不悲哉！今夫君之不令民，父之不〔教〕〔孝〕子，兄之不悌弟，皆鄉邑之所遺，而憚耕耒之勞者也。仍不事耕農，而好鮮衣侈食。智巧窮匱，則合黨連衆，而謀名丘大墓。上會不能禁也，此有葬自表之禍也。昔堯葬穀林，通樹之；舜葬紀市，不變肆；禹葬會稽，不變人徒。非愛其費，以爲死者〔慮〕也。先王之所惡，惡死者之辱。以爲儉則不發，不發則不辱，故必以儉而合乎山原也。宋未亡而東冢掘，齊未亡而莊公〔冢〕掘。國存而乃若此，又況滅名之後乎！此愛而厚葬之故也。欲愛而反害之，欲安而反危之，忠臣孝子亦不可以厚葬矣。昔季孫以璵璠斂，孔子歷級而止之，爲無窮慮也。」

太皇太后、皇太后崩，司空以特牲告謚于祖廟如儀。長樂太僕、少府、大長秋典喪事，三公奉制度，他皆如禮儀。〔一〕

〔一〕丁孚漢儀曰：「永平七年，陰太后崩，晏駕詔曰：『柩將發於殿，羣臣百官陪位，黃門鼓吹三通，鳴鍾鼓，天子舉哀。女侍史官三百人皆著素，參以白素，引棺挽歌，下殿就車，黃門宦者引以出宮省。太后魂車，鸞路，青羽蓋，駟馬，龍旂九旒，前有方相，鳳皇車，大將軍妻參乘，太僕妻御，〔女騎夾轂〕悉道。公卿百官如天子郊鹵簿儀。』後和熹鄧后葬，案以爲儀，自此皆降損於前事也。」

合葬：羨道開通，皇帝謁便房，太常導至羨道，去杖，中常侍受，至柩前，謁，伏哭止如儀。辭，太常導出，中常侍授杖，升車歸宮。已下，反虞立主如禮。諸郊廟祭服皆下便房。五時朝服各一襲在陵寢，其餘及宴服皆封以篋笥，藏宮殿後閣室。

諸侯王、列侯、始封貴人、公主薨，皆令贈印璽、玉柙銀縷；大貴人、長公主銅縷。諸侯王、貴人、公主、公、將軍、特進皆賜器，官中二十四物。使者治喪，穿作，柏椁，百官會送，如故事。諸侯王、公主、貴人皆樟棺，洞朱，雲氣畫。公、特進樟棺黑漆。中二千石以下坎侯漆。〔一〕朝臣中二千石、將軍，使者弔祭，郡國二千石、六百石以至黃綬，皆賜常車驛牛贈祭。宜自佐史以上達，大斂皆以朝服。君臨弔若遣使者，主人免絰去杖望馬首如禮。免絰去杖，不敢以戚凶服當尊者。〔二〕自王、主、貴人以下至佐史，送車騎導從吏卒，各如其官府。載飾以蓋，龍首魚尾，華布牆，纁上周，交絡前後，雲氣畫帷裳。中二千石以上有輜，左龍右虎，朱鳥玄武；公侯以上加倚鹿伏熊。千石以下，縕布蓋牆，魚龍首尾而已。二百石黃綬以下至于處士，皆以簟席爲牆蓋。其正妃、夫人、妻皆如之。諸侯王，傅、相、中尉、內史典喪事，大鴻臚奏謚，天子使者贈璧帛，載日命謚如禮。下陵，羣臣醳麤服如儀，主人如禮。

〔一〕丁孚漢儀曰：「孝靈帝葬馬貴人，贈步搖、赤紱葬，青羽蓋、駟馬。柩下殿，女侍史二百人著素衣挽歌，引木下就車，黃門宦者引出宮門。」

〔二〕前書賈山上書曰：「古之賢君於臣也，尊其爵祿而親之，疾則臨視之無數，死則往弔哭之，臨其小斂、大斂。已棺塗而後爲之服，錫衰絰而三臨其喪。未斂而不飲酒食肉，未葬不舉樂。當可謂盡禮矣。服法服，端容貌，正顏色，然後見之。故臣下莫敢不竭力盡死以報其上，功德立於世，而令問不忘也。」晉起居注曰：「太尉賈充薨，皇太子妃之父，又太保也，有司奏依漢元明二帝親臨師保故事，皇太子素服爲發哀，又臨其喪。」

贊曰：大禮雖簡，鴻儀則容。天尊地卑，君莊臣恭。質文通變，哀敬交從。元序斯立，家邦迺隆。

校勘記

三一四二頁一〇行　〔廣〕二寸半　據盧校補，與通典合。

三一四三頁一〇行　（請）諸衣衿斂之　盧云「請」字衍。今據刪。

三一四三頁一一行　諸侯飯以珠唅以（珠）〔璧〕　據盧校改。按：盧依禮檀弓正義引改，錢大昭亦謂當作「璧」。

三一四三頁一〇行　兵官戎　按：盧云此三字衍，通典無。集解引黃山說，謂此三字爲文既不可得解，合下「三公太常」爲文，辭亦不相屬，注何以涉及車器介士，知此文必有誤脫矣。

三一四四頁一行　及因郵奉奏　按：集解引黃山說，謂「及」乃「各」形近之誤，謂皆得不遣人奉奏也。

三一四四頁三行　文帝遺詔文　按：盧校下「文」字改「又」。

三一四四頁五行　紅者(中)〔小〕祥大祥以紅爲領緣〔也〕　據盧校改「中」爲「小」。據惠棟說補「也」字。

三一四四頁五行　纖「者」禫也凡三十六日而釋〔服〕　據集解引惠棟說補。

三一四四頁七行　太僕〔駕〕四輪輧爲賓車　集解引錢大昕說，謂「僕」下脫「駕」字，當依獻帝紀注增。今據補。

三一四五頁一行　長三仞　按：「仞」原譌「刃」，逕據汲本、殿本改正。

三一四五頁七行　東面奉〔謚〕策　據盧校補。

三一四五頁八行　再拜立(哭)　據盧校刪。按：盧云「哭」字衍，下方云太常跪曰哭。

三一四五頁一〇行　(毆)〔敺〕方良　據殿本改。

三一四五頁一三行　載車著白系參繆紼　按：盧云通典「系」作「絲」。

三一四五頁一四行　校尉三〔百〕人　集解引錢大昕說，謂「三」下脫「百」，當依獻帝紀注增。今據補。

三一四五頁一四行　巴俞擢歌者六十人　按：盧云巴俞擢卽巴渝擢，何焯校本改「櫂」。古樂府有櫂歌行。櫂，徒了切。錢大昕云獻帝紀注作「嬥」，音徒了反。又按：「六十人」原譌「六十九」，逕改正。

三二四六頁一行　列侯(宜)〔直〕九賓東北面西上　據盧校改。

三二四六頁三行　瑟六琴一　按：盧云通典作「琴六瑟一」，似是。

三二四七頁一四行　太常大鴻臚請哭止〔哭〕如儀　據盧校補。

三二四八頁一〇行　小斂室中牖下　按：「牖」原譌「墉」，逕據汲本、殿本改正。下同。

三二四九頁四行　隄封　按：汲本、殿本「隄」皆作「提」。

三二四九頁四行　帝王世記　汲本、殿本「記」作「紀」，下同。按：諸志劉昭注所引帝王世紀之「紀」字，紹興本皆作「記」。

三二四九頁一七行　〔在雒陽〕西北　據集解引黃山說補。

三二五〇頁一行　四出〔司馬〕門　據集解引黃山說補。

三二五〇頁九行　至乃燒取玉柙金縷　按：汲本、殿本作「鏤」，誤。

三二五〇頁一六行　世(至)〔主〕爲丘隴　盧校依呂覽改「至」爲「之」。校補謂「至」當作「主」。今按：呂覽作「世之」，就大概言也，就本文文勢，作「世主」亦得。且至與主形近易譌，疑劉昭注本作「主」也。今依校補改爲「主」。

三二五〇頁一七行　其視萬世猶一(瞑)〔瞚〕也　據盧校改。按：盧云瞚同瞬，作「瞑」譌。又校補引錢大昭說，謂今呂覽「瞑」作「瞚」。

三一五一頁四行 父之不〔敎〕〔孝〕子 據盧校改，與呂覽合。

三一五一頁七行 以爲死者〔慮〕也 據盧校補，與呂覽合。

三一五一頁八行 齊未亡而莊公〔冢〕掘 據盧校補，與呂覽合。

三一五一頁八行 國存而乃若此 按：「乃」原譌「力」，逕改正。

三一五一頁一五行 太僕妻御〔女騎夾轂〕悉道 據集解引惠棟說補。按：盧校改「道」爲「導」，今以道導通，故不改。

三一五二頁一一行 千石以下緇布蓋牆 按：「緇」原譌「輜」，逕據汲本、殿本改正。

後漢書志第七

祭祀上

光武卽位告天　郊　封禪

祭祀之道，自生民以來則有之矣。豺獺知祭祀，而況人乎！故人知之至於念想，猶豺獺之自然也，顧古質略而後文飾耳。自古以來王公所爲羣祀，至於王莽，漢書郊祀志既著矣，故今但列自中興以來所修用者，以爲祭祀志。〔一〕

〔一〕謝沈書曰「蔡邕引中興以來所修者爲祭祀〔意〕，此〕志卽邕之意也。

建武元年，光武卽位于鄗，爲壇營於鄗之陽。〔一〕祭告天地，采用元始中郊祭故事。六宗羣神皆從，未以祖配。天地共犢，餘牲尙約。〔二〕其文曰：「皇天上帝，后土神祇，睠顧降命，屬秀黎元，爲民父母，秀不敢當。羣下百僚，不謀同辭。咸曰王莽篡弒竊位，秀發憤興義兵，破王邑百萬衆於昆陽，誅王郎、銅馬、赤眉、青犢賊，平定天下，海內蒙恩，上當天心，下爲元元所歸。讖記曰：『劉秀發兵捕不道，卯金修德爲天子。』秀猶固辭，至于再，至于三。羣下曰：『皇天大命，不可稽留。』敢不敬承。」

〔一〕春秋保乾圖曰：「建天子於鄗之陽，名曰行皇。」

〔二〕黃圖載元始儀最悉，曰：「元始四年，宰衡莽奏曰：『帝王之義，莫大承天；承天之序，莫重於郊祀。祭天於南，就陽位；祠地於北，主陰義。圓丘象天，方澤則地。圓方因體，南北從位。燔燎升氣，瘞埋就類。牲欲繭栗，味尚清玄。器成匏勺，貴誠因質。天地神所統，故類乎上帝，禋于六宗，望秩山川，班於羣神。皇天后土，隨王所在而事祐焉。甘泉太陰，河東少陽，咸失厥位，不合禮制。聖王之制，必上當天心，下合地意，中考人事。故曰：「愷悌君子，求福不回。」回而求福，厥路不通。(正月)〔在昜〕泰卦，乾坤合體，天地交通，萬物聚出，其律太蔟。天子親郊天地。先祖配天，先妣配地，陰陽之別。以日冬至祀天，夏至祀后土，君不省方而使有司。六宗，日、月、星、山、川、海，星則北辰，川即河，山岱宗，三光衆明山阜百川衆流渟汙阜澤，以類相屬，各數秩望相序。』於是定郊祀，祀長安南北郊，罷甘泉、河東祀。」　上帝壇圓八觚，徑五丈，高九尺。茅營去壇十步，竹宮徑三百步，土營徑五百步。神靈壇各於其方面三丈，去茅營二十步，廣(坐)〔三〕十五步。合祀神靈以璧琮。用辟神道(以)〔八〕通，廣各三十步。竹宮內道廣三丈，有闕，各九十一步。壇方三丈，拜位壇亦如之。　爲周道郊營之外，廣九步。營(六甘泉)北辰于南門之外，日、月、海東門之外，河北門之外，岱宗西門之外。　爲周道前望之外，廣九步。列望(遂)〔道〕乃近前望道外，徑六十二步。壇方二丈五尺，高三尺五寸。　爲周道列望之外，徑九步。卿望亞列望外，徑四十步。壇廣三丈，高二尺。　爲周道卿望之外，徑九步。大夫望亞卿望道外，徑二十步。壇廣一丈五尺，高一尺五寸。　爲周道大夫望之外，徑九步。士望亞大夫望道外，徑十五步。壇廣一丈，高一尺。

爲周道士望之外，徑九步。庶望亞士望道外，徑九步。壇廣五尺，高五寸。爲周道庶望之外，徑九步。凡天宗上帝宮壇營，徑三里，周九里。營三重，通八方。后土壇方五丈六尺。茅營去壇十步外，土營方二百步限之。其五零壇（土）〔去〕茅營，如上帝五神去營步數，神道四通，廣各十步。宮內道廣各二丈，有闕。爲周道后土宮外，徑九步。營岱宗西門之外，河北門之外，海東門之外，徑各六十步。壇方二丈，高二尺。爲周道前望之外，徑六步。列望亞前望道外，〔徑〕三十六步。壇廣一丈五尺，高一尺五寸。爲周道列望之外，徑六步。卿望亞列望道外，徑三十五步。壇廣〔一〕丈，高一尺。爲周道卿望之外，徑六步。大夫望亞卿望道〔之〕外，徑十九步。壇廣八尺，高八寸。爲周道大夫望之外，徑（九）〔六〕步。士望亞大夫望道外，徑十二步。壇廣六尺，高六寸。爲周道士望之外，徑六步。凡地宗后土宮壇營，方二里，周八里。營再重，道四通。常以歲之孟春正月上辛若丁，親郊祭天南郊，以地配，望秩山川，徧于羣神。天地位皆南鄉同席，地差在東，共牢而食。太祖高皇帝、高后配于壇上，西鄉，后在北，亦同席，共牢而食。日冬至，使有司奉祭天神于南郊，高皇帝配而望羣陽。夏至，使有司奉祭地祇于北郊，高皇后配而望羣陰。天地用牲二，燔燎瘞埋用牲一，先祖先妣用牲一。天以牲左，地以牲右，皆用黍稷及樂。

二年正月，初制郊兆於雒陽城南七里，依鄗。采元始中故事。爲圓壇八陛，中又爲重壇，天地位其上，皆南鄉，西上。其外壇上爲五帝位。青帝位在甲寅之地，赤帝位在丙巳之地，黃帝位在丁未之地，白帝位在庚申之地，黑帝位在壬亥之地。其外爲壝，重營皆紫，以像紫宮；有四通道以爲門。日月在中營內南道，日在東，月在西，北斗在北道之西，皆別位，不在羣神列中。八陛，陛五十八醊，合四百六十四醊。五帝陛郭，帝七十二醊，合三百六十醊。中營四門，門五十四神，合二百一十六神。外營四門，門百八神，合四百三十二神。皆背營內鄉。中營四門，門封神四，外營四門，門封神四，合三十二神。凡千五百一十四神。營即壝也。封，封土築也。背中營神，五星也，及中(宮)〔官〕宿五官神及五嶽之屬也。背外營神，二十八宿外(宮)〔官〕星，雷公、先農、風伯、雨師、四海、四瀆、名山、大川之屬也。

至七年五月，詔三公曰：「漢當郊堯。其與卿大夫、博士議。」時侍御史杜林上疏，以爲「漢起不因緣堯，與殷周異宜，而舊制以高帝配。方軍師在外，且可如元年郊祀故事」。上從之。語在林傳。〔一〕

〔一〕東觀書載杜林上疏，悉於本傳。曰：「臣聞營河、雒以爲民，刻肌膚以爲刑，封疆畫界以建諸侯，井田什一以供國用，三代之所同。及至漢興，因時宜，趨世務，省煩苛，取實事，不苟貪高亢之論。是以去土中之京師，就關內之遠都。除肉刑之重律，用髡鉗之輕法。郡縣不置世祿之家，農人三十而稅一。政卑易行，禮簡易從。民無愚智，思仰漢德，樂承漢祀。基業特起，不因緣堯。堯遠於漢，民不曉信，言提其耳，終不悅諭。后稷近於周，民戶知之。世據以興，基由其祚，本與漢異。郊祀高帝，誠從民望，得萬國之歡心，天下福應，莫大於此。民奉種祀，且猶世主，不失先俗。羣臣僉薦鯀，考績不成，九載乃殛。宗廟至重，衆心難違，不可卒改。詩云『不愆不忘，率由舊章』，明當尊用祖宗之故文章也。宜如舊制，以解天下之惑，合於易之所謂『先天而天不違，後天而奉天時』義。方軍師在外，祭可且如元年郊祭故事。」

隴、蜀平後，乃增廣郊祀，高帝配食，位在中壇上，西面北上。〔一〕天、地、高帝、黃帝各用犢一頭，青帝、赤帝共用犢一頭，白帝、黑帝共用犢一頭，凡用犢六頭。〔二〕日、月、北斗共用牛一頭，四營羣神共用牛四頭，凡用牛五頭。凡樂奏青陽、朱明、西皓、玄冥，及雲翹、育命舞。中營四門，門用席十八枚，外營四門，門用席三十六枚，凡用席二百一十六枚，皆莞簟，率一席三神。日、月、北斗無陛郭醊。既送神，（熉）〔燎〕俎實於壇南巳地。〔三〕

〔一〕漢舊儀曰：「祭天（祭）〔居〕紫壇幄帷。高皇帝（祭）〔配〕天，居堂下西向，紺帷帳，紺席。」鉤命決曰：「自外至者，无主不止；自內出者，无匹不行。」

〔二〕漢舊儀曰：「祭天，養牛五歲，至三千斤。」案：禮記曰「天地之牛角繭栗」，而此云五歲，本志用犢是也。

〔三〕周禮：「凡以神仕者，掌三辰之法，以猶鬼神祇之居，辨其名物。」鄭玄曰：「猶，圖也。居謂坐也。天者羣神之精，日月星辰其著位也。以此圖天神人鬼地祇之坐者，謂布祭衆寡，與其居句。孝經說郊祀之禮曰：『燔燎掃地，祭牲繭栗，或象天酒旗坐星，廚倉具黍稷布席，極敬心也。』言郊之布席，象五帝坐。禮祭宗廟，序昭穆，亦有似虛、危，則祭天圓丘象北極，祭地方澤象后妃，及社稷之席，皆有明法焉。」

建武三十年二月，羣臣上言，即位三十年，宜封禪泰山。〔一〕詔書曰：「即位三十年，百姓怨氣滿腹，吾誰欺，欺天乎？曾謂泰山不如林放，何事汙七十二代之編錄！〔二〕桓公欲封，管仲非之。若郡縣遠遣吏上壽，盛稱虛美，必髡，兼令屯田。」從此羣臣不敢復言。三月，上幸魯，〔三〕過泰山，告太守以上過故，承詔祭山及梁父。時虎賁中郎將梁松等議：「記曰『齊將有事泰山，先有事配林』，蓋諸侯之禮也。河嶽視公侯，王者祭焉。宜無即事之漸，不祭配林。」〔四〕

〔一〕服虔注漢書曰：「封者，增天之高，歸功於天。」張晏注云：「天高不可及，於泰山上立封，禪而祭之，冀近神靈也。」項威注曰：「封泰山，告太平，升中和之氣於天。祭土爲封，謂負土於泰山爲壇而祭也。」禮記曰：「因名山升中于天。」盧植注曰：「封泰山，告太平，升中和之氣於天也。」東觀書載太尉趙憙上言曰：「自古帝王，每世之隆，未嘗不封禪。陛下聖德洋溢，順天行誅，撥亂中興，作民父母，修復宗廟，救萬姓命，黎庶賴福，海內清平。功成治定，羣司禮官咸以爲宜登封告成，爲民報德。百王所同，當仁不讓。宜登封岱宗，正三雍之禮，以明靈契，望秩羣神，以承天心也。」

〔二〕莊子曰：「易姓而王，封於泰山，禪於梁父者，七十有二代。其有形兆垠堮勒石，凡千八百餘處。」許慎說文序曰：「蒼頡之初作書，蓋依類象形，故謂之文。其有形聲相益，即謂之字。字者，言孳乳而滋多也。著於竹帛謂之書，書者如也。以迄五帝、三王之世，改易殊體，封於泰山者七十有二代，靡有同焉。」

〔三〕漢祀令曰：「天子行有所之，出河，沈用白馬珪璧各一，衣以繒緹五尺，祠用脯二束，酒六升，鹽一升。涉渭、灞、涇、雒佗名水如此者，沈珪璧各一。律，在所給祠具；及行，沈祠佗川水，先驅投石，少府給珪璧。不滿百里者不沈。」

〔四〕盧植注曰：「配林，小山林麓配泰山者也。謂諸侯不郊天，泰山巡省所考五嶽之宗，故有事將祀之，先即其漸。」

天子則否矣。」泰山廟在博縣。風俗通曰：「博縣十月祀岱宗，名曰合凍，十二月涸凍，正月解凍。太守絜齋，親自執事，作脯廣一尺，長五寸。既祀訖，取泰山君夫人坐前脯三十胊，太守拜章，縣次驛馬，傳送雒陽。」

三十二年正月，上齋，夜讀河圖會昌符，曰「赤劉之九，會命岱宗。不慎克用，何益於承。誠善用之，姦僞不萌」。感此文，乃詔松等復案索河雒讖文言九世封禪事者。松等列奏，乃許焉。〔一〕

〔一〕東觀書曰：「羣臣奏言：『登封告成，爲民報德，百王所同。陛下輒拒絕不許，臣下不敢頌功述德業。河雒讖書，赤漢九世，當巡封泰山，凡三十六事，傅奏左帷。陛下遂以仲月令辰，遵岱嶽之正禮，奉圖雒之明文，以和靈瑞，以爲兆民。』上曰：『至泰山乃復議。國家德薄，災異仍至，圖讖蓋如此！』」

初，孝武帝欲求神仙，以扶方者言黃帝由封禪而後僊，於是欲封禪。封禪不常，時人莫知。元封元年，上以方士言作封禪器，以示羣儒，多言不合古，於是罷諸儒不用。三月，上東上泰山，〔一〕乃上石立之泰山顛。〔二〕遂東巡海上，求僊人，無所見而還。四月，封泰山。〔三〕恐所施用非是，乃祕其事。語在漢書郊祀志。〔四〕

〔一〕郭璞注山海經曰：「泰山從山下至頭，四十八里二百步。」

〔二〕風俗通曰：「石高二丈一尺，刻之曰『事天以禮，立身以義，事父以孝，成民以仁。四海之內，莫不爲郡縣，四夷八蠻，咸來貢職。與天无極，人民蕃息，天祿永得』。」

〔三〕風俗通曰：「封廣丈二尺，高九尺，下有玉牒書也。」

〔四〕東觀書曰：「上至泰山，有司復奏河、雒圖記表章赤漢九世尤著明者，前後凡三十六事。與博士充等議，以為『殷統未絕，黎庶繼命，高宗久勞，猶為中興。武王因父，受命之列，據三代郊天，因孔子甚美其功，後世謂之聖王。漢統中絕，王莽盜位，一民莫非其臣，尺土靡不其有，宗廟不祀，十有八年。陛下無十室之資，奮振於匹夫，除殘去賊，興復祖宗，集就天下，海內治平，夷狄慕義，功德盛於高宗、（宣）〔武〕王。宜封禪為百姓祈福。請親定刻石紀號文，太常奏儀制』。詔曰：『許。昔小白欲封，夷吾難之；季氏欲旅，仲尼非焉。蓋齊諸侯，季氏大夫，皆無事於泰山。今予末小子，巡祭封禪，德薄而任重，一則以喜，一則以懼。喜於得承鴻業，帝堯善及子孫之餘賞，蓋應圖籙，當得是當。懼於過差，執德不弘，信道不篤，為議者所誘進，後世知吾罪深矣。』」

上許梁松等奏，乃求元封時封禪故事，議封禪所施用。有司奏當用方石再累置壇中，皆方五尺，厚一尺，用玉牒書藏方石。牒厚五寸，長尺三寸，廣五寸，有玉檢。又用石檢十枚，列於石傍，東西各三，南北各二，皆長三尺，廣一尺，厚七寸。檢中刻三處，深四寸，方五寸，有蓋。檢用金縷五周，以水銀和金以為泥。玉璽一方寸二分，一枚方五寸。方石四角又有距石，皆再累。枚長一丈，厚一尺，廣二尺，皆在圓壇上。其下用距石十八枚，皆高三尺，厚一尺，廣二尺，如小碑，環壇立之，去壇三步。距石下皆有石跗，入地四尺。又用石碑，高九尺，廣三尺五寸，厚尺二寸，立壇丙地，去壇三丈以上，以刻書。上以用石功難，又欲及二月封，故詔松欲因故封石空檢，更加封而已。〔一〕松上疏爭之，以為「登封之禮，告功皇天，垂後無窮，以爲萬民也。承天之敬，尤宜章明。奉圖書之瑞，尤宜顯著。今因舊封，竄寄玉牒故石下，恐非重命之義。受命中興，宜當特異，以明天意」。遂使泰山郡及魯趣石工，宜取完青石，無必五色。時以印工不能刻玉牒，欲用丹漆書之；會求得能刻玉者，遂書。書祕刻方石中，命容玉牒。

〔一〕欲及二月者，虞書「歲二月，東巡狩，至于岱宗，柴」。范甯曰：「巡狩者，巡行諸侯所守。二月直卯，故以東巡狩也。祭山曰燔柴，積柴加牲於其上而燔之也。」

二月，上至奉高，〔一〕遣侍御史與蘭臺令史，將工先上山刻石。文曰：「維建武三十有二年二月，皇帝東巡狩，至于岱宗，柴，〔二〕望秩於山川，〔三〕班于羣神，〔四〕遂覲東后。從臣太尉憙、行司徒事特進高密侯禹等。漢賓二王之後在位。孔子之後褒成侯，序在東后，蕃王十二，咸來助祭。河圖赤伏符曰：『劉秀發兵捕不道，四夷雲集龍鬭野，四七之際火爲主。』河圖會昌符曰：『赤帝九世，巡省得中，治平則封，誠合帝道孔矩，則天文靈出，地祇瑞興。帝劉之九，會命岱宗，誠善用之，姦僞不萌。赤漢德興，九世會昌，巡岱皆當。天地扶九，崇經之常。漢大興之，道在九世之王。封于泰山，刻石著紀，禪于梁父，退省考五。』河圖合古篇曰：『帝劉之秀，九名之世，帝行德，封刻政。』河圖提劉予曰：『九世之帝，方明聖，持衡拒，九州平，天下予。』雒書甄曜度曰：『赤三德，昌九世，會修符，合帝際，勉刻封。』孝經鉤命決曰：『予誰行，赤劉用帝，三建孝，九會修，專茲竭行封岱青。』河雒命后，經讖所傳。昔在帝堯，聰明密微，讓與舜庶，後裔握機。王莽以舅后之家，三司鼎足冢宰之權勢，依託周公、霍光輔幼歸政之義，遂以篡叛，僭號自立。宗廟墮壞，社稷喪亡，不得血食，十有八年。楊、徐、青三州首亂，兵革橫行，延及荊州，豪傑并兼，百里屯聚，往往僭號。北夷作寇，千里無煙，無雞鳴狗吠之聲。皇天睠顧皇帝，以匹庶受命中興，年二十八載興兵，（起是）以（中）次誅討，十有餘年，罪人（則）斯得。黎庶得居爾田，安爾宅。書同文，車同軌，人同倫。舟輿所通，人迹所至，靡不貢職。建明堂，立辟雍，起靈臺，設庠序。同律、度、量、衡。〔五〕修五禮，〔六〕五玉，〔七〕三帛，〔八〕二牲，〔九〕一死，〔一〇〕贄。〔一一〕吏各修職，復于舊典。在位三十有二年，年六十二。乾乾日昊，不敢荒寧，涉危歷險，親巡黎元，恭肅神祇，惠恤耆老，理庶遵古，聰允明恕。皇帝唯慎河圖、雒書正文，是月辛卯，柴，登封泰山。甲午，禪于梁陰。以承靈瑞，以為兆民，永茲一宇，垂于後昆。百寮從臣，郡守師尹，咸蒙祉福，永永無極。秦相李斯燔詩書，樂崩禮壞。建武元年已前，文書散亡，舊典不具，不能明經文，以章句細微相況八十一卷，明者為驗，又其十卷，皆不昭晢。子貢欲去告朔之餼羊，子曰：『賜也，爾愛其羊，我愛其禮。』後有聖人，正失誤，刻石記。」〔一二〕

〔一〕應劭漢官馬第伯封禪儀記曰：「車駕正月二十八日發雒陽宮，二月九日到魯，遣守謁者郭堅伯將徒五百人治泰山道。十日，魯遣宗室諸劉及孔氏、瑕丘丁氏上壽受賜，皆詣孔氏宅，賜酒肉。十一日發，十二日宿奉高。是日遣虎賁郎將先上山，三案行。還，益治道徒千人。十五日，始齋。國家居太守府舍，諸王居府中，諸侯在縣庭中齋。諸卿、校尉、將軍、大夫、黃門郎、百官及宋公、衞公、褒成侯、東方諸侯、雒中小侯齋城外汶水上。太尉、太常齋山虞。馬第伯自云，某等七十人先之山虞，觀祭山壇及故明堂宮郎官等郊肆處。入其幕府，觀治石。石二枚，狀博平，圓九尺，此壇上石也。其一石，武帝時石也。時用五車不能上也，因置山下爲屋，號五車石。四維距石長丈二〔尺〕，廣二尺，厚尺半所，四枚。檢石長三尺，廣六寸，狀如封篋。長檢十枚。一紀號石，高丈二尺，廣三尺，厚尺二寸，名曰立石。一枚，刻文字，紀功德。是朝上山騎行，往往道峻峭，(不)〔下〕騎，步牽馬，乍步乍騎，且相半，至中觀留馬。去平地二十里，南向極望無不覩。仰望天關，如從谷底仰觀抗峯。其爲高也，如視浮雲。其峻也，石壁窅窱，如無道徑。遙望其人，端如行朽兀，或爲白石或雪，久之白者移過樹，乃知是人也。殊不可上，四布僵臥石上，有頃復蘇。亦賴齎酒脯，處處有泉水，目輒爲之明。復勉強相將行，到天關，自以已至也，問道中人，言尚十餘里。其道旁山脅，大者廣八九尺，狹者五六尺。仰視巖石松樹，鬱鬱蒼蒼，若在雲中。俛視谿谷，碌碌不可見丈尺。遂至天門之下。仰視天門，窔遼如從穴中視天。直上七里，賴其羊腸逶迤，名曰環道，往往有絙索，可得而登也。兩從者扶挾，前人相牽，後人見前人履底，前人見後人頂，如畫重累人矣，所謂磨胷捏石，捫天之難也。初上此道，行十餘步一休，稍疲，咽脣燋，五六步一休。牒牒據頓，地不避濕暗，前有燥地，目視而兩脚不隨。早食上，(餔)〔晡〕後到天門。郭使者得銅物。銅物形狀如鍾，又方柄有孔，莫能識也，疑封禪具也。得之者汝南召陵人，姓陽名通。東上一里餘，得木甲。木甲者，武帝時神也。東北百餘步，得封所，始皇立石及闕在南方，漢武在其北。二十餘步得北垂圓臺，高九尺，方圓三丈所，有兩陛。人不得從，上從東陛上。臺上有壇，方一丈二尺所，上有方石，四維有距石，四面有闕。鄉壇再拜謁，人多置錢物壇上，亦不掃除。國家上見之，則詔書所謂酢梨酸棗狼藉，散錢處數百，幣帛具，道是武帝封禪至泰山下，未及上，百官爲先上跪拜，置梨棗錢于道以求福，即此也。東山名曰日觀，日觀者，雞一鳴時，見日始欲出，長三丈所，秦觀者望見長安，吳觀者望見會稽，周觀者望見（齊西）〔嵩山〕。北有石室。壇以南有玉盤，中有玉龜。山南脅神泉，飲之極清美利人。日入下去，行數環。日暮時頗雨，不見其道，一人居其前，先知蹈有人，乃舉足隨之。比至天門下，夜人定矣。」

〔二〕風俗通曰：「岱者，胎也。宗者，長也。萬物之始，陰陽之交，〔雲〕觸石〔而出〕，膚寸而合，不崇朝而徧雨天下，惟泰山乎！故爲五嶽之長耳。」

〔三〕孔安國書注曰：「九州名山、大川、五嶽、四瀆之屬，皆一時望祭之。」安國又曰：「喻以尊卑祭之也。五嶽視三公，四瀆視諸侯，其餘小者或卿、大夫、伯、子、男。」

〔四〕孔安國曰：「羣神謂丘陵墳衍，古之聖賢皆祭之矣。」

〔五〕孔安國書注曰：「同（陰）〔音〕律也。」度，丈尺；量，斗斛；衡，斤兩也。

〔六〕孔安國曰：「公、侯、伯、子、男朝聘之禮。」范甯曰：「吉、凶、賓、軍、嘉也。」

〔七〕范甯曰：「五等諸侯之瑞，珪璧也。」

〔八〕孔安國曰：「諸侯世子執纁，公之孤執玄，附庸之君執黃。」范甯曰：「玄、纁、黃，三孤所執。」

〔九〕范甯曰：「羔，鴈也。卿執羔，大夫執鴈。」

〔一〇〕雉也，士所執。

〔一一〕范甯曰：「總謂上所執之以爲贄者也。」

〔三〕封禪儀曰：「車駕十九日之山虞，國家居亭，百官（布）〔列〕野。此日山上雲氣成宮闕，百官並見之。二十一日夕牲時，白氣廣一丈，東南極望致濃厚。時天淸和無雲。瑞命篇『岱嶽之瑞，以日爲應』也。」

二十二日辛卯晨，燎祭天於泰山下南方，羣神皆從，用樂如南郊。〔一〕諸王、王者後二公、孔子後襃成君，皆助祭位事也。〔二〕事畢，將升封。或曰：「泰山雖已從食於柴祭，今親升告功，宜有禮祭。」於是使謁者以一特牲於常祠泰山處，告祠泰山，如親耕、貙劉、先祠、先農、先虞故事。至食時，御輦升山，〔三〕日中後到山上更衣，〔四〕早晡時卽位于壇，北面。羣臣以次陳後，西上，畢位升壇。〔五〕尙書令奉玉牒檢，皇帝以寸二分璽親封之，訖，太常命人發壇上石，〔六〕尙書令藏玉牒已，復石覆訖，尙書令以五寸印封石檢。〔七〕事畢，皇帝再拜，羣臣稱萬歲。〔八〕命人立所刻石碑，乃復道下。〔九〕

〔一〕封禪儀曰：「晨祭也。日高三丈所，燔燎（燔燎）煙正北（也）〔向〕。」

〔二〕封禪儀曰：「百官各以次上。郡儲輦三百，爲貴臣、諸公、王、侯、卿、大夫、百官皆步上，少用輦。」輦者，干寶周禮注曰「對舉曰輦」。

〔三〕封禪儀曰：「國家御首輦，人輓升山，至中觀休，須臾復上。」

〔四〕封禪儀曰：「須臾，羣臣畢就位。」

〔五〕封禪儀曰：「國家臺上北面，虎賁陛戟臺下。」

〔六〕封禪儀曰：「騶騎三千餘人發壇上方石。」

〔七〕封禪儀曰：「以金爲繩，以石〔三〕〔爲〕檢。東方西方各三檢。檢中石泥及壇土，色赤白黑，各依如其方色。」

〔八〕封禪儀曰：「稱萬歲，音動山谷。有氣屬天，遙望不見山巔，山巔人在氣中，不知也。」

〔九〕封禪儀曰：「封畢有頃，詔百官以次下，國家隨後。數百人維持行，相逢推，百官連延二十餘里。道迫小，深谿高岸數百丈。步從匍匐邪上，起近炬火，止亦駱驛。步從觸擊大石，石聲正讙，但讙石无相應和者。腸不能已，口不能默。夜半後到，百官明旦乃訖。其中老者氣劣不行，正臥巖石下。明日，太醫令復遵問起居。國家云：『昨上下山，欲行迫前人，欲休則後人所蹈，道峻危險，恐不能度。國家不勞，百官已下露臥水飲，無一人蹉跌，無一人疾病，豈非天邪！』泰山率多暴雨，如今上直下柴祭封登，淸晏溫和。明日上壽，賜百官省事。事畢發，暮宿奉高三十里。明日發，至梁甫九十里夕牲。」

二十五日甲午，禪，祭地于梁陰，以高后配，山川羣神從，如元始中北郊故事。〔一〕

〔一〕服虔曰：「禪，廣土地。」項威曰：「除地爲墠。後改墠曰禪，神之矣。」封禪儀曰：「功效如彼，天應如此，羣臣上壽，國家不聽。」

四月己卯，大赦天下，以建武三十二年爲建武中元元年，復博、奉高、嬴勿出元年租、芻稾。以吉日刻玉牒書函藏金匱，璽印封之。乙酉，使太尉行事，以特告至高廟。〔一〕太尉奉匱以告高廟，藏于廟室西壁石室高主室之下。〔二〕

〔一〕尚書虞典曰：「歸格于藝祖，用特。」

〔二〕袁宏曰：「夫天地者，萬物之官府；山川者，雲雨之丘墟。萬物生遂，則官府之功大；雲雨施潤，則丘墟之德厚。

故化洽天下，則功配於天地；澤流一國，則德合於山川。是以王者經略，必以天地爲本；諸侯述職，必以山川爲主。體而象之，取其陶育；禮而告之，歸其宗本。書曰：「東巡狩，至于岱宗，柴。」傳曰：「郊祀后稷，以祈農事。」夫巡狩觀化之常事，祈農撫民之定業，猶絜誠殷薦，以告昊天，況創制改物，人神易聽者乎！夫揖讓受終，必有至德於天下；征伐革命，則有大功於萬物。是故王者初基，則有封禪之事，蓋以其成功告於神明者也。夫東方者，萬物之所始；山嶽者，靈氣之所宅。故求之物本，必於其始；取其所通，必於所宅。崇其壇場，則謂之封；明其代興，則謂之禪。然則封禪者，王者開務之大禮也。德不周洽，不得輒議斯事；功不弘濟，不得髣髴斯禮。曠代一有，其道至高。故自黃帝、堯、舜至三代，各一得封禪，未有中修其禮者也。雖繼（職）〔體〕之君，時有功德，此蓋率復舊業，增修其前政，不得仰齊造國，同符改物者也。夫神道貞一，其用不煩；天地易簡，其禮尚質。故藉用白茅，貴其誠素；器用陶匏，取其易從。然封禪之禮，簡易可也。若夫（白）〔石〕函玉牒，非天地之性也。」

校勘記

三一五七頁七行 蔡邕引中興以來所修者爲祭祀〔意此〕志卽邕之意也　盧云案本傳，邕撰十意，必補二字，語方明。今據補。

三一五八頁八行 （正月）〔在易〕泰卦　據汲本、殿本改。

三一五八頁一三行 廣（坐）〔三〕十五步　據殿本改。

三一五八頁二三行 辟神道（以）〔八〕通　據盧校改。按：盧據史記封禪書索隱引改。

三一五八頁一四行　營（六甘泉）北辰于南門之外　據盧校刪。

三一五八頁一四行　列望（遂）〔道〕乃近前望道外　據盧校改。

三一五九頁三行　其五零壇（土）〔去〕茅營　據汲本改。按：盧云「零」疑「帝」之譌。校補謂零與靈同，卽神靈壇也。

三一五九頁五行　列望亞前望道外〔徑〕三十六步　按：依文義當脫一「徑」字，今補。

三一五九頁六行　卿望亞列望道外徑三十五步　按：汲本、殿本「三十五步」作「二十五步」。

三一五九頁六行　壇廣〔一〕丈　據汲本、殿本補。

三一五九頁六行　大夫望亞卿望道（之）外徑十九步　據校補說刪。

三一五九頁七行　爲周道大夫望之外徑（九）〔六〕步　據盧校改。

三一六〇頁四行　及中（宮）〔官〕宿五官神　據集解引錢大昕說改，說詳下。

三一六〇頁五行　二十八宿外（宮）〔官〕星　集解引錢大昕說，謂「外宮」當作「外官」。漢書天文志「經星常宿中外官凡百一十八名」。今據改。

三一六〇頁一五行　先天而天不違　按：汲本、殿本「不」作「弗」。

三一六一頁五行　（燎）〔燎〕俎實於壇南巳地　據盧校改。按：通典作「燎」。

三一六一頁六行　祭天（祭）〔居〕紫壇幄帷高皇帝（祭）〔配〕天居堂下西向紺帷帳紺席　據盧校改。按：

三一六三頁七行　校補引柳從辰說，謂孫輯本漢舊儀「祭天」作「配天」，御覽五百二十六、書鈔九十，初學記十三、類聚三十八同。又按：「幄帷」之「帷」通典作「帳」，「帷帳」之「帳」通典作「幄」。

三一六三頁一〇行　傅奏左帷　盧云「帷」字疑當作「惟」。今按：如盧說改「帷」爲「惟」，則「惟」字當屬下讀。

三一六三頁一〇行　多言不合古　按：汲本、殿本「古」上有「於」字。

三一六四頁四行　功德盛於高宗（宣）〔武〕王　據殿本、集解本改。

三一六四頁五行　許昔小白欲封　按：聚珍本東觀記「許」作「在」。或謂許卽可，謂可其奏也，當時之體如此。

三一六四頁九行　用玉牒書藏方石　按：集解引黃山說，謂後文梁松疏言「竄寄玉牒故石下」，是此文當作「用玉牒書藏方石下」，奪「下」字。

三一六五頁一四行　河圖提劉予　汲本、殿本「予」作「子」。

三一六五頁一五行　天下予　汲本「予」作「子」，殿本考證謂「予」本或作「子」。按：張森楷校勘記謂上有「持衡拒」，拒予爲韻，作「子」不叶，非也。

三一六六頁五行　年二十八載興兵（起是）以（中）次誅討　據盧校刪。

三一六六頁六行　罪人（則）斯得　據盧校刪。

三一六七頁五行　四維距石長丈二〔尺〕　據盧校補。按：通典有「尺」字。

三一六七頁七行　（不）〔下〕騎步牽馬　據盧校改。按：通典、通考並作「下」。

三一六七頁一五行　（脯）〔晡〕後到天門　據殿本改。又「天」原譌「大」，逕改正。

三一六七頁一六行　姓陽名通　按：汲本、殿本「陽」作「楊」。

三一六八頁四行　望見（齊西）〔嵩山〕　據盧校改。

三一六八頁六行　岱者胎也　按：盧云諸書引多作「始也」，下云「萬物之始」，則「始」字是。

三一六八頁六行　（雲）〔而出〕觸石〔而出〕　據盧校補。

三一六八頁九行　其餘小者或卿大夫伯子男　汲本無「或」字。按：僞孔傳無「或卿大夫」四字。

三一六八頁一二行　同（陰）〔音〕律也　據汲本、殿本改。按：注引僞孔傳多删節。今僞孔傳作「律法制及尺丈斛斗斤兩皆均同」。

三一六九頁一行　百官（布）〔列〕野　據惠棟補注改。

三一六九頁一〇行　燔燎（燔燎）煙正北（也）〔向〕　校補引柳從辰說，謂孫輯本漢官儀引此「燔燎」二字不重，書鈔九十一引此亦不重，「也」作「鄉」。黄山謂「正北也」當作「正北向」，祀天本北面。今據删補。

三一六九頁一一行　百官各以次上　按：校補引柳從辰說，謂書鈔引此下有「國家時御輦，人挽升車也」二句，詳文義，與下「郡儲御輦三百」正相接。

三一七〇頁一行　以石（三）〔爲〕檢　校補謂案通考注「三」作「爲」，是。今據改。

三一七〇頁五行　其中老者氣劣不行正臥巖石下　按：汲本、殿本作「其中老者氣劣不能行，臥巖石下」。

三一七〇頁五行　明日太醫令復遵問起居　按：汲本「明日」下有「早」字。

三一七〇頁一〇行　禪廣土地　按：盧校改「地」爲「也」。

三一七二頁七行　雖繼（職）〔體〕之君　據盧校改。據：集解引王補說，謂「職」袁紀作「體」。

三一七二頁九行　若夫（白）〔石〕函玉牒　據盧校改。按：通典作「石函玉牒」。汲本、殿本作「金函玉牒」，誤。此作「白函玉牒」者，白與石形近而譌也。

後漢書志第八

祭祀中

北郊　明堂　辟雍　靈臺　迎氣　增祀　六宗　老子

是年初營北郊，明堂、〔一〕辟雍、〔二〕靈臺未用事。〔三〕遷呂太后于園。上薄太后尊號曰高皇后，當配地郊高廟。語在光武紀。〔四〕

〔一〕周禮考工記曰：「周人明堂，度九尺之筵，東西九筵，南北七筵，堂崇一筵，五室，凡室二筵。」鄭玄曰：「明堂者，明政教之堂。周度以筵，亦王者相改。周堂高九尺，殷三尺，則夏一尺矣。相參之數也。」孝經援神契曰：「明堂上圓下方，八窗四達，布政之宮，在國之陽。」晏子春秋曰：「明堂之制，下之溫濕不能及也，上之寒暑不能入也。木工不鏤，示民知節也。」呂氏春秋曰：「周明堂茅茨蒿柱，土階三等，以見儉節也。」前志武帝欲治明堂奉高旁，未明其制度。濟南人公玉帶上黃帝時明堂圖，圖中有一殿，四面無壁，以茅蓋，通水，水圜宮垣爲復道；上有樓，從西南入，名曰崑崙，以拜禮上帝。於是作明堂汶上，如帶圖。」新論曰：「天稱明，故命曰明堂。上圓法天，下方法地，八窗法八風，四達法四時，九室法九州，十二坐法十二月，三十六戶法三十六雨，七十二牖法七十二風。」東京賦曰：「復廟重屋，八達九房。」薛綜注曰：「八達謂室有八窗也。堂後有九室，所以異於周制也。」王隆漢官篇曰：「是古者清廟茅屋。」胡廣曰：「古之清廟，以茅蓋屋，所以示儉也。今之明堂，茅蓋之，乃加瓦其上，不忘古也。」

〔二〕白虎通曰：「辟雍，所以行禮樂，宣德化也。辟者，象璧圓，以法天也。雍者，壅之以水，象教化流行也。辟之爲言積也，積天下之道德；雍之爲言壅也，壅天下之儀則：故謂辟雍也。」王制曰：『天子辟雍，諸侯泮宮。』外圓者，欲使觀者平均也。又欲言外圓內方，明德當圓，行當方也。」

〔三〕禮含文嘉曰：「禮，天子靈臺，所以觀天人之際，陰陽之會也。揆星度之驗，徵六氣之端，應神明之變化，覩日氣之所驗，爲萬物獲福於無方之原，招太極之清泉，以與稼穡之根。倉廩實，知禮節；衣食足，知榮辱。天子得靈臺之〔禮〕，則五車三柱，明制可行，不失其常。水泉川流，無滯寒暴暑之災，陸澤山陵，禾盡豐穰。」故東京賦曰：「左制辟雍，右立靈臺。」薛綜注曰：「於（之）〔上〕班教曰明堂，大合樂射饗者辟雍，司曆記候節氣者曰靈臺。」蔡邕明堂論曰：「明堂者，天子太廟，所以崇禮其祖，以配上帝者也。夏后氏曰世室，殷人曰重屋，周人曰明堂。東曰青陽，南曰明堂，西曰總章，北曰玄堂，中曰太室。易曰離也者，明也，南方之卦也。聖人南面而聽天下，嚮明而治。人君之位，莫正於此焉，故雖有五名而主以明堂也。其正中（焉）皆曰太廟。謹承天隨時之令，昭令德宗祀之禮，明前功百辟之勞，起尊老敬長之義，顯教幼誨稚之學。朝諸侯選造士於其中，以〔明〕制度。生者乘其能而至，死者論其功而祭。故爲大教之宮，而四學具焉，官司備焉。譬如北辰，居其所而衆星拱之，萬象翼之。〔政〕教之所由生（事），（受作）〔變化〕之所（自）〔由〕來，明一統也。故言明堂，事之大，義之深也。取其宗祀之清貌，則曰清廟。取其正室之貌，則曰太廟。取其尊崇（矣），則曰太室。取其（堂）〔向明〕，則曰明堂。取其四門之學，則曰太學。取其四面周水圓如璧，則曰辟雍。異名而同事，其實一也。春秋因魯取宋之姦賂，則顯之太廟，以明聖王建清廟明堂之義。經曰：『取郜大鼎于宋，納于太廟。』傳曰：『非禮也。君人者，將昭德塞違，故昭令德以示子孫。是以清廟茅屋，昭其儉也。夫德，儉而有度，升降有數，文物以紀之，聲明以發之，以臨照百官，百官於是戒懼，而不敢易紀律。』所以（大）明〔大〕教也。以周清廟論（曰）〔之〕，魯太廟皆明堂也。魯禘祀周公於太廟明堂，猶周宗祀文王於清廟明堂也。禮記檀弓曰『王齋禘於清廟明堂』也。孝經曰：『宗祀文王於明堂。』禮記明堂位曰：『太廟，天子曰明堂。』又曰：『成王幼弱，周公踐天子位以治天下，朝諸侯於明堂，制禮作樂，頒度量，而天下大服。成王以周公爲有勳勞於天下，命魯公世（曰）〔世〕禘祀周公於太廟，以天子禮樂，升歌清廟，下管象舞，所以異魯於天下〔也〕。』取周清廟之歌歌於魯太廟，明（堂）魯之〔太〕廟猶周清廟也，皆所以昭文王、周公之德，以示子孫者也。易傳太初篇曰：『天子旦入東學，晝入南學，暮入西學。在中央曰太學，天子之所自學也。』禮記保傅篇曰：『帝入東學，上親而貴仁；入西學，上賢而貴德；入南學，上齒而貴信；入北學，上貴而尊爵；入太學，承師而問道。』與易傳同。魏文侯孝經傳曰：『太學者，中學明堂之位也。』禮記古大明堂之禮曰：『膳夫是相禮，日中出南闈，見九侯門子。日側出西闈，視五國之事。日闇出北闈，視帝節猶。』爾雅曰：『宮中之門謂之闈。』王居明堂之禮，又別陰陽門，〔東〕南（門）稱門，西（門）〔北〕稱闈，故周官有門闈之學。師氏教以三德守王門，保氏教以六藝守王闈。然則師氏居東門、南門，保氏居西門、北門也。知掌教國子，與易傳、保傅王居明堂之禮參相發明，爲四學焉。文王世子篇曰：『凡大合樂，則遂養老。天子至，乃命有司行事，興秩節，祭先師、先聖焉。始之養也，適東序，釋奠於先老，遂設三老、〔五更之席〕位焉。〔言教學始之於養老，由東方歲始也。又〕春夏學干戈，秋冬學羽籥，皆於東序。凡祭與養老、乞言、合語之禮，皆小樂正詔之於東序。』又曰：『大司成論說在東序。』然則詔學皆在東序。東序，東之堂也，學者詔焉，故稱太學。仲夏之月，令祀百辟卿士之有德於民者。禮記太學志曰：『禮，士大夫學于聖人、善人，祭于明堂，其無位者祭於太學。』禮記昭穆篇曰：『祀先賢于西學，所以敎諸侯之德也。』即所以顯行國禮之處也。太學，明堂之東序也，皆在明堂辟雍之內。月令記曰：『明堂者，所以明天氣，統萬物。』明堂上通於天，象日辰，故下十二宮象日辰也。水環四周，言王者動作法天地，德廣及四海，方此水也。〔禮記盛德篇曰：『明堂九室，以茅蓋屋，上圓下方，此水〕名曰辟雍。』王制曰：『天子出征，執有罪，反舍奠於學，以訊馘告。』樂記曰：『武王伐殷，〔爲〕〔薦〕俘馘于京太室。』詩魯頌云：『矯矯虎臣，在泮獻馘。』京，鎬京也。太室，辟雍之中明堂太室也。與諸侯泮宮俱獻馘焉，即王制所謂『以訊馘告』者也。禮記曰：『祀乎明堂，所以敎諸侯之孝也。』孝經曰：『孝悌之至，通於神明，光于四海，無所不通。』詩云：「自西自東，自南自北，無思不服。」』言行孝者則曰明堂，行悌者則曰太學，故孝經合以爲一義，而稱鎬京之詩以明之。凡此皆明堂、太室、辟雍、太學事通〔文〕合之義也。其制度數各有所法。堂方百四十四尺，坤之策也。屋圓屋徑二百一十六尺，乾之策也。太廟明堂方三十六丈，通天屋徑九丈，陰陽九六之變〔且〕〔也〕。圓蓋方載，〔六〕九〔六〕之道也。八闥以象八卦，九室以象九州，十二宮以應辰。三十六戶七十二牖，以四戶〔九〕〔八〕牖乘九室之數也。戶皆外設而不閉，示天下不藏也。通天屋高八十一尺，黃鍾九九之實也。二十八柱列於四方，亦七宿之象也。堂高三丈，〔亦〕〔以〕應三統。四鄉五色者，象其行。外廣二十四丈，應一歲二十四氣。四周以水，象四海。王者之大禮也。」

〔四〕袁宏紀曰：「夫越人而臧否者，非憎於彼也。親戚而加譽者，非優於此也。處情之地殊，故公私之心異也。聖人知其如此，故明彼此之理，開公私之塗，則隱諱之義著，而親尊之道長矣。古之人以爲先君之體，猶今君之體，推近以知遠，則先後義鈞也。而況彰其大惡，以爲貶黜者乎！」

北郊在雒陽城北四里，爲方壇四陛。〔一〕三十三年正月辛未，郊。別祀地祇，位南面西上，高皇后配，西面北上，皆在壇上，地理羣神從食，皆在壇下，如元始中故事。中嶽在未，四嶽各在其方孟辰之地，中營內。海在東；四瀆河西，濟北，淮東，江南；他山川各如其方，皆在外營內。四陛醊及中外營門封神如南郊。地祇、高后用犢各一頭，五嶽共牛一頭，海、四瀆共牛一頭，羣神共二頭。奏樂亦如南郊。既送神，瘞俎實于壇北。

〔一〕張（瑠）〔璠〕記云：「城北六里。」袁山松書曰：「行夏之時，殷祭之日，犧牲尙黑耳。」

明帝卽位，永平二年正月辛未，初祀五帝於明堂，光武帝配。〔一〕五帝坐位堂上，各處其方。黃帝在未，皆如南郊之位。光武帝位在青帝之南少退，西面。牲各一犢，奏樂如南郊。卒事，遂升靈臺，以望雲物。〔二〕

〔一〕孝經云「宗祀文王於明堂以配上帝」，故鄭玄曰「上帝者，天之別名。神無二主，故異其處，避后稷也」。

〔二〕杜預注傳曰：「雲物，氣色災變也。素察妖祥，逆爲之備。」

迎時氣，五郊之兆。自永平中，以禮讖及月令有五郊迎氣服色，因采元始中故事，兆五郊于雒陽四方。中兆在未，壇皆三尺，階無等。

立春之日，迎春于東郊，祭青帝句芒。〔一〕車旗服飾皆青。歌青陽，八佾舞雲翹之舞。

及因賜文官太傅、司徒以下縑各有差。

〔一〕月令章句曰：「東郊去邑八里，因木數也。」

立夏之日，迎夏于南郊，祭赤帝祝融。〔一〕車旗服飾皆赤。歌朱明，八佾舞雲翹之舞。

〔一〕月令章句曰：「南郊七里，因火數也。」

先立秋十八日，迎黃靈于中兆，祭黃帝后土。〔一〕車旗服飾皆黃。歌朱明，八佾舞雲翹、育命之舞。〔二〕

〔一〕月令章句曰：「去邑五里，因土數也。」

〔二〕魏氏繆襲議曰：「漢有雲翹、育命之舞，不知所出。舊以祀天，今可兼以雲翹祀圜丘，兼以育命祀方澤。」

立秋之日，迎秋于西郊，祭白帝蓐收。〔一〕車旗服飾皆白。歌西皓，八佾舞育命之舞。使謁者以一特牲先祭先虞于壇，有事，天子入囿射牲，以祭宗廟，名曰貙劉。語在禮儀志。

〔一〕月令章句曰：「西郊九里，因金數也。」

立冬之日，迎冬于北郊，祭黑帝玄冥。〔一〕車旗服飾皆黑。歌玄冥，八佾舞育命之舞。〔二〕

〔一〕月令章句曰：「北郊六里，因水數也。」

〔二〕獻帝起居注曰：「建安八年，公卿迎氣北郊，始復用八佾。」皇覽曰：「迎禮春、夏、秋、冬之樂，又順天道，是故距冬至日四十六日，則天子迎春於東堂，距邦八里，堂高八尺，堂階〔三〕〔八〕等。青稅八乘，旗旄尚青，田車載矛，號曰助天生。唱之以角，舞之以羽翟，此迎春之樂也。自春分數四十六日，則天子迎夏於南堂，距邦七里，堂高七尺，堂階〔二〕〔七〕等。赤稅七乘，旗旄尙赤，田車載戟，號曰助天養。唱之以徵，舞之以鼓鞉，此迎夏之樂也。自夏至數四十六日，則天子迎秋於西堂，距邦九里，堂高九尺，堂階九等。白稅九乘，旗旄尙白，田車載兵，號曰助天收。唱之以商，舞之以干戚，此迎秋之樂也。自秋分數四十六日，則天子迎冬於北堂，距邦六里，堂高六尺，堂階六等。黑稅六乘，旗旄尙黑，田車載甲鐵鍪，號曰助天誅。唱之以羽，舞之以干戈，此迎冬之樂也。」

章帝即位，元和二年正月，詔曰：「山川百神，應祀者未盡。其議增修羣祀宜享祀者。」〔一〕

〔一〕東觀書，詔曰：「經稱『秩元祀，咸秩無文』。祭法『功施於民則祀之，以死勤事則祀之，以勞定國則祀之，能禦大災則祀之。〔以〕日月星辰，民所瞻仰也；山林川谷丘陵，民所取財用也。非此族也，不在祀典』。傳曰：『聖王先成民而致力於神。』又曰：『山川之神，則水旱癘疫之災，於是乎禜之。日月星辰之神，則雪霜風雨之不時，於是乎禜之。』孝文十二年令曰：『比年五穀不登，欲有以增諸神之祀。』王制曰：『山川神祇有不舉者，爲不敬。』今恐山川百神應典祀者尙未盡秩，其議增修羣祀宜享祀者，以祈豐年，以致嘉福，以蕃兆民。詩不云乎：『懷柔百神，及河喬嶽。』有年報功，不私幸望，豈嫌同辭，其義一焉。」

二月，上東巡狩，將至泰山，道使使者奉一太牢祠帝堯於濟陰成陽靈臺。上至泰山，修光武山南壇兆。辛未，柴祭天地羣神如故事。壬申，宗祀五帝於孝武所作汶上明堂，光武帝配，如雒陽明堂(祀)〔禮〕。癸酉，更告祀高祖、太宗、世宗、中宗、世祖、顯宗於明堂，各一太牢。卒事，遂覲東后，饗賜王侯羣臣。因行郡國，幸魯，祠東海恭王，及孔子、七十二弟子。〔一〕四月，還京都。庚申，告至，祠高廟、世祖，各一特牛。又爲靈臺十二門作詩，各以其月祀而奏之。和帝無所增改。

〔一〕漢晉春秋曰：「闕里者，仲尼之故宅也。在魯城中。帝升廟西面；羣臣中庭北面，皆再拜。帝進爵而後坐。」東觀書曰：「祠禮畢，命儒者論難。」

安帝即位，元初六年，以尚書歐陽家說，謂六宗者，在天地四方之中，爲上下四方之宗。以元始中故事，謂六宗易六子之氣日、月、雷公、風伯、山、澤者爲非是。三月庚辰，初更立六宗，祀於雒陽西北戌亥之地，禮比太社也。〔一〕

〔一〕月令：「孟冬祈于天宗。」盧植注曰：「天宗，六宗之神。」李氏家書曰：「司空李郃侍祠南郊，不見六宗祠，奏曰：『案尚書「肆類于上帝，禋于六宗」。六宗者，上不及天，下不及地，傍不及四方，在六合之中，助陰陽，化成萬物。漢初甘泉、汾陰天地亦禋六宗。孝成之時，匡衡奏立南北郊祀，復祠六宗。及王莽謂六宗，易六子也。建武都雒陽，制祀不道祭六宗，由是廢不血食。今宜復舊制度。』制曰：『下公卿議。』五官將行弘等三十一人議可祭，大鴻臚龐雄等二十四人議不(可)當祭。上從郃議，由是遂祭六宗。」六宗之義，自伏生及乎後代，各有不同，今並抄集以證其論云。虞書曰：「肆類于上帝，禋于六宗，望于山川。」伏生、馬融曰：「萬物非天不覆，非地不載，非春不生，非夏不長，非秋不收，非冬不藏。禋于六宗，此之謂也。」歐陽和伯、夏侯建曰：「六宗上不謂天，下不謂地，傍不謂四方，在六者之間，助陰陽變化者也。」孔安國曰：「精意以享謂之禋。宗，尊也。所尊祭其祀有六：埋少牢于太昭，祭時也；相近於坎壇，祭寒暑也；王宮，祭日也；夜明，祭月也；幽禜，祭星也；雩禜，祭水旱也。禋于六宗，此之謂也。」孔叢曰，宰我問六宗於夫子，夫子荅如安國之說。臣昭以此解若果是夫子所說，則後儒無復紛然。文秉案劉歆曰：「六宗謂水、火、雷、風、山、澤也。」賈逵曰：「六宗謂日宗、月宗、星宗、岱宗、海宗、河宗也。」鄭玄曰：「六宗，星、辰、司中、司命、風伯、雨師也。星，五緯也。辰謂日月所會十二次也。司中、司命，文昌第五、第四星也。風師，箕也。雨師，畢也。」晉武帝初，司馬紹統表駮之曰：「臣以爲帝在于類，則禋者非天。山川屬望，則海岱非宗。宗猶包山，則望何秩焉？伏與歆、逵失其義也。六合之間，非制典所及；六宗之數，非一位之名。陰陽之說，又非義也。并五緯以爲一，分文昌以爲二，箕、畢既屬於辰，風師、雨師復特爲位，玄之失也。安國案祭法爲宗，而除其天地於上，遺其四方於下，取其中以爲六宗。四時寒暑日月衆星并水旱，所宗者八，非但六也。傳曰：『山川之神，則水旱癘疫之災，於是乎禜之。日月星辰之神，則雪霜風雨之不時，於是乎禜之。』又曰：『龍見而雩。』如此，禜者，祀日月星辰山川之名；雩者，周人四月祭天求雨之稱也。雪霜之災，非夫禜之所禳；雩祭之禮，非正月之所祈。周人之後說有虞之典，故於學者未盡喻也。且類于上帝，卽禮天也。望于山川，禜所及也。案周禮云，昊天上帝，日月星辰，司中司命，風師雨師，社稷五祀五嶽，山林川澤，四方百物。又曰：『兆五帝於四郊，四類四望亦如之。』無六宗之兆。祭法之祭天，祭地，祭時，祭寒暑日月星，祭水旱，祭四方，及山林川谷丘陵能出雲爲風雨、見怪物，皆是。有天下者祭百神，非此族也，不在祀典，復無六宗之文。明六宗所禋，卽祭法之所及，周禮之所祀，卽虞書之所宗，不宜特復立六宗之祀也。春官大宗伯之職，掌玉作六器，以禮天地四方。以蒼璧禮天，以黃琮禮地，以青圭禮東方，以赤璋禮南方，以白琥禮西方，以玄璜禮北方。天宗，日月星辰寒暑之屬也；地宗，社稷五祀之屬也；四方之宗者，四時五帝之屬也。如此，則羣神咸秩而無廢，百禮徧脩而不瀆，於理爲通。」幽州秀才張髦又上疏曰：「禋於六宗，（禮）〔祀〕祖考所尊者六也。何以考之？周禮及禮記王制，天子將出，類于上帝，宜於社，造于禰。巡狩四方，覲諸侯，歸格於祖禰，用特。堯典亦曰：『肆類于上帝，禋于六宗，望于山川，徧於羣神，班瑞于羣后，肆覲東后。叶時月正日，同律度量衡。』巡狩一歲以周，爾乃『歸格于藝祖，用特』。臣以尚書與禮王制，同事一義，符契相合。禋于六宗，正謂祀祖考宗廟也。文祖之廟六宗，即三昭三穆也。若如十家之說，既各異義，上下違背，且沒乎祖之禮。考之禮，考之祀典，尊卑失序。若但類于上帝，不禋祖禰而行，去時不（吉）〔告〕，歸何以格？以此推之，較然可知也。禮記曰：『夫政必本於天，殽以降命。命降于社之謂殽地，降於祖廟之謂仁義，降於山川之謂興作，降於五祀之謂制度。』又曰：『祭帝於郊，所以定天位也；祀社於國，所以列地利也；祭祖於廟，所以本仁也；山川所以儐鬼神也；五祀所以本事也。』又曰：『禮行於郊，而百神受職焉；禮行於社，而百貨可極焉；禮行於祖廟，而孝慈服焉；禮行於五祀，而正法則焉。故自郊、社、祖廟、五祀，義之脩而禮之藏也。』凡此皆孔子所以祖述堯舜，紀三代之教，著在祀典。首尾相證，皆先天地，次祖宗，而後山川羣神耳。故禮祭法曰：『七代之所更變者，禘郊宗祖。』明舜受終文祖之廟，察琁璣，考七政，審已天命之定，遂上郊廟，當義合堯典，則周公其人也。郊祀后稷以配天，宗祀文王於明堂以配上帝，是以四海之內各以其職來祭者也。居其位，攝其事，郊天地，供羣神之禮，巡狩天下而遺其祖宗，恐非有虞之志也。五嶽視三公，四瀆視諸侯，皆以案先儒之說，而以水旱風雨先五嶽四瀆，後祖考而次上帝，錯於肆類而亂祀典，臣以十一家皆非也。」太學博士吳商，以爲「禋之言煙也。三祭皆積柴而實牲體焉，以升煙而報陽，非祭宗廟之名也。鄭所以不從諸儒之說者，將欲據周禮禋祀皆天神也。日、月、星、辰、司中、司命、風師、雨師凡八，而日、月幷從郊，故其餘爲六宗也。以書「禋于六宗」，與周禮事相符，故據以爲說也。且文昌雖有大體，而星名異，其日不同，故隨事祭之。而言文昌七星，不得偏祭其第四第五，此爲周禮。復不知文昌之體，而又妄引以爲司中、司命。箕、畢二星，既不係於辰，且同是隨事而祭之例，又無嫌於所係者」。范甯注虞書曰：「考觀衆議，各有說難。鄭氏證據最詳，是以附之。案六宗衆議，未知孰是。」虞喜別論云：「地有五色，太社象之。總五爲一則成六，六爲地數。推校經句，闕無地祭，則祭地。」臣昭曰：六宗紛紜，衆釋互起，竟無全通，亦難偏折。歷辨碩儒，終未挺正。康成見宗，是多附焉。盍各爾志，宣尼所許，顯其一說，亦何傷乎！竊以爲祭祀之敬，莫大天地，虞典首載，彌久彌盛，此宜學者各盡所求。臣昭謂虞喜以祭地，近得其實。而分彼五色，合五爲六，又不通禋，更成疑昧。尋虞書所稱「肆類于上帝」，是祭天。天不言天而曰上帝，帝是天神之極，舉帝則天神斯盡，日月星辰從可知也。「禋於六宗」，是實祭地。地不言地而曰六宗，〔六〕是地數之中，舉中是以該數，社稷等祀從可知也。天稱神上，地表數中，仰觀俯察，所以爲異。宗者，崇尊之稱，斯亦盡敬之謂也。禋也者，埋祭之言也，實瘞埋之異稱，非周煙之祭也。夫置字涉神，必以今之示，今之示卽古之神，所以社稷諸字，莫不以神爲體。虞書不同，祀名斯隔。周禮改煙，音形兩異。虞書改土，正元祭義。此焉非疑，以爲可了，豈六置宗更爲傍祭乎？風俗通曰：「周禮以爲槱燎，祀司（命）〔中〕、司命，文昌上六星也。槱者，積薪燔柴也。今民猶祠司命耳，刻木長尺二寸爲人像，行者署篋中，居者別作小居。齊地大尊重之，汝南諸郡亦多有者，皆祀以豬，率以春秋之月。」

延光三年，上東巡狩，至泰山，柴祭，及祠汶上明堂，如元和（三）〔二〕年故事。順帝卽位，修奉常祀。

桓帝即位十八年，好神僊事。延熹八年，初使中常侍之陳國苦縣祠老子。九年，親祠老子於濯龍。文罽爲壇，飾淳金釦器，設華蓋之坐，用郊天樂也。

校勘記

三一七八頁七行　天子得靈臺之〔禮〕　據漢學堂輯本禮含文嘉補。

三一七八頁九行　於(之)〔上〕班教曰明堂　據殿本改。按：文選注作「謂於其上班教令曰靈臺」。

三一七八頁一三行　其正中(焉)皆曰太廟　據盧校刪。

三一七八頁一三行　以〔明〕制度　據盧校補。

三一七八頁一四行　〔政〕教之所由生(事)　據殿本補刪。

三一七八頁一五行　(受作)〔變化〕之所(自)〔由〕來　據盧校改。

三一七八頁一六行　取其尊崇(矣)則曰太室　據殿本刪，與盧校合。

三一七八頁一六行　取其(堂)〔向明〕則曰明堂　據殿本改，與盧校合。

三一七九頁三行　所以(大)明〔大〕教也　據盧校乙。

三一七九頁三行　以周清廟論(曰)〔之〕　據殿本改。

三一七九頁六行　命魯公世(曰)〔世〕禘祀周公於太廟　據汲本、殿本改。

三一七九頁六行　所以異魯於天下〔也〕　據殿本補。按：禮明堂位「異」作「廣」。

三一七九頁七行　明(堂)魯之〔太〕廟猶周清廟也　據殿本改。按：殿本考證謂「明」下衍「堂」字，「之」下脫「太」字，俱依宋本改。

三一七九頁八行　天子旦入東學　按：汲本、殿本「天」作「太」。

三一七九頁一二行　見九侯門子　按：殿本作「見九侯反問於相」。

三一七九頁一二行　覲帝節猶　按：今本蔡邕集無「節」字，「猶」作「猷」。文選王融曲水詩序注引蔡邕月令論作「覲帝猷」。

三一七九頁一三行　(東)南(門)稱門西(門)〔北〕稱闈　據盧校改。

三一七九頁一五行　遂設三老〔五更之席〕位焉〔言教學始之於養老由東方歲始也又〕春夏學干戈　據殿本補。

三一八〇頁一行　禮記昭穆篇　按：盧校改「昭」爲「政」。

三一八〇頁四行　〔禮記盛德篇曰明堂九室以茅蓋屋上圓下方此水〕名曰辟雍　據殿本補。

三一八〇頁五行　(爲)〔薦〕俘馘于京太室　據殿本改。

三一八〇頁九行　事通〔文〕合之義也　據殿本補。

三一八〇頁一〇行　陰陽九六之變(且)〔也〕　據殿本改。

三一八〇頁一〇行　(六)九〔六〕之道也　據盧校乙。按：殿本考證謂「六九」何焯校本改「九六」。

三一八〇頁一二行　以四戶(九)〔八〕牖乘九室之數也　據盧校改。

三一八〇頁一三行　(亦)〔以〕應三統　據盧校改。

三一八二頁六行　張(璫)〔璠〕記云　據殿本改。

三一八二頁四行　南郊七里　汲本、殿本「南郊」作「去邑」。按：下「祭黃帝后土」注云「去邑五里」，汲本、殿本「去邑」作「南郊」。

三一八二頁五行　車旗服飾皆黃歌朱明　盧校從禮儀志改「朱明」爲「帝臨」。按：黃山謂武帝樂歌本別有帝臨一篇，祀中央黃帝。王莽始作五郊迎氣之祭，中兆迎氣祭黃帝，不歌帝臨而歌朱明，蓋別有用意，明帝不察，妄仍之耳。說詳集解。

三一八二頁九行　歌西皓　集解引錢大昕說，謂明帝紀注引此文云歌白藏，以上下文青陽、朱明、玄冥例之，則作「白藏」爲是。按：黃山謂青陽、朱明、西顥、玄冥本武帝所造郊祀樂歌，全載前書禮樂志。王莽援爾雅「秋爲白藏」之文，改稱西顥爲白藏，後漢仍之，此特依班志用其原名耳。說詳集解。

三一八二頁一六行　堂階（三）〔八〕等　據盧校改。按：集解引惠棟說，謂尚書大傳作「八等」。

三一八三頁二行　堂階（二）〔七〕等　據盧校改。按：集解引惠棟說，謂尚書大傳作「七等」。

三一八三頁二行　赤稅七乘　按：「七」原譌「十」，逕據汲本、殿本改正。

三一八三頁六行　元和二年正月　按：集解引錢大昕說，謂章帝紀作「二月」。

三一八三頁九行　〔以〕日月星辰民所瞻仰也　據汲本、殿本補。

三一八三頁一〇行　於是乎禜之　按：「禜」原譌「榮」，逕改正，下同。

三一八四頁一行　如雒陽明堂（祀）〔禮〕　據盧校改。按：通典、通志並作「禮」。

三一八四頁一四行　議不（可）當祭　據盧校刪。

三一八六頁三行　禋於六宗（禮）〔祀〕祖考所尊者六也　據殿本改。按：張森楷校勘記謂下文亦云「祀祖考」，則「禮」字非也，當改。又按：「禋」原譌「禮」，逕改正。

三一八六頁五行　巡狩一歲以周　按：「一」原譌「萬」，逕改正。

三一八六頁八行　去時不（吉）〔告〕　據汲本、殿本改。

三一八七頁六行　推校經句　按：汲本、殿本「校」作「案」。

三一八七頁六行　衆釋互起　按：「互」原譌「玄」，逕改正。

三一八七頁六行　亦難偏折　按：殿本「偏」作「徧」。

三一八七頁一〇行　〔六〕是地數之中　據盧校補。

三一八七頁一〇行　舉中是以該數　按：殿本「是」作「足」。

三一八七頁一二行　非周煙之祭也　汲本「煙」作「禋」。

三一八七頁一四行　司〔命〕〔中〕司命　據汲本、殿本改。

三一八七頁一四行　行者署篋中　按：殿本「署」作「置」。

三一八七頁一六行　如元和〔三〕〔二〕年故事　「三」當作「二」，各本皆未正，今從盧校改。

後漢書志第九

祭祀下

宗廟　社稷　靈星　先農　迎春

光武帝建武二年正月，立高廟于雒陽。〔一〕四時祫祀，高帝爲太祖，文帝爲太宗，武帝爲世宗，如舊。餘帝四時春以正月，夏以四月，秋以七月，冬以十月及臘，一歲五祀。三年正月，立親廟雒陽，祀父南頓君以上至舂陵節侯。時寇賊未夷，方務征伐，祀儀未設。至十九年，盜賊討除，戎事差息，於是五官中郎將張純與太僕朱浮奏議：「禮，爲人子事大宗，降其私親。禮之設施，不授之與自得之異意。當除今親廟四。孝宣皇帝以孫後祖，爲父立廟於奉明，曰皇考廟，獨羣臣侍祠。願下有司議先帝四廟當代親廟者及皇考廟事。」下公卿、博士、議郎。大司徒涉等議：「宜奉所代，立平帝、哀帝、成帝、元帝廟，代今親廟。兄弟以下，使有司祠。宜爲南頓君立皇考廟，祭上至舂陵節侯，羣臣奉祠。」時議有異，不著。上可涉等議，詔曰：「以宗廟處所未定，且祫祭高廟。其成、哀、平且祠祭長安故高廟。其南陽舂陵歲時各且因故園廟祭祀。〔二〕園廟去太守治所遠者，在所令長行太守事侍祠。〔三〕惟孝宣帝有功德，其上尊號曰中宗。」於是雒陽高廟四時加祭孝宣、孝元，凡五帝。其西廟成、哀、平三帝主，四時祭於故高廟。東廟京兆尹侍祠，冠衣車服如太常祠陵廟之禮。南頓君以上至節侯，皆就園廟。南頓君稱皇考廟，鉅鹿都尉稱皇祖考廟，鬱林太守稱皇曾祖考廟，節侯稱皇高祖考廟，在所郡縣侍祠。

〔一〕漢舊儀曰：「故孝武廟。」古今注曰：「於雒陽校官立之。」

〔二〕古今注曰：「建武十八年七月，使中郎將耿遵治皇祖廟舊廬稻田。」

〔三〕如淳曰：「宗廟在章陵，南陽太守稱使者往祭。不使侯王祭者，諸侯不得祖天子，凡臨祭宗廟，皆爲侍祠。」

二十六年，有詔問張純，禘祫之禮不施行幾年。純奏：「禮，三年一祫，五年一禘。毁廟之主，陳於太祖；未毁廟之主，皆升合食太祖；五年再殷祭。舊制，三年一祫，毁廟主合食高廟，存廟主未嘗合。元始五年，始行禘禮。父爲昭，南嚮；子爲穆，北嚮。父子不並坐，而孫從王父。〔一〕禘之爲言諦。諦諟昭穆，尊卑之義。以夏四月陽氣在上，陰氣在下，故正尊卑之義。祫以冬十月，五穀成熟，故骨肉合飲食。祖宗廟未定，且合祭。今宜以時定。」語在純傳。上難復立廟，遂以合祭高廟爲常。後以三年冬祫五年夏禘之時，但就陳祭毁廟主而已，謂之殷。太祖東面，惠、文、武、元帝爲昭，景、宣帝爲穆。惠、景、昭三帝非殷祭時不祭。〔二〕光武皇帝崩，明帝卽位，以光武帝撥亂中興，更爲起廟，尊號曰世祖廟。〔三〕以元帝於光武爲穆，故雖非宗，不毁也。後遂爲常。

〔二〕決疑要注曰：「凡昭穆，父南面，故曰昭。昭，明也。子北面，故曰穆。穆，順也。始祖特於北，其後以次夾始祖而南，昭在西，穆在東，相對。」

〔三〕漢舊儀曰：「宗廟三年大祫祭，子孫諸帝以昭穆坐於高廟，諸隳廟神皆合食，設左右坐。高祖南面，幄繡帳，望堂上西北隅。帳中坐長一丈，廣六尺，繡絪厚一尺，著之以絮四百斤。曲几，黃金釦器。高后右坐，亦幄帳，却六寸。白銀釦器。每牢中分之，左辨上帝，右辨上后。俎餘委肉積於前數千斤，名曰（惟）〔堆〕俎。子爲昭，孫爲穆。昭西面，曲屏風，穆東面，皆曲几，如高祖。饌陳其右，各配其左，坐如祖妣之法。太常導皇帝入北門。羣臣陪者，皆舉手班辟抑首伏。大鴻臚、大行令、九儐傳曰：『起。』復位。（而）皇帝上堂盥，侍中以巾奉觶酒從。帝進拜謁。贊饗曰：『嗣曾孫皇帝敬再拜。』前上酒。却行，至昭穆之坐次上酒。子爲昭，孫爲穆，各父子相對也。畢，却西面坐，坐如乘輿坐。贊饗奉高祖賜壽，皇帝起再拜，卽席以太牢之左辨賜皇帝，如祠。其夜半入行禮，平明上九巵，畢，羣臣皆拜，因賜胙。皇帝出，卽更衣（中）〔巾〕，詔罷，當從者奉承。」丁孚漢儀有桓帝祠恭懷皇后祝文曰：「孝曾孫皇帝志，使有司臣太常撫，夙興夜處，小心畏忌，不墮其身，一不寧。敢用絜牲一元大武，柔毛剛鬣，商祭明視，薌萁嘉薦，普淖鹹鹺，豐本明粢，醪用薦酎，事于恭懷皇后。尚饗。」嘏辭賜皇帝福：「恭懷皇后命工祝承致多福無疆于爾孝曾孫皇帝，使爾受祿于天，宜稼于田，眉壽萬年。介爾景福，俾守爾民，勿替引之。」太常再拜，太牢左辨以致皇帝。

〔三〕蔡邕表志曰：「孝明立世祖廟，以明再受命祖有功之義，後嗣遵儉，不復改立，皆藏主其中。聖明所制，一王之法也。自執事之吏，下至學士，莫能知其所以兩廟之意，誠宜具錄本事。建武乙未、元和丙寅詔書，下宗廟儀及齋令，宜入郊祀志，永爲典式。」東觀書曰：「永平三年八月丁卯，公卿奏議世祖廟登歌八佾舞（功）名。東平王蒼議，以爲『漢制舊典，宗廟各奏其樂，不皆相襲，以明功德。秦爲無道，殘賊百姓，高皇帝受命誅暴，元元各得其所，萬國咸熙，作武德之舞。孝文皇帝躬行節儉，除誹謗，去肉刑，澤施四海，孝景皇帝制昭德之舞。孝武皇帝功德茂盛，威震海外，開地置郡，傳之無窮，孝宣皇帝制盛德之舞。光武皇帝受命中興，撥亂反正，武暢方外，震服百蠻，戎狄奉貢，宇內治平，登封告成，修建三雍，肅穆典祀，功德巍巍，比隆前代。以兵平亂，武功盛大。歌所以詠德，舞所以象功，世祖廟樂名宜曰大武之舞。元命包曰：「緣天地之所雜樂爲之文典。」文王之時，民樂其興師征伐，而詩人稱其武功。（樞）〔琁〕機鈐曰：「有帝漢出，德洽作樂。」各與虞韶、禹夏、湯護、周武無異，不宜以名舞。叶圖徵曰：「大樂必易。」詩傳曰：「頌言成也，一章成篇，宜列德，故登歌清廟一章也。」漢書曰：「百官頌所登御者，一章十四句。」依書文始、五行、武德、昭眞修之舞，節損益前後之宜，六十四節爲舞，曲副八佾之數。十月烝祭始御，用其文始、五行之舞如故。（勿）進武德舞歌詩曰：『於穆世廟，肅雍顯清，俊乂翼翼，秉文之成。越序上帝，駿奔來寧，建立三雍，封禪泰山，章明圖讖，放唐之文。休矣惟德，罔射協同，本支百世，永保厥功』。詔書曰：『驃騎將軍議可。』進武德之舞如故。」

明帝臨終遺詔，遵儉無起寢廟，藏主於世祖廟更衣。孝章卽位，不敢違，以更衣有小別，上尊號曰顯宗廟，閒祠於更衣，四時合祭於世祖廟。語在章紀。〔一〕章帝臨崩，遺詔無起寢廟，廟如先帝故事。和帝即位不敢違，上尊號曰肅宗。後帝承尊，皆藏主于世祖廟，積多無別，是後顯宗但爲陵寢之號。永元中，和帝追尊其母梁貴人曰恭懷皇后，陵〔曰西陵〕。以竇后配食章帝，恭懷后別就陵寢祭之。和帝崩，上尊號曰穆宗。殤帝生三百餘日而崩，鄧太后攝政，以尚嬰（孫）〔孩〕，故不列于廟，就陵寢祭之而已。安帝以清河孝王子即位，建光元年，追尊其祖母宋貴人曰敬隱后，陵曰敬北陵。亦就陵寢祭，太常領如西陵。追尊父清河孝王曰孝德皇，母曰孝德后，清河嗣王奉祭而已。安帝以讒害大臣，廢太子，及崩，無上宗之奏。後以自建武以來無毀者，故遂常祭，因以其陵號稱恭宗。順帝即位，追尊其母曰恭愍后，陵曰恭北陵。就陵寢祭，如敬北陵。順帝崩，上尊號曰敬宗。〔二〕沖質帝皆小崩，梁太后攝政，以殤帝故事，就陵寢祭。凡祠廟訖，三公分祭之。桓帝以河閒孝王孫蠡吾侯即位，亦追尊祖考，王國奉祀。語在章和八王傳。帝崩，上尊號曰威宗，無嗣。靈帝以河閒孝王曾孫解犢侯即位，亦追尊祖考。語在章和八王傳。靈帝時，京都四時所祭高廟五主，世祖廟七主，少帝三陵，追尊后三陵，凡牲用十八太牢，皆有副倅。故高廟三主親毀之後，亦但殷祭之歲奉祠。〔三〕靈帝崩，獻帝即位。初平中，相國董卓、左中郎將蔡邕等以和帝以下，功德無殊，而有過差，不應爲宗，及餘非宗者追尊三后，皆奏毀之。〔四〕四時所祭，高廟一祖二宗，及近帝四，凡七帝。

〔一〕東觀書曰：「章帝初即位，賜東平憲王蒼書曰：『朕夙夜伏思，念先帝躬履九德，對於八政勞謙克己終始之度，比放三宗誠有其美。今迫遺詔，誠不起寢廟，臣子悲結，僉以爲雖於更衣，猶宜有所宗之號，以克配功德。宗廟至重，朕幼無知，寤寐憂懼。先帝每有著述典義之事，未嘗不延問王，以定厥中。願王悉明處，乃敢安之。公卿議駮，今皆并送。及有可以持危扶顛，宜勿隱。思有所承，公無困哉。』太尉憙等奏：『禮，祖有功，宗有德。孝明皇帝功德茂盛，宜上尊號曰顯宗，四時祫食於世祖廟，如孝文皇帝在高廟之禮，奏武德、文始、五行之舞。』蒼上言：『昔者孝文廟樂曰昭德之舞，孝武廟樂曰盛德之舞，今皆祫食於高廟，昭德、盛德之舞不進，與高廟同樂。今孝明皇帝主在世祖廟，當同樂，盛德之樂無所施；如自立廟當作舞樂者，不當與世（祖）〔宗〕廟盛德之舞同名，即不改作舞樂，當進武德之舞。臣愚戇鄙陋，廟堂之論，誠非所當闚所宜言。陛下體純德之妙，奮至謙之意，猥歸美於載列之臣，故不敢隱蔽愚情，披露腹心。誠知愚鄙之言，不可以仰四門賓于之議。伏惟陛下以至德當成康之隆，天下乂安刑措之時也。百姓盛歌元首之德，股肱貞良，庶事寧康。臣欽仰聖化，嘉羨盛德，危顛之備，非所宜稱。』上復報曰：『有司奏上尊號曰顯宗，藏主更衣，不敢違詔。祫食世祖，廟樂皆如王議。以正月十八日始祠。仰見榱桷，俯視几筵，眇眇小子，哀懼戰慄，無所奉承。愛而勞之，所望於王也。』」謝沈書曰：「上以公卿所奏明德皇后在世祖廟坐位駮議示蒼，上言：『文、武、宣、元祖祫食高廟，皆以配，先帝所制，典法設張。大雅曰：「昭哉來御，慎其祖武。」又曰：「不愆不忘，帥由舊章。」明德皇后宜配孝明皇帝於世祖廟，同席而供饌。』」

〔二〕東觀書曰：「有司奏言：『孝順皇帝弘秉聖哲，龍興統業，稽乾則古，欽奉鴻烈。寬裕晏晏，宜恩以極，躬自菲薄，以崇玄默。遺詔貽約，顧念萬國。衣無製新，玩好不飾。塋陵損狹，不起寢廟，遵履前制，敬勑慎終，有始有卒。孝經曰：「愛敬盡於事親，而德教加於百姓。」詩云：「敬慎威儀，惟民之則。」臣請上尊號曰敬宗廟。天子世世獻奉，藏主祫祭，進武德之舞，如祖宗故事。』露布奏可。」

〔三〕決疑要注曰：「毁廟主藏廟外戶之外，西牖之中。有石函，名曰宗祏。函中有笥，以盛主。親盡則廟毁，毁廟之主藏于始祖之廟。一世爲祧，祧猶四時祭之。二世爲壇，三世爲墠，四世爲鬼，祫乃祭之，有禱亦祭之。祫於始祖之廟，禱則迎主出，陳於壇墠而祭之，事訖還藏故室。迎送皆蹕，禮也。」

〔四〕袁山松書載邕議曰：「漢承亡秦滅學之後，宗廟之制，不用周禮。每帝即〔位〕世，輒立一廟，不止於七，不列昭穆，不定迭毁。〔孝〕元皇帝時，丞相匡衡、御史大夫貢禹始建大議，請依典禮。孝文、孝武、孝宣皆以功德茂盛，爲宗不毁。孝宣尊崇孝武，〔歷〕〔廟〕稱世宗。中正大臣夏侯勝等猶執異議，不應爲宗。至孝成皇帝，議猶不定。太僕王舜、中壘校尉劉歆據不可毁，上從其議。古人據正重順，不敢私其君〔父〕，若此其至也。後遭王莽之亂，光武皇帝受命中興，廟稱世祖。孝明皇帝聖德聰明，政參文、宣，廟稱顯宗。孝章皇帝至孝烝烝，仁恩博大，廟稱肅宗。〔皆〕〔比〕方前世，得禮之宜。自此以下，政事多釁，權移臣下，嗣帝殷勤，各欲褒崇至親而已。臣下懦弱，莫能執夏侯之直。今聖朝尊古復禮，以求厥中，誠合〔禮議〕〔事宜〕。元帝世在第八，光武世在第九，故以元帝爲考廟，尊而奉之。孝明遵述，亦不敢毁。孝和以下，穆宗、〔恭宗、敬宗〕、威宗之號皆〔宜〕省去。五年而再殷，合食于太祖，以遵先典。」議遂施行。

古不墓祭，漢諸陵皆有園寢，承秦所爲也。說者以爲古宗廟前制廟，後制寢，以象人之居前有朝，後有寢也。月令有「先薦寢廟」，詩稱「寢廟弈弈」，言相通也。廟以藏主，以四時祭。寢有衣冠几杖象生之具，以薦新物。秦始出寢，起於墓側，漢因而弗改，故陵上稱寢殿，起居衣服象生人之具，古寢之意也。建武以來，關西諸陵以轉久遠，但四時特牲祠；帝每幸長安謁諸陵，乃太牢祠。自雒陽諸陵至靈帝，皆以晦望二十四氣伏臘及四時祠。廟日上飯，太官送用物，園令、食監典省，其親陵所宮人隨鼓漏理被枕，具盥水，陳嚴具。〔一〕

〔一〕蔡邕表志曰：「宗廟迭毀議奏，國家〔大〕體，班固錄漢書，乃置韋賢傳末。臣以問胡廣，廣以爲實宜在郊祀志，去中鬼神仙道之語，取賢傳宗廟事實其中，既合孝明旨，又使祀事以類相從。」臣昭曰：國史明乎得失者也。至如孝武皇帝淫祀妄祭，舉天下而從焉，疲耗蒼生，費散國畜，後王深戒，來世宜懲，志之所取，於焉斯允。不先宗廟，誠如廣論；悉去仙道，未或易罔也。

建武二年，立太社稷于雒陽，在宗廟之右，〔一〕方壇，〔二〕無屋，有牆門而已。〔三〕二月八月及臘，一歲三祠，皆太牢具，使有司祠。〔四〕孝經援神契曰：「社者，土地之主也。稷者，五穀之長也。」〔五〕禮記及國語皆謂共工氏之子曰句龍，爲后土官，能平九土，故祀以爲社。烈山氏之子曰柱，能植百穀疏，自夏以上祀以爲稷，至殷以柱久遠，而堯時棄爲后稷，亦植百穀，故廢柱，祀棄爲稷。〔六〕大司農鄭玄說，古者官有大功，則配食其神。故句龍配食於社，棄配食於稷。〔七〕郡縣置社稷，太守、令、長侍祠，牲用羊豕。唯州所治有社無稷，以其使官。古者師行平有載社主，不載稷也。〔八〕國家亦有五祀之祭，有司掌之，其禮簡於社稷

云。〔九〕

〔一〕馬融周禮注曰：「社稷在右，宗廟在左。或曰，王者五社，太社在中門之外，惟松；東社八里，惟柏；西社九里，惟栗；南社七里，惟梓；北社六里，惟槐。」禮郊特牲曰：「社，祭土而主陰氣也。」王肅注曰：「五行之主也，能吐生百穀者也。」馬昭曰：「列爲五官，直一行之名耳，自不專主陰氣。陰氣地可以爲之主，曰五行之主也；若社則爲五行之主，何復言社稷五祀乎？土自列於五祀，社亦自復有祀，不得同也。」昭又曰：「土地同也，焉得有二。書曰『禹敷土』。又曰『句龍能平九土』。九土，九州之土。地官是五行土官之名耳。」

〔二〕白虎通曰：「春秋文義，天子社廣五丈，諸侯半之。其色東方青，南方赤，西方白，北方黑，上冒以黃土。故將封東方諸侯，取靑土，苴以白茅，各取其面以爲封社，明土謹敬絜淨也。祭社有樂乎？禮記曰：『樂之施於金石，越於聲音，用於宗廟社稷。』」獨斷曰：「天子太社，封諸侯者取其土，苞以白茅授之，以立社其國，故謂之受茅土。漢興，唯皇子封爲王者得茅土，其他功臣以戶數租入爲節，不受茅土，不立社也。」

〔三〕禮記曰：「天子太社，必受霜露風雨，以達天地之氣也。」盧植曰：「謂無屋。」

〔四〕禮記曰：「地載萬物，天垂象。取財於地，取法於天，是以尊天而親地，故敎民美報焉。家主中霤而國主社，示本也。」盧植曰：「諸主祭以土地爲本也。中霤，其神后土，即句龍也。旣祀於社，又祀中霤。」古今注曰：「建武二十一年二月乙酉，徙立社稷上東門內。」漢舊儀「使者監祠，南向立，不拜」也。

〔五〕月令章句曰：「稷秋夏乃熟，(熟)歷四時，備陰陽，穀之貴者。」

〔六〕案前志，立官社以夏(爲)〔禹〕配，王莽奏立官稷，后稷配也。

〔七〕白虎通曰：「王者所以有社稷何？爲天下求福報功。人非土不立，非穀不食。土地廣博，不可偏敬；五穀衆多，不可一一而祭。故封土立社，示有土也。稷，五穀之長，故立稷而祭之也。稷者，得陰陽中和之氣，而用又多，故稷爲長也。歲再祭之何？春求秋報也。祭社稷以三牲，重功也。天子社稷皆太牢，諸侯社稷皆少牢。王者諸侯所以俱兩社何？俱有土之君也。故禮三正記曰：『王者二社，爲天下立社曰太社，自爲立社曰王社。諸侯爲百姓立社曰國社，自爲立社曰侯社。太社爲天下報功，王社爲京師報功也。』孔鼂云：「周祀一社一稷，漢及魏初亦一社一稷，至景初中，既立帝社二社，二社到于今是祀，而後諸儒論之，其文衆矣。」

〔八〕自漢諸儒論句龍卽是社主，或云是配，其議甚衆。後荀彧問仲長統以社所祭者何神也？統荅所祭者土神也。侍中鄧義以爲不然而難之，彧令統荅焉。統荅(彧且以)義曰：「前見逮及，敢不敬對。退熟惟省，郊社之祭，國之大事，誠非學淺思薄者所宜興論重復，亦以鄧君難，事有先漸，議則旣行，可謂辭而不可得，因而不可已者也。屯有經綸之義，睽有同異之辭，歸乎建國立家，通志斷類也。意則欲廣其微以宗實，備其論以求眞，先難而後易，出異而歸同乎？難曰：社祭土，主陰氣，正所謂句龍土行之官，爲社則主陰明矣，不與記說有違錯也？荅曰：今記之言社，輒與郊連，體有本末，辭有上下，謂之不錯不可得。禮運曰：『政必本於天，殽以降命，命降于社之謂殽地，參於天地，並於鬼神。』又曰：『祭帝於郊，所以定天位也；祀社於國，所以列地利也。』郊特牲曰：『社所以神，地之道也。地載萬物，天垂象。取財於地，取法於天，是以尊天而親地。家主中霤，國主社，示本也。』相此之類，元尚不道配食者也。主以爲句龍，無乃失歟？難曰：信(而)〔如〕此，所言土尊，故以爲首，在於上宗伯之體，所當列上下之敍。上句當言天神、地祇、人鬼，何反先人而後地？上文如此，至下何以獨不可，而云社非句龍，當爲地哉？荅曰：此形成著體，數自上來之次言之耳，豈足(懷)〔據〕使從人鬼之例邪？三科之祭，各指其體。今獨摘出社稷，以爲但句龍有烈山氏之子，恐非其本意也。案記言社土，而云何得之爲句龍，則傳雖言祀句龍爲社，亦何嫌，反獨不可謂之配食乎？祭法曰：『周人禘嚳，郊稷，祖文王，宗武王。』皆以爲配食者，若復可須，謂之不祭天乎？備讀傳者則眞土，獨據記者則疑句龍，未若交錯參伍，致其義以相成之爲善也。難曰：再特于郊牛者，后稷配故也。『社于新邑，牛一羊一豕一』。所以用二牲者，立社位祀句龍，緣人事之也。如此，非祀地明矣。以宮室新成，故立社耳。又曰『軍行載社』者，當行賞罰，明不自專，故告祖而行賞，造社而行戮。二主明皆人鬼，人鬼故以告之。必若所云，當言載地主於齋車，又當言用命賞于天，不用命戮于地，非其謂也。所以有死社稷之義者，凡賜命受國，造建宮室，無不立社。是奉言所受立，不可棄捐苟免而去，當死之也。易句龍爲其社，傳有見文；今欲易神之相，令記附食，宜明其徵。祀國大事，不可不重。據經依傳，庶無咎悔。荅曰：郊特牲者，天至尊，無物以稱專誠，而社稷太牢者，土於天爲卑，緣人事以牢祭也。社禮今亡，并特之義未可得明也。昭告之文，皆於天地，（可）〔何〕獨人鬼？此言則未敢取者也。郊社之次，天地之序也。今使句龍載冒其名，耦文於天，以度言之，不可謂安矣。土者，人所依以（國）〔固〕而最近者也。故立以爲守祀，居則事之時，軍則告之以行戮，自順義也。何爲當於社，不言用命賞于天乎？帝王兩儀之參，宇中之莫尊者也。而盛一官之臣，以爲土之貴神，置之宗廟之上，接之郊禘之次，俾守之者有死無失，何聖人制法之參差，用禮之偏頗？其列在先王人臣之位，其於四官，爵侔班同，比之司徒，於數居二。縱復令王者不同，禮儀相變，或有尊之，則不過當。若五卿之與冢宰，此坐之上下，行之先後耳。不得同祖與社，言俱坐處尊位也。周禮爲禮之經，而禮記爲禮之傳，案經傳求索見文，在於此矣。鈞之兩者未知孰是。去本神而不祭，與貶句龍爲土配，比其輕重，何謂爲甚？經有條例，記有明義，先儒未能正，不可稱是。（鈞）〔鉤〕校典籍，論本考始，矯前易故，不從常說，不可謂非。孟軻曰：『予豈好辯哉，乃不得已也。』鄭司農之正，此之謂也。」

〔九〕五祀：門、戶、井、竈、中霤也。韋昭曰：「古者穴居，故名室中爲中霤也。」

漢興八年，有言周興而邑立后稷之祀，於是高帝令天下立靈星祠。〔一〕言祠后稷而謂之靈星者，以后稷又配食星也。舊說，星謂天田星也。一曰，龍左角爲天田官，主穀。〔二〕祀用壬辰位祠之。壬爲水，辰爲龍，就其類也。牲用太牢，縣邑令長侍祠。〔三〕舞者用童男十六人。〔四〕舞者象教田，初爲芟除，次耕種、芸耨、驅爵及穫刈、舂簸之形，象其功也。〔五〕

〔一〕三輔故事：「長安城東十里有靈星祠。」

〔二〕張晏曰：「農祥晨見而祭也。」

〔三〕漢舊儀曰：「古時歲再祠靈星，（靈星）春秋（之太）（用少）牢禮也。」

〔四〕服虔、應劭曰：「十六人，即古之二羽也。」

〔五〕古今注曰：「元和三年，初爲郡國立（社）稷，及祠（社）靈星禮（器）也。」

縣邑常以乙未日祠先農於乙地，以丙戌日祠風伯於戌地，以己丑日祠雨師於丑地，用羊豕。

立春之日，皆青幡幘，迎春于東郭外。令一童男冒青巾，衣青衣，先在東郭外野中。迎春至者，自野中出，則迎者拜之而還，弗祭。三時不迎。

論曰：臧文仲祀爰居，而孔子以爲不知。漢書郊祀志著自秦以來迄于王莽，典祀或有未修，而爰居之類衆焉。世祖中興，蠲除非常，修復舊祀，方之前事邈殊矣。嘗聞儒言，三皇無文，結繩以治，自五帝始有書契。至於三王，俗化彫文，詐僞漸興，始有印璽以檢姦萌，然猶未有金玉銀銅之器也。〔一〕自上皇以來，封泰山者，至周七十二代。封者，謂封土爲壇，柴祭告天，代興成功也。禮記所謂「因名山升中于天」者也。易姓則改封者，著一代之始，明不相襲也。繼世之王巡狩，則修封以祭而已。自秦始皇、孝武帝封泰山，本由好僊信方士之言，造爲石檢印封之事也。所聞如此。雖誠天道難可度知，然其大較猶有本要。天道質誠，約而不費者也。故牲(有)〔用〕犢，器用陶匏，殆將無事於檢封之閒，而樂難攻之石也。〔二〕且唯封爲改代，故曰岱宗。夏康、周宣，由廢復興，不聞改封。世祖欲因孝武故封，實繼祖宗之道也。而梁松固爭，以爲必改。乃當夫既封之後，未有福，而松卒被誅死。雖罪由身，蓋亦誣神之咎也。且帝王所以能大顯于後者，實在其德加於民，不聞其在封矣。〔三〕言天地者莫大於易，易無六宗在中之象。若信爲天地四方所宗，是至大也。而比太社，又爲失所，難以爲誠矣！

〔一〕臣昭曰：禹會羣臣於塗山，執玉帛者萬國。故已贄不同，圓方異等。周禮天地四方，璧、琮、琥、璋各有其玉，而云未有其器，斯亦何哉？

〔二〕臣昭曰：玉貴五德，金存不朽。有告有文，何敗題刻。告厥成功，難可知者。

〔三〕臣昭曰：功成道懋，天下被化，德敷世治，所以登封。封由德興，興封所以成德。昭告師天，遞以相感。若此論可通，非乎七十二矣。

贊曰：天地禋郊，宗廟享祀，咸秩無文，山川具止。淫乃國紊，典惟皇紀。肇自盛敬，孰崖厥始？

校勘記

三一九三頁九行　下公卿博士議郎　按：盧文弨謂下當有「議」字。

三一九五頁七行　名曰（惟）〔堆〕俎　按：盧校「惟」改「帷」，孫星衍校漢舊儀作「堆」，今據孫校改。

三一九五頁八行　各配其左　按：殿本「左」作「祖」。

三一九五頁九行　復位（而）皇帝上堂盟　據盧校刪。

三一九五頁十三行　卽更衣（中）〔巾〕　據孫校漢舊儀改。

三一九六頁三行　公卿奏議世祖廟登歌八佾舞（功）名　據盧校刪。

三一九六頁八行　元命包曰緣天地之所雜樂爲之文典　按：盧文弨謂文有誤，案御覽五百六十六引云

「作樂者必反天下之始樂於己爲本」。

三一九六頁八行　文王之時　按：盧云「文」疑當作「武」。

三一九六頁九行　(樞)〔琁〕機鈐曰　按：錢大昕謂「樞」當作「琁」。盧文弨謂當作「旋」，李善注文選東都賦引作「璇」。今依錢說改。

三一九六頁一一行　依書文始五行武德昭眞修之舞　按：盧校删「昭眞修」三字，謂此三字疑衍。聚珍本東觀漢記作「依書文始五行武德昭德盛德修之舞」。

三一九六頁一三行　(勿)進武德舞歌詩曰　盧云「勿」字疑衍。今據删。

三一九六頁一四行　進武德之舞如故　按：盧云似有脱文，「故」下疑當有「事」字。

三一九七頁二行　陵〔曰西陵〕　集解引錢大昕說，謂當云「陵曰西陵」，史脱去三字。今據補。

三一九七頁四行　以倘嬰(孫)〔孩〕　據盧校改。按：袁紀作「孩」。

三一九八頁七行　不當與世(祖)〔宗〕廟盛德之舞同名　據盧校改。按：盧云「祖」字譌，世宗謂武帝也。

三一九八頁一〇行　百姓盛歌元首之德　汲本「百姓」作「陛下」。按：黃山謂書稱「帝庸作歌」，歌本自帝倡之，而羣臣和之。盛歌元首之德謂章帝之倡德於上，同符帝舜也。作「百姓」轉似未合。

三一九八頁一三行 昭哉來御愼其祖武　按：殿本考證杭世駿謂「昭茲來許，繩其祖武」，大雅文也。以「茲」爲「哉」，漢碑有之。以「許」爲「御」，以「繩」爲「愼」，非有避諱，不知何自。

三一九九頁五行 每帝卽〔位〕世輒立一廟　據盧校刪。按：王先謙謂袁紀無「位」字，是。

三一九九頁六行 〔孝〕元皇帝時　王先謙謂邕集有「孝」字，是。今據補。

三一九九頁六行 始建大議請依典禮　惠棟依邕集校正爲「始建斯議，罷黜典禮」。王先謙亦謂集作「始建斯議，罷黜典禮」。又謂袁紀「議」作「義」。按：海原閣本蔡中郎集不僅無此兩句，且自「孝元皇帝時」至「不應爲宗」一段文字亦與此注多異同。

三一九九頁七行 孝宣尊崇孝武〔歷〕〔廟〕稱世宗　據盧校改。

三一九九頁八行 據不可毀　王先謙謂袁紀作「據經傳義，謂不可毀」。今按：海原閣本蔡中郎集亦作「據經傳義，謂不可毀」。

三一九九頁八行 古人據正重順　王先謙謂邕集「順」作「愼」，袁紀作「古人考據愼重」。按：海原閣本蔡中郎集亦作「古人考據愼重」。

三一九九頁八行 不敢私其君〔父〕若此其至也　據盧校補。王先謙謂袁紀「君」下有「父」字，邕集「若」作「如」，「至」下有「者」字。按：海原閣本蔡中郎集亦作「不敢私其君父若此其至也」。

三一九九頁一〇行　(皆)〔比〕方前世　據盧校改。王先謙謂袁紀「皆」作「比」。按：海原閣本蔡中郎集作「比方前事」。

三一九九頁一〇行　莫能執夏侯之直　王先謙謂邕集作「莫能執正夏侯之義，故遂僭濫，無有防限」。按：海原閣本蔡中郎集作「莫能執夏侯之直，故遂衍溢，無有方限」。

三一九九頁一一行　尊古復禮　王先謙謂邕集作「遵復古禮」。

三一九九頁一一行　誠合(禮議)〔事宜〕　據盧校改。王先謙謂邕集「禮議」作「事宜」。

三一九九頁一三行　孝明遵述　王先謙謂袁紀「遵」作「尊」，邕集「遵述」作「因循」。今按：海原閣本蔡中郎集作「孝明遵制」。

三一九九頁一三行　穆宗(恭宗敬宗)威宗之號皆〔宜〕省去　據盧校補。按：海原閣本蔡中郎集作「穆宗、敬宗、恭宗之號皆宜省去」，脫威宗，恭宗、敬宗誤倒。又按：通典、通考並作「穆宗、威宗之號皆宜省去」。

三一九九頁一三行　合食于太祖　按：汲本、殿本「合」作「祫」。

三二〇〇頁二行　廟日上飯　按：校補謂「廟」疑「朝」之誤。

三二〇〇頁三行　陳嚴具　惠棟謂「嚴」漢官儀作「莊」。今按：東漢諱莊爲嚴。錢大昕謂裝古文本作莊，陳嚴具即陳裝具也。

三二〇〇頁四行　國家〔大〕體　據汲本、殿本補。

三二〇〇頁四行　乃置韋賢傳末　按：「乃」原譌「及」，逕改正。

三二〇〇頁四行　臣以問胡廣　按：「問」原譌「聞」，逕改正。

三二〇〇頁八行　立太社稷于雒陽　按：汲本、殿本「太」作「大」。

三二〇一頁四行　馬昭曰　殿本考證謂諸本皆作「馬昀」，何焯校本改「臣昭」。按：汲本亦作「馬昭」，何改「臣昭」，不知何據。

三二〇一頁七行　春秋文義　通典引作「春秋大義」。按：陳立白虎通疏證謂案漢志亦無春秋大義，未知出何書，盧文弨疑爲亦出尙書逸篇，御覽引作「佚禮」，或可從也。

三二〇一頁一五行　稷秋夏乃熟(熟)　據汲本、殿本刪。

三二〇一頁一六行　立官社以夏(爲)〔禹〕配　據汲本、殿本改。

三二〇二頁七行　統荅(或且以)義曰　據汲本、殿本刪。

三二〇二頁一四行　信(而)〔如〕此　據汲本、殿本改。

三二〇二頁一六行　豈足(懷)〔據〕使從人鬼之例邪　據汲本、殿本改。

三二〇三頁八行　(可)〔何〕獨人鬼　據汲本、殿本改。

三二〇三頁一〇行　人所依以(國)〔固〕而最近者也　據殿本、集解本改。

三〇三頁二行　接之郊禘之次　按：「郊禘」原倒，逕據汲本、殿本乙正。
三〇三頁一六行　(鈎)〔鉤〕校典籍　據汲本、殿本改。
三〇四頁八行　古時歲再祠靈星(靈星)春秋(之太)〔用少〕牢禮也　據盧校删改。
三〇四頁一〇行　初爲郡國立〔社〕稷及祠(社)靈星禮(器)也　據盧校改。
三〇五頁五行　然猶未有金玉銀銅之器也　按：汲本、殿本「猶」作「而」。
三〇五頁九行　故牲(有)〔用〕犢　據盧校改。
三〇六頁三行　何敗題刻　汲本、殿本「敗」作「敢」。按：疑「取」字之譌。

後漢書志第十

天文上

王莽三　光武十二

易曰："天垂象，聖人則之。庖犧氏之王天下，仰則觀象於天，俯則觀法於地。"觀象於天，謂日月星辰。觀法於地，謂水土州分。形成於下，象見于上。故曰天者北辰星，合元垂燿建帝形，運機授度張百精。三階九列，二十七大夫，八十一元士，斗、衡、太微、攝提之屬百二十官，二十八宿各布列，下應十二子。天地設位，星辰之象備矣。〔一〕

〔一〕星經曰："歲星主泰山，徐州、青州、兗州。熒惑主霍山，揚州、荊州、交州。鎭星主嵩高山，豫州。太白主華陰山，涼州、雍州、益州。辰星主恆山，冀州、幽州、并州。歲星主角、亢、氐、房、心、尾、箕。熒惑主輿鬼、柳、七星、張、翼、軫。鎭星主東井。太白主奎、婁、胃、昴、畢、觜、參。辰星主斗、牛、女、虛、危、室、壁。琁、璣者，謂北極星也。玉衡者，謂斗九星也。玉衡第一星主徐州，常以五子日候之，甲子爲東海，丙子爲琅邪，戊子爲彭城，庚子爲下邳，壬子爲廣陵，凡五郡。第二星主益州，常以五亥日候之，乙亥爲漢中，丁亥爲永昌，己亥爲巴郡、蜀郡、牂牁，辛亥爲廣漢，癸亥爲犍爲，凡七郡。第三星主冀州，常以五戌日候之，甲戌爲魏郡、勃海，丙戌爲安平，戊戌爲鉅鹿、河間，庚戌爲淸河、趙國，壬戌爲恒山，凡八郡。第四星主荆州，常以五卯日候之，乙卯爲南陽，己卯爲零陵，辛卯爲桂陽，癸卯爲長沙，丁卯爲武陵，凡五郡。第五星主兗州，常以五辰日候之，甲辰爲東郡、陳留，丙辰爲濟北，戊辰爲山陽、泰山，庚辰爲濟陰，壬辰爲東平、任城，凡八郡。第六星主揚州，常以五巳日候之，乙巳爲豫章，辛巳爲丹陽，己巳爲廬江，丁巳爲吳郡、會稽，癸巳爲九江，凡六郡。第七星爲豫州，常以五午日候之，甲午爲潁川，壬午爲梁國，丙午爲汝南，戊午爲沛國，庚午爲魯國，凡五郡。第八星主幽州，常以五寅日候之，甲寅爲玄菟，丙寅爲遼東、遼西、漁陽，庚寅爲上谷、代郡，壬寅爲廣陽，戊寅爲涿郡，凡八郡。第九星主幷州，常以五申日候之，甲申爲五原、鴈門，丙申爲朔方、雲中，戊申爲西河，庚申爲太原、定襄，壬申爲上黨，凡八郡。璇、璣、玉衡占色，春靑黃，夏赤黃，秋白黃，冬黑黃。此是常明；不如此者，所向國有兵殃起。凡有六十郡，九州所領，自有分而名焉。」

三皇邁化，協神醇朴，謂五星如連珠，日月若合璧。化由自然，民不犯慝。至於書契之興，五帝是作。軒轅始受河圖鬬苞授，規日月星辰之象，故星官之書自黃帝始。至高陽氏，使南正重司天，北正黎司地。唐、虞之時羲仲、和仲，〔一〕夏有昆吾，湯則巫咸，周之史佚、萇弘，宋之子韋，楚之唐蔑，魯之梓愼，鄭之裨竈，魏石申夫，〔二〕齊國甘公，皆掌天文之官。仰占俯視，以佐時政，步變擿微，通洞密至，採禍福之原，覩成敗之勢。秦燔詩書，以愚百姓，六經典籍，殘爲灰炭，星官之書，全而不毀。故秦史書始皇之時，彗孛大角，大角以亡，有大星與小星鬬于宮中，是其廢亡之徵。至漢興，景、武之際，司馬談，談子遷，以世黎氏之後，爲太史令，遷著史記，作天官書。成帝時，中壘校尉劉向，廣洪範災條作五紀皇極之論，以參往行之事。孝明帝使班固敍漢書，而馬續述天文志。〔三〕今紹漢書作天文志，起王莽居攝元年，迄孝獻帝建安二十五年，二百一十五載。言其時星辰之變，表象之應，以顯天戒，明王事焉。〔四〕

〔一〕尚書曰：「帝在琁璣玉衡，以齊七政。」孔安國曰：「在，察也。琁，美玉也。璣衡，王者正天文之器，可運轉者。七政，日月五星各異政。舜察天文，齊七政也。」

〔二〕或云石申父。

〔三〕謝沈書曰：「蔡邕撰建武已後，星驗著明，以續前志，譙周接繼其下者。」

〔四〕臣昭以張衡天文之妙，冠絕一代。所著靈憲、渾儀，略具辰燿之本，今寫載以備其理焉。靈憲曰：「昔在先王，將步天路，用(之)〔定〕靈軌，尋緒本元。先準之于渾體，是爲正儀立度，而皇極有逌建也，樞運有逌稽也。乃建乃稽，斯經天常。聖人無心，因茲以生心，故靈憲作興。曰：太素之前，幽清玄靜，寂漠冥默，不可爲象，厥中惟虛，厥外惟無。如是者永久焉，斯謂溟涬，蓋乃道之根也。道根既建，自無生有。太素始萌，萌而未兆，并氣同色，渾沌不分。故道志之言云：『有物渾成，先天地生。』其氣體固未可得而形，其遲速固未可得而紀也。如是者又永久焉，斯爲庬鴻，蓋乃道之幹也。道幹既育，有物成體。於是元氣剖判，剛柔始分，清濁異位。天成於外，地定於內。天體於陽，故圓以動；地體於陰，故平以靜。動以行施，靜以合化，堙鬱構精，時育庶類，斯謂太元，蓋乃道之實也。在天成象，在地成形。天有九位，地有九域；天有三辰，地有三形；有象可效，有形可度。情性萬殊，旁通感薄，自然相生，莫之能紀。於是人之精者作聖，實始紀綱而經緯之。八極之維，徑二億三萬二千三百里，南北則短減千里，東西則廣增千里。自地至天，半於八極，則地之深亦如之。通而度之，則是渾已。將覆其數，用重鉤股，懸天之景，薄地之義，皆移千里而差一寸得之。過此而往者，未之或知也。未之或知者，宇宙之謂也。宇之表無極，宙之端無窮。天有兩儀，以儛道中。其可覩，樞星是也，謂之北極。在南者不著，故聖人弗之名焉。其世之遂，九分而減二。陽道左迴，故天運左行。有驗於物，則人氣左羸，形左繚也。天以陽迴，地以陰淳。是故天致其動，稟氣舒光；地致其靜，承施候明。天以順動，不失其中，則四序順至，寒暑不減，致生有節，故品物用生。地以靈靜，作合承天，清化致養，四時而後育，故品物用成。凡至大莫如天，至厚莫若地。（地）至質者曰地而已。至多莫若水，水精為漢，漢用於天而無列焉，思次質也。地有山嶽，以宣其氣，精種為星。星也者，體生於地，精成於天，列居錯跱，各有逌屬。紫宮為皇極之居，太微為五帝之廷。明堂之房，大角有席，天市有坐。蒼龍連蜷於左，白虎猛據於右，朱雀奮翼於前，靈龜圈首於後，黃神軒轅於中。六擾既畜，而狼蚖魚鼈罔有不具。在野象物，在朝象官，在人象事，於是備矣。懸象著明，莫大乎日月。其徑當天周七百三十六分之一，地廣二百四十二分之一。日者，陽精之宗。積而成鳥，象烏而有三趾。陽之類，其數奇。月者，陰精之宗。積而成獸，象兔。陰之類，其數耦。其後有馮焉者。羿請無死之藥於西王母，姮娥竊之以奔月。將往，枚筮之於有黃，有黃占之曰：『吉。翩翩歸妹，獨將西行，逢天晦芒，毋驚毋恐，後其大昌。』姮娥遂託身于月，是為蟾蠩。夫日譬猶火，月譬猶水，火則外光，水則含景。故月光生於日之所照，魄生於日之所蔽，當日則光盈，就日則光盡也。衆星被燿，因水轉光。當日之衝，光常不合者，蔽於（他）〔地〕也。是謂闇虛。在星星微，月過則食。日之薄地，其明也。繇暗視明，明無所屈，是以望之若火。方於中天，天地同明。繇明瞻暗，暗還自奪，故望之若水。火當夜而揚光，在晝則不明也。月之於夜，與日同而差微。星則不然，強弱之差也。衆星列布，其以神著，有五列焉，是爲三十五名。一居中央，謂之北斗。動變挺占，寔司王命。四布於方，爲二十八宿。日月運行，歷示吉凶，五緯經次，用告禍福，則天心於是見矣。中外之官，常明者百有二十四，可名者三百二十，爲星二千五百，而海人之占未存焉。微星之數，蓋萬一千五百二十。庶物蠢蠢，咸得繫命。不然，何以總而理諸！夫三光同形，有似珠玉，神守精存，麗其職而宣其明；及其衰，神歇精斁，於是乎有隕星。然則奔星之所墜，至〔地〕則石〔矣〕。文曜麗乎天，其動者七，日、月、五星是也。周旋右回。天道者，貴順也。近天則遲，遠天則速，行則屈，屈則留回，留回則逆，逆則遲，迫於天也。行遲者覿于東，覿于東屬陽，行速者覿于西，覿于西屬陰，日與月此配合也。攝提、熒惑、地候見晨，附于日也。太白、辰星見昏，附于月也。二陰三陽，參天兩地，故男女取焉。方星巡鎮，必因常度，苟或盈縮，不逾於次。故有列司作使，曰老子四星，周伯、王逢、芮各一，錯乎五緯之閒，其見無期，其行無度，寔妖經星之所，然後吉凶宣周，其祥可盡。」蔡邕表志曰：「言天體者有三家：一曰周髀，二曰宣夜，三曰渾天。宣夜之學絕無師法。周髀數術具存，考驗天狀，多所違失，故史官不用。唯渾天者近得其情，今史官所用候臺銅儀，則其法也。立八尺圓體之度，而具天地之象，以正黃道，以察發斂，以行日月，以步五緯。精微深妙，萬世不易之道也。官有其器而無本書，前志亦闕而不論。臣求其舊文，連年不得。在東觀，以治律未竟，未及成書，案略求索。竊不自量，卒欲寢伏儀下，思惟精意，案度成數，扶以文義，潤以道術，著成篇章。罪惡無狀，投畀有北，灰滅雨絕，世路無由。宜博問羣臣，下及巖穴，知渾天之意者，使述其義，以裨天文志。撰建武以來星變彗孛占驗著明者續其後。」

王莽地皇三年十一月，有星孛于張，東南行五日不見。孛星者，惡氣所生，爲亂兵，〔一〕其所以孛德。孛德者，亂之象，不明之表。又參然孛焉，兵之類也，故名之曰孛。孛之爲言，猶有所傷害，有所妨蔽。或謂之彗星，所以除穢而布新也。〔二〕張爲周地。星孛于張，東南行即翼、軫之分。翼、軫爲楚，是周、楚地將有兵亂。後一年正月，光武起兵舂陵，會下江、新市賊張卬、王常及更始之兵亦至，俱攻破南陽，斬莽前隊大夫甄阜、屬正梁丘賜等，殺其士衆數萬人。更始爲天子，都雒陽，西入長安，敗死。光武興於河北，復都雒陽，居周地，除穢布新之象。

〔一〕星占曰：「其國內外用兵也。」

〔二〕宋均注鉤命決曰「彗，五彗也。蒼則王侯破，天子苦兵。赤則賊起，強國恣。黃則女害色，權奪於后妃。白則將軍逆，二年兵大作。黑則水精賊，江河決，賊處處起」也。韓揚占曰：「其象若竹彗、樹木條，長短無常。其長大見久，災深；短小見不久，災狹。」晏子春秋曰：「齊景公睹彗星，使伯常騫攘之。晏子曰：『不可。此天敎也。日月之氣，風雨不時，彗星之出，天爲民之亂見之。』」又一曰：「景公彗星出而泣，晏子問之。公曰：『寡人聞之，彗星出，其所向之國君當之。今彗星出而向吾國，我是以悲。』晏子曰：『君之行義（回應）〔回邪〕，無德於國。穿（開）〔陂〕池，則欲其深以廣也，爲臺榭則欲其高且大也。賦斂如撝奪，誅戮如仇讎。自是觀之，孛又將出。彗星之出，庸何（巨）〔懼〕乎？』」案：如晏子之言，孛之與彗，如似匪同。

四年六月，漢兵起南陽，至昆陽。莽使司徒王尋、司空王邑將諸郡兵，號曰百萬衆，已至者四十二萬人；能通兵法者六十三家，皆爲將帥，持其圖書器械。軍出關東，牽從羣象虎狼猛獸，放之道路，以示富強，用怖山東。至昆陽山，作營百餘，圍城數重，或爲衝車以撞城，爲雲車高十丈以瞰城中，弩矢雨集，城中負戶而汲。求降不聽，請出不得。二公之兵自以必克，不恤軍事，不協計慮。莽有覆敗之變見焉。晝有雲氣如壞山，墮軍上，軍人皆厭，所謂營頭之星也。占曰：「營頭之所墮，其下覆軍，流血三千里。」〔一〕是時光武將兵數千人赴救昆陽，奔擊二公兵，并力猋發，號呼聲動天地，虎豹驚怖敗振。會天大風，飛屋瓦，雨如注水。二公兵亂敗，自相賊，就死者數萬人。競赴滍水，死者委積，滍水爲之不流。殺司徒王尋。軍皆散走歸本郡。王邑還長安，莽敗，俱誅死。營頭之變，覆軍流血之應也。

〔一〕袁山松書曰：「怪星晝行，名曰營頭，行振大誅也。」

四年秋，太白在太微中，燭地如月光。太白爲兵，太微爲天廷。太白贏而北入太微，是大兵將入天子廷也。是時莽遣二公之兵至昆陽，已爲光武所破。莽又拜九人爲將軍，皆以虎爲號。九虎將軍至華陰，皆爲漢將鄧曄、李松所破。進攻京師，倉將軍韓臣至長門。十月戊申，漢兵自宣平城門入。二日己酉，城中少年朱弟、張魚等數千人起兵攻莽，燒作室〔門〕，斧敬法闥。商人杜吳殺莽漸臺之上，校尉公賓就斬莽首。大兵蹈藉宮廷之中。仍以更始入長安，赤眉賊立劉盆子爲天子，皆以大兵入宮廷，是其應也。

光武〔一〕建武九年七月乙丑，金犯軒轅大星。十一月乙丑，金又犯軒轅。〔二〕軒轅者，後宮之官，大星爲皇后，金犯之爲失勢。是時郭后已失勢見疏，後廢爲中山太后，陰貴人立爲皇后。

〔一〕古今注曰：「建武六年九月丙戌，月犯太微西蕃。十一月辛亥，月犯軒轅。七年九月庚子，土入鬼中。」漢史：「鎭星逆行輿鬼，女主貴親有憂。」巫咸曰：「有土功事。」是歲太白經太微。八年四月辛未，月犯房第二星，光芒不見。九年正月乙卯，金犯婁南星。甲子，月犯軒轅第二星，壬寅，犯心大星。七月戊辰，月並犯昴。黃帝星占：「土犯鬼，皇后有憂，失亡其勢。」河圖：「月犯房，天子有憂，四足之蟲多死。」漢史曰：「其國有憂，將軍死。」又案嚴光傳，光與帝臥，足加帝腹上，太史奏客星犯帝坐甚急。

〔二〕孟康曰：「犯，七寸以內光芒相及也。」韋昭曰：「自下往觸之曰犯。」

十年三月癸卯，流星如月，從太微出，入北斗魁第六星，色白。旁有小星射者十餘枚，滅則有聲如雷，食頃止。〔一〕流星爲貴使，星大者使大，星小者使小。太微天子廷，北斗魁主殺。星從太微出，抵北斗魁，是天子大使將出，有所伐殺。〔二〕十二月己亥，大流星如缶，出柳西南行入軫。且滅時，分爲十餘，如遺火狀。須臾有聲，隱隱如雷。柳爲周，軫爲秦、蜀。大流星出柳入軫者，是大使從周入蜀。是時光武帝使大司馬吳漢發南陽卒三萬人，乘船泝江而上，擊蜀白帝公孫述。〔三〕又命將軍馬武、劉尙、郭霸、岑彭、馮駿平武都、巴郡。十二年十月，漢進兵擊述從弟衞尉永，遂至廣都，殺述女壻史興。威虜將軍馮駿拔江州，斬述將田戎。吳漢又擊述大司馬謝豐，斬首五千餘級。臧宮破涪，殺述弟大司空恢。十一月丁丑，漢護軍將軍高午刺述洞胷，其夜死。明日，漢入屠蜀城，誅述大將公孫晃、延岑等，所殺數萬人，夷滅述妻宗族萬餘人以上。是大將出伐殺之應也。其小星射者，及如遺火分爲十餘，皆小將隨從之象。有聲如雷隱隱者，兵將怒之徵也。

〔一〕孟康曰：「流星，光跡相連也，絕跡而去爲飛也。」

〔二〕古今注曰：「正月壬戌，月犯心後星。閏月庚辰，火入輿鬼，過軫北。庚申，月在斗，赤如丹者也。」

〔三〕臣昭曰：述雖以白承黃，而此遂號爲白帝，於文繁長，書例未通。

十二年正月〔一〕己未，小星流百枚以上，或西北，或正北，或東北，二夜止。〔二〕六月戊戌晨，小流星百枚以上，四面行。小星者，庶民之類。流行者，移徙之象也。或西北，或東北，或四面行，皆小民流移之徵。是時西北討公孫述，北征盧芳。匈奴助芳侵邊，漢遣將軍馬武、騎都尉劉納、閻興軍下曲陽、臨平、呼沱，以備胡。匈奴入河東，中國未安，米穀荒貴，民或流散。後三年，吳漢、馬武又徙鴈門、代郡、上谷、關西縣吏民六萬餘口，置常〔山〕關、居庸關以東，以避胡寇。是小民流移之應。〔三〕

〔一〕古今注曰：「丁丑，月乘軒轅大星。」

〔二〕古今注曰：「二月辛亥，月入氐，暈珥圍角、亢、房。」

〔三〕古今注曰：「其年七月丁丑，月犯昴頭兩星。八月辛酉，水見東方翼分。九月甲午，火犯輿鬼。十月丁卯，大星流，有光，發東井西行，聲隆隆。十三年二月乙卯，火犯輿鬼西北。」黃帝占曰：「熒惑守輿鬼，大人憂。」一曰貴人當之。巫咸曰：「水見翼，多火災。」石氏曰：「爲旱。」郗萌占曰：「流星出東井，所之國大水。」

十五年正月丁未，彗星見昴，〔一〕稍西北行入營室，犯離宮，〔二〕三月乙未，至東壁滅，見四十九日。彗星爲兵入除穢，昴爲邊兵，彗星出之爲有兵至。十一月，定襄都尉陰承反，太守隨誅之。盧芳從匈奴入居高柳，至十六年十月降，上璽綬。一曰，昴星爲獄事。是時大司徒歐陽歙以事繫獄，踰歲死。營室，天子之常宮；離宮，妃后之所居。彗星入營室，犯離宮，是除宮室也。是時郭皇后已疏，至十七年十月，遂廢爲中山太后，立陰貴人爲皇后，除宮之象也。〔三〕

〔一〕炎長三丈。韓揚占曰：「在昴，大國起兵也。」

〔二〕韓揚占曰：「彗出營室、東壁之閒，爲兵起也。」

〔三〕古今注曰：「十六年四月，土星逆行。十七年三月乙未，火逆行，從東門入太微，到執法星東，己酉，南出端門。十八年十二月壬戌，月犯木星。十九年閏月戊申，火逆，從氐到亢。二十一年七月辛酉，月入畢。二十三年三月癸未，月食火星。」郗萌曰：「熒惑逆行氐爲失火。」

三十年閏月甲午，水在東井二十度，生白氣，東南指，炎長五尺，爲彗，東北行，至紫宮西藩止，五月甲子不見，凡見三十一日。水常以夏至放於東井，閏月在四月，尚未當見而見，是贏而進也。東井爲水衡，水出之爲大水。是歲五月及明年，郡國大水，壞城郭，傷禾稼，殺人民。白氣爲喪，有炎作彗，彗所以除穢。紫宮，天子之宮，彗加其藩，除宮之象。〔一〕後三年，光武帝崩。

〔一〕荆州星經曰：「彗在東井，國大人死。七十日主當之，五十日相當之，三十日兵將當之。」

三十一年七月〔二〕戊午，火在輿鬼一度，入鬼中，出尸星南半度，十月己亥，犯軒轅大星。又七（日）〔星〕閒有客星，炎二尺所，西南行，至明年二月二十二日，在輿鬼東北六尺所滅，凡見百一十三日。〔三〕熒惑爲凶衰，輿鬼尸星主死亡，熒惑入之爲大喪。軒轅爲後宮。七星，周地。客星居之爲死喪。其後二年，光武崩。

〔二〕古今注曰：「戊申，月犯心後星。」

〔三〕輿鬼五星，天府也。黄帝占曰：「輿鬼，天目也，朱雀頭也，中央星如粉絮，鬼爲變害，故言。一名天尸，斧鉞，或以病亡，或以誅斬。火尅金，天以制法。其西南一星，主積布帛；西北一星，主積金玉；東北一星，主積馬；東南一星，主積兵，一曰主領珠錢。」郗萌曰：「輿鬼者，參之尸也，弧射狼，誤中參左肩，舉尸之東井治，留尸輿鬼，故曰天尸。鬼之爲言歸也。」又占：「月、五星有入輿鬼，大臣誅，有干（鉞）〔鉞〕乘質者，君貴人憂，金玉用，民人多疾，從南入爲男子，從北入爲女，從西入爲老人，從東入爲丁壯。棺木倍價。」

中元〔一〕二年八月丁巳，火犯太微西南角星，相去二寸。十月戊子，大流星從西南東北行，聲如雷。火犯太微西南角星，爲將相。後太尉趙憙、司徒李訢坐事免官。大流星爲使。中郎將竇固、揚虛侯馬武、揚鄉侯王賞將兵征西也。

〔一〕古今注曰：「元年三月甲寅，月犯心後星。」

校勘記

三二二三頁七行　下應十二子　按：校補謂「子」疑「野」之譌。

三二二四頁二行　軒轅始受河圖鬬苞授規日月星辰之象　按：集解引惠棟說，謂鬪苞受，河圖篇名，見李善注文選。「鬬」當作「鬪」，「授」當作「受」，「規」字屬下讀。羅泌以「鬬苞」爲黄帝臣名，非也。

三二二五頁一〇行　用（之）〔定〕靈軌　據汲本改。按：校補謂張衡傳注作「定」，「之」字誤。

三二二五頁一二行　厥中惟虛　按：汲本、殿本「虛」作「靈」。

三二二六頁三行　用重鉤股　按：嚴可均輯全後漢文「重」下有「差」字，此脱。

三二二六頁五行　地以陰淳　按：開元占經「淳」作「浮」，是。嚴輯全後漢文同。

三二二六頁六行　承施候明　嚴輯全後漢文作「承候施明」。按：上言「稟氣舒光」，承候與稟氣相對成文，似以作「承候施明」爲是。

三二一六頁六行　寒暑不滅　按：開元占經「滅」作「忒」，是。嚴輯全後漢文同。

三二一六頁七行　(地)至質者曰地而已　據開元占經及嚴輯全後漢文刪。

三二一六頁八行　漢用於天而無列焉　按：開元占經「用」作「周」，是。嚴輯全後漢文同。

三二一六頁一〇行　白虎猛據於右　按：「白」原譌「召」，逕據汲本、殿本改正。

三二一六頁一三行　姮娥竊之以奔月　按：「姮」原譌「恒」，逕改正。

三二一六頁一六行　蔽於(他)〔地〕也　據汲本改。

三二一六頁一七行　日之薄地其明也　按：隋書天文志、開元占經及嚴輯全後漢文「其」上並有「暗」字。

三二一六頁一七行　是以望之若火　按：隋書天文志及嚴輯全後漢文「火」並作「大」。

三二一六頁一七行　故望之若水　按：隋書天文志及嚴輯全後漢文「水」並作「小」。

三二一七頁三行　五緯經次　按：盧校謂晉志及史記正義「經次」皆作「躔次」。

三二一七頁五行　至〔地〕則石〔矣〕　據開元占經及嚴輯全後漢文補。

三二一七頁七行　逆則遲　按：「則」原譌「時」，逕據汲本、殿本改正。

三二一七頁七行　日與月此配合也　按：開元占經「此」作「以」，嚴輯全後漢文作「共」。

三二一七頁八行　地候見晨　按：「候」原譌「侯」，逕改正。

三二一七頁一五行　灰滅雨絕世路無由　按：殿本「雨」作「兩」。盧校謂宋志「世」作「勢」。

三二一八頁五行　張卬　「卬」原譌「卯」，逕改正。按：惠棟補注本出「張卬」二字，謂劉玄傳注引續漢書「卬」作「印」。張森楷校刊記謂案光武紀作「張卬」，袁紀、通鑑亦是「卬」字，疑卬字是。然劉玄傳注引續漢書「卬」作「印」，則范書自作「卬」，本志自作「印」也。

三二一八頁一一行　使伯常騫攘之　汲本「攘」作「禳」，殿本作「穰」。按：攘可通禳，穰則譌字也。

三二一八頁一三行　君之行義（固應）〔回邪〕　按：盧校云「固應」譌，據本書改「回邪」。今據改。

三二一八頁一三行　穿（開）〔陂〕池　據汲本、殿本改。

三二一八頁一四行　庸何（巨）〔懼〕乎　據汲本、殿本改。

三二一九頁二行　或爲衝車以撞城　按：「撞」原譌「橦」，逕改正。

三二一九頁一三行　燒作室〔門〕　校補謂案前書莽傳作「燒作室門」，此脫「門」字。今據補。

三二一九頁一四行　校尉公賓就斬莽首　按：校補引柳從辰說，謂袁紀及荀悅漢紀皆作「公孫賓就斬莽首」，與班、范、本志異。

三二二〇頁四行　建武六年九月丙戌　按：是年九月丁酉朔，無丙戌，當有譌。

三二二〇頁六行　壬寅犯心大星　按：盧校謂上有甲子，此當是「丙寅」。

三二二〇頁一〇行　十年三月癸卯　按：建武十年三月丁未朔，無癸卯，志文有譌。

三二〇頁一三行　出柳西南行入軫　按：「軫」當作「井」，詳下條。

三二〇頁一三行　軫爲秦蜀　按：集解引惠棟說，謂李殿學云，軫安得爲秦、蜀，蓋「井」字也，吳越音訛譌寫耳，觀上文西南行可見。

三二一頁二行　威虜將軍馮駿拔江州　按：殿本考證齊召南謂公孫述傳作「破虜將軍」，光武紀又作「威虜將軍馮峻」。

三二一頁四行　公孫晃　按：集解引惠棟說，謂「晃」一作「光」，述弟也。

三二一頁五行　夷滅述妻宗族萬餘人以上　按：「妻」下疑脫「子」字。

三二一頁八行　閏月庚辰火入輿鬼過軫北庚申月在斗　按：此注繫於建武十年三月之後，查建武十年無閏，十一年閏三月，辛未朔，有庚辰、庚寅而無庚申，注有譌。

三二一頁一〇行　十二年正月己未　按：建武十二年正月丙寅朔，無己未，志文有譌。

三二一頁一三行　是時西北討公孫述　按：集解引張永祚說，謂公孫述在西南，「北」字疑譌。

三二一頁一四行　置常〔山〕關居庸關以東　據盧校補。

三二二頁三行　九月甲午火犯輿鬼十月丁卯大星流　按：建武十二年九月壬戌朔，無甲午，十月壬辰朔，無丁卯，注有譌。

三二二頁一〇行　是除宮室也　按：「除」原譌「際」，逕改正。

三二二二頁一四行　十七年三月乙未　按：建武十七年三月丙申朔，乙未爲二月晦，注有譌。

三二二三頁六行　七十日主當之　按：殿本「主」作「王」。

三二二三頁八行　又七(日)〔星〕間有客星　據盧校改。按：盧云「日」譌，李殿學據下文改。

三二二三頁一三行　火尅金　按：「尅」原爲「刻」，逕據汲本、殿本改正。

三二二三頁一五行　有干(鉞)〔鉞〕乘質者　據汲本、殿本改。

三二二四頁一行　十月戊子　按：建武中元二年十月庚寅朔，無戊子，志有譌。

三二二四頁三行　將兵征西也　按：盧云通考「征西」作「西征」。

後漢書志第十一

天文中

明十二　章五　和三十三　殤一　安四十六　順二十三　質三

孝明永平元年四月丁酉，流星大如斗，起天市樓，西南行，光照地。流星爲外兵，西南行爲西南夷。是時益州發兵擊姑復蠻夷大牟替滅陵，斬首傳詣雒陽。〔一〕

〔一〕古今注曰：「閏九月辛未，火在太微左執法星所，光芒相及。十一月辛未，土逆行，乘東井北軒轅第二星。二年十二月戊辰，月食火星。」黃帝星經曰：「出入井，爲人主。一曰（陽）〔賜〕爵祿事。」

三年六月丁卯，彗星出天船北，長二尺所，稍北行至亢南，（百）〔見〕三十五日去。天船爲水，彗出之爲大水。是歲伊、雒水溢，到津城門，壞伊橋；郡七縣三十二皆大水。

四年八月辛酉，客星出梗河，西北指貫索，七十日去。梗河爲胡兵。至五年十一月，北匈奴七千騎入五原塞，十二月又入雲中，至原陽。貫索，貴人之牢。其十二月，陵鄉侯梁松坐怨望懸飛書誹謗朝廷下獄死，妻子家屬徙九眞。

七年正月戊子，流星大如杯，從織女西行，光照地。織女，天之眞女，流星出之，女主憂。其月癸卯，光烈皇后崩。〔一〕

〔一〕古今注曰：「三月庚戌，客星光氣二尺所，在太微左執法南端門外，凡見七十五日。」

八年六月壬午，長星出柳、張三十七度，犯軒轅，刺天船，陵太微，氣至上階，凡見五十六日去。柳，周地。是歲多雨水，郡十四傷稼。〔一〕

〔一〕古今注曰：「十二月戊子，客星出東方。」

九年正月戊申，客星出牽牛，長八尺，歷建星至房南，〔一〕滅見至五十日。〔二〕牽牛主吳、越，房、心爲宋。後廣陵王荆與沈涼，楚王英與顏忠各謀逆，事覺，皆自殺。廣陵屬吳，彭城古宋地。〔三〕

〔一〕古今注曰：「歷斗、建、箕、房，過角、亢至翼，芒東指。」

〔二〕郗萌占曰：「客星舍房，左右羣臣有呑藥死者。」又占「有奪地」。

〔三〕古今注曰：「十年七月甲寅，月犯歲星。十一年六月壬辰，火犯土星。」

十三年閏月丁亥，火犯輿鬼，爲大喪，質星爲大臣誅戮。〔一〕其十二月，楚王英與顏忠等造作妖〔書〕謀反，事覺，英自殺，忠等皆伏誅。〔二〕

〔一〕晉灼曰：「鬼五星，其中白者爲質。」

〔三〕古今注曰：「十一月，客星出軒轅四十八日。十二月戊午，月犯木星。」

十四年正月戊子，客星出昴，六十日，在軒轅右角稍滅。昴主邊兵。後一年，漢遣奉車都尉顯親侯竇固、駙馬都尉耿秉、騎都尉耿忠、開陽城門候秦彭、太僕祭肜，將兵擊匈奴。一曰，軒轅右角爲貴相，昴爲獄事，客星守之爲大獄。是時考楚事未訖，司徒虞延與楚王英黨與黃初、公孫弘等交通，皆自殺，或下獄伏誅。

十五年十一月乙丑，太白入月中，爲大將戮，人主亡，不出三年。後三年，孝明帝崩。

十六年正月丁丑，歲星犯房右驂，北第一星不見，辛巳乃見。〔一〕房右驂爲貴臣，歲星犯之爲見誅。是後司徒邢穆，坐與阜陵王延交通知逆謀自殺。四月癸未，太白犯畢。畢爲邊兵。後北匈奴寇〔邊〕，入雲中，至（咸）〔漁〕陽。使者高弘發三郡兵追討，無所得。太僕祭肜坐不進下獄。

〔一〕石氏星經曰：「歲星守房，良馬出廐。」古今注曰：「正月丁未，月犯房。」

十八年六月己未，彗星出張，長三尺，轉在郎將，南入太微，皆屬張。張，周地，爲東都。太微，天子廷。彗星犯之爲兵喪。其八月壬子，孝明帝崩。

孝章建初元年，正月丁巳，太白在昴西一尺。八月庚寅，彗星出天市，長二尺所，稍行入牽牛三度，積四十日稍滅。太白在昴爲邊兵，彗星出天市爲外軍，牽牛爲吳、越。是時蠻夷陳縱等及哀牢王類（牢）反，攻（蕉）〔嶲〕唐城。永昌太守王尋走奔楪榆，安夷長宋延爲羌所殺。以武威太守傅育領護羌校尉，馬防行車騎將軍，征西羌。又阜陵王延與子男魴謀反，大逆無道，得不誅，廢爲侯。

二（月）〔年〕九（日）〔月〕〔一〕甲寅，流星過紫宮中，長數丈，散爲三，滅。十二月戊寅，彗星出婁三度，長八九尺，稍入紫宮中，百六日稍滅。流星過，入紫宮，皆大人忌。後四年六月癸丑，明德皇后崩。〔二〕

〔一〕古今注曰：「甲申，金入斗魁。」

〔二〕古今注曰：「五年二月戊辰，木、火俱在參，五月戊寅，木、水在東井。六年七月丁酉，夜有流星起軒轅，大如拳，歷文昌，餘氣正白句曲，西如文昌，久久乃滅。」黄帝星經曰：「木守東井，有土功之事。一曰大水。」郗萌曰：「歲星守參，后當之。熒惑守，大人當之。」

元和（元）〔二〕年四月丁巳，客星晨出東方，在胃八度，長三尺，歷閣道入紫宮，留四十日滅。閣道、紫宮，天子之宮也。客星犯入留久爲大喪。後四年，孝章帝崩。

孝和永元元年正月辛卯，有流星起參，長四丈，〔一〕有光，色黄白。〔二〕二月，流星起天棓，東北行三丈所滅，色青白。壬申，夜有流星起太微東蕃，長三丈。三月〔三〕丙辰，流星起天津。〔四〕壬戌，有流星起天將軍，東北行。〔五〕參爲邊兵，天棓爲兵，太微天廷，天津爲水，天將軍爲兵，流星起之皆爲兵。其六月，漢遣車騎將軍竇憲、執金吾耿秉，與度遼將軍鄧鴻出朔方，並進兵臨私渠北鞮海，斬虜首萬餘級，獲生口牛馬羊百萬頭。日逐王等八十一部降，凡三十餘萬人。追單于至西海。是歲七月，又雨水漂人民，是其應。〔六〕

〔一〕古今注曰：「大如拳，起參東南。」

〔二〕古今注曰：「癸亥，鎭在參。又有流星大如桃，色赤，起太微東蕃。」石氏曰：「鎭守參，有土功事。」

〔三〕古今注曰：「戊子，土在參。」

〔四〕古今注曰：「星大如桃，起天津，東至斗，黃白頻有光。」

〔五〕古今注曰：「色黃，無光。」

〔六〕古今注曰：「十一月壬申，鎭星在東井。」石氏曰：「天下水，其大出，流殺人。」

二年正月乙卯，金、木俱在奎，丙寅，水又在奎。〔一〕奎主武庫兵，三星會又爲兵喪。辛未，水、金、木在婁，亦爲兵，又爲匿謀。〔二〕二月丁酉，有流星大如桃，起紫宮東蕃，西北行五丈稍滅。〔三〕四月丙辰，有流星大如瓜，起文昌東北，西南行至少微西滅。有頃音如雷聲，已而金在軒轅大星東北二尺所。〔四〕八月丁未，有流星如雞子，起太微西，東南行四丈所消。十月癸未，有流星大如桃，起天津，西行六丈所消。十一月辛酉，有流星大如拳，起紫宮，西行到胃消。

〔一〕巫咸曰：「辰守奎，多水火災，亦爲旱。」古今注曰：「土在東井。」

〔二〕郗萌曰：「辰守婁，有兵兵罷，〔無兵〕兵起。」巫咸、石氏云：「多火災。」古今注曰：「丙寅，水在奎，土在東井，金在婁，木、火在昴。」

〔三〕古今注曰：「三月甲子，火在亢南端門第一星南。乙亥，金在東井。」

〔四〕古今注曰：「丁丑，火在氐東南星東南。」

三年九月丁卯，有流星大如雞子，起紫宮，西南至北斗柄閒消。〔一〕紫宮天子宮，文昌、少微爲貴臣，天津爲水，北斗主殺。流星起，歷紫宮、文昌、少微、天津，文昌爲天子使，出有兵誅也。竇憲爲大將軍，憲弟篤、景等皆卿、校尉，憲女弟壻郭舉爲侍中、射聲校尉，與衞尉鄧疊母元俱出入宮中，謀爲不軌。至四年六月丙（寅）〔辰〕發覺，和帝幸北宮，詔執金吾、五校勒兵屯南、北宮，閉城門，捕舉。舉父長樂少府璜及疊，疊弟步兵校尉磊，母元，皆下獄誅。憲弟篤、景等皆自殺。金犯軒轅，女主失勢。竇氏被誅，太后失勢。

〔一〕星紫宮占曰：「有流星出紫宮，天子使也。色赤言兵，色白言（義）〔喪〕，色黃言吉，色青言憂，色黑言水。出皆以所之野命東、西、南、北。」

五年〔一〕四月癸巳，太白、熒惑、辰星俱在東井。〔二〕七月壬午，歲星犯軒轅大星。九月，金在南斗魁中。〔三〕火犯房北第一星。東井，秦地，爲法。三星合，內外有兵，又爲法令及水。金入斗口中，爲大將將死。火犯房北第一星，爲將相。其六年正月，司徒丁鴻薨。〔四〕七月水，大漂殺人民，傷五穀。許侯馬光有罪自殺。九月，行車騎將軍事鄧鴻、越騎校尉馮柱發左右羽林、北軍五校士及八郡跡射、烏桓、鮮卑，合四萬騎，與度遼將軍朱徵、護烏桓校尉任尚、中郎將杜崇征叛胡。十二月，車騎將軍鴻坐追虜失利，下獄死；度遼將軍徵、中郎將崇皆抵罪。

〔一〕古今注曰：「正月甲戌，月乘歲星。」

〔二〕巫咸曰：「太白守井，五穀不成。」黃帝經曰：「五星及客星守井，皆爲水。」石氏曰：「爲旱。」又曰：「太白入東井，留一日以上乃占，大臣當之，期三月，若一年，遠五年。」古今注曰：「木在輿鬼。」

〔三〕爲水。石氏曰：「爲旱。」

〔四〕古今注曰：「六年六月丁亥，金在東井。閏月己丑，流星大如桃，起參北，西至參肩南，稍有光。」

七年正月丁未，有流星起天津，入紫宮中滅。色青黃，有光。二月癸酉，金、火俱在參。〔一〕戊寅，金、火俱在東井。〔二〕八月甲寅，水、土、金俱在軫。〔三〕十一月甲戌，金、火俱在心。〔四〕十二月己卯，有流星起文昌，入紫宮消。丙辰，火、金、水俱在斗。流星入紫宮，金、火在心，皆爲大喪。三星合軫爲白衣之會，金、火俱在參、東井，皆爲外兵，有死將。三星俱在斗，有戮將，若有死相。八年四月樂成王黨，七月樂成王宗皆薨。將兵長史吳棽坐事徵下獄誅。〔五〕十月，北海王威自殺。十二月，陳王羨薨。其九年閏月，皇太后竇氏崩。遼東鮮卑〔反〕，太守祭參不追虜，徵下獄誅。九月，司徒劉方坐事免官，自殺。隴西羌反，遣執金吾劉尙行征西將軍事，越騎校尉節鄉侯趙世發北軍五校、黎陽、雍營及邊胡兵三萬騎，征西羌。

〔一〕巫咸占曰：「熒惑守參，多火災。」海中占曰：「爲旱。太白守參，國有反臣。」郗萌曰「有攻戰伐國」也。

〔二〕郗萌曰：「熒惑守井，百川皆滿。太白又從舍，蓋二十日流國。」又曰：「雜羅貴。又將相死。」

〔三〕春秋緯曰：「五星有入軫者，皆爲兵大起。」巫咸占曰：「五星入軫者，司其出日而數之，期二十日皆爲兵發。司始入處之率一日期，十日軍罷。」石氏星經曰：「辰星守軫，歲水。」郗萌曰：「鎭星出入留舍軫六十日不下，必有大喪。」春秋緯曰：「太白入軫，兵大起。」郗萌曰：「太白守軫，必有死王。」

〔四〕雒書曰：「太白守心，後九年大飢。」

〔五〕古今注曰：「八年九月辛丑，夜有流星，大如拳，起婁。」

十一年五月丙午，流星大如瓜，起氐，西南行，稍有光，白色。〔一〕占曰：「流星白，爲有使客，大爲大使，小亦小使。疾期疾，遲亦遲。大如瓜爲近小，行稍有光爲遲也。又正王日，邊方有受王命者也。」明年二月，蜀郡旄牛徼外夷白狼樓薄種王唐繒等率種人口十七萬歸義內屬，賜金印紫綬錢帛。

〔一〕古今注曰：「六月庚辰，月入畢中。」

十二年十一月癸酉，夜有蒼白氣，長三丈，起天園，東北指軍市，見積十日。占曰：「兵起，十日期歲。」明年十一月，遼東鮮卑二千餘騎寇右北平。

十三年〔一〕十一月乙丑，軒轅第四星閒有小客星，色青黃。軒轅爲後宮，星出之，爲失勢。其十四年六月辛卯，陰皇后廢。〔二〕

〔一〕古今注曰：「正月辛未，水乘輿鬼。十二月癸巳，犯軒轅大星。」

〔二〕古今注曰：「十四年正月乙卯，月犯軒轅，在太微中。二月十日丁酉，水入太微西門。十一月丁丑，有流星大如拳，起北斗魁中，北至閣道，稍有光，色赤黃，須臾西北有雷聲。」

十六年四月丁未，紫宮中生白氣如粉絮。戊午，客星出紫宮西行至昴，五月壬申滅。七月庚午，水在輿鬼中。〔一〕十月辛亥，流星起鉤陳，北行三丈，有光，色黃。白氣生紫宮中爲喪。客星從紫宮西行至昴爲趙。輿鬼爲死喪。鉤陳爲皇后，流星出之爲中使。後一年，元興元年十〔二〕月〔二日〕，和帝崩，殤帝卽位一年又崩，無嗣，鄧太后遣使者迎清河孝王子卽位，是爲孝安皇帝，是其應也。清河，趙地也。

〔一〕黃帝占曰：「辰星犯鬼，大臣誅，國有憂。」郗萌曰：「多蝗蟲。」

元興元年二月庚辰，有流星起角、亢五丈所。四月辛亥，有流星起斗，東北行到須女。七月己巳，有流星起天市五丈所，光色赤。閏月辛亥，水、金俱在氐。〔一〕流星起斗，東北行至須女。須女，燕地。天市爲外軍。水、金會爲兵誅。其年，遼東貊人反，鈔六縣，發上谷、漁陽、右北平、遼西烏桓討之。

〔一〕巫咸曰：「辰星守氐，多水災。」海中占曰：「天下大旱，所在不收。」荆州星占曰：「太白守氐，國君大哭。」

孝殤帝延平元年正月丁酉，金、火在婁。金、火合爲爍，爲大人憂。〔一〕是歲八月辛亥，孝殤帝崩。

〔一〕古今注曰：「七月甲申，月在南斗中。」

孝安永初元年五月戊寅，熒惑逆行守心前星。〔一〕八月戊申，客星在東井、弧星西南。心爲天子明堂，熒惑逆行守之，爲反臣。〔二〕客星在東井，爲大水。〔三〕是時，安帝未臨朝，鄧太后攝政，鄧騭爲車騎將軍，弟弘、悝、閶皆以校尉封侯，秉國勢。司空周章意不平，與王尊、叔元茂等謀，欲閉宮門，捕將軍兄弟，誅常侍鄭衆、蔡倫，劫刺尚書，廢皇太后，封皇帝爲遠國王。事覺，章自殺。東井、弧皆秦地。是時羌反，斷隴道，漢遣騭將左右羽林、北軍五校及諸郡兵征之。是歲郡國四十一縣三百一十五雨水。四瀆溢，傷秋稼，壞城郭，殺人民，是其應也。

〔一〕韓楊占曰：「多火災。一曰地震。」檢其年十八郡地震，明年漢陽火。

〔二〕雒書曰：「熒惑守心，逆臣起。」黄帝占曰：「逆行守心二十日，大臣亂。」

〔三〕荆州經曰：「客星干犯東井，則大臣誅。」

二年正月戊子，太白晝見。〔一〕

〔一〕古今注曰：「四月乙亥，月入南斗魁中。八月己亥，熒惑出入太微端門。」

三年正月庚戌，月犯心後星。〔一〕己亥，太白入斗中。〔二〕十二月，彗星起天菀南，東北指，長六七尺，色蒼白。太白晝見，爲強臣。〔三〕是時鄧氏方盛，月犯心後星，不利子。心爲宋。五月丁酉，沛王（牙）〔正〕薨。太白入斗中，爲貴相凶。〔四〕天菀爲外軍，彗星出其南爲外兵。是後使羌、氐討賊李貴，又使烏桓擊鮮卑，又使中郎將任尚、護羌校尉馬賢擊羌，皆降。

〔一〕河圖曰：「亂臣在旁。」

〔二〕古今注曰：「三月壬寅，熒惑入輿鬼中。五月丙寅，太白入畢中。」石氏經曰：「太白守畢，國多任刑也。」

〔三〕前志曰：「太白晝見，強國弱，小國強，女主昌。」

〔四〕臣昭案：楊厚對曰「以爲諸王子多在京師，容有非常，宜亟發遣還本國」，太后從之，星尋滅不見。以斯而言，太白入之，災在貴相。

四年〔一〕六月甲子，客星大如李，蒼白，芒氣長二尺，西南指上階星。癸酉，太白入輿鬼。指上階，爲三公。後太尉（張禹、司空）張敏（皆）免官。太白入輿鬼，爲將凶。後中郎

將任尚坐贓千萬，檻車徵，棄市。〔二〕

〔一〕古今注曰：「二月丙寅，月犯軒轅大星。」

〔二〕韓揚占曰：「太白入輿鬼，亂臣在內。」臣昭以占爲明〔掌〕，豈任尚所能感也。

五年六月辛丑，太白晝見，經天。〔一〕元初元年三月癸酉，熒惑入輿鬼。二年九月辛酉，熒惑入輿鬼中。三年三月，熒惑入輿鬼中。五月丙寅，太白入畢口。〔二〕七月甲寅，歲星入輿鬼。閏月己未，太白犯太微左執法。十一月甲午，客星見西方，己亥在虛、危，南至胃、昴。〔三〕四年正月丙戌，歲星留輿鬼中。〔四〕乙未，太白晝見丙上。四月壬戌，太白入輿鬼中。〔五〕己巳，辰星入輿鬼中。〔六〕五月己卯，辰星犯歲星。六月丙申，熒惑入輿鬼中，戊戌，犯輿鬼大星。九月辛巳，太白入南斗口中。〔七〕五年三月丙申，鎮星犯東井鉞星。五月庚午，辰星犯輿鬼質星。丙戌，太白犯鉞星。六年四月癸丑，太白入輿鬼。〔八〕六月丙戌，熒惑在輿鬼中。〔九〕丁卯，鎮星在輿鬼中。〔一〇〕辛巳，太白犯左執法。自永初五年到永寧，十年之中，太白一晝見經天，再入輿鬼，一守畢，再犯左執法，入南斗，犯鉞星。熒惑五入輿鬼。鎮星一犯東井鉞星，一入輿鬼。歲星、辰星再入輿鬼。凡五星入輿鬼中，皆爲死喪。熒惑、太白甚犯鉞、質星爲誅戮。斗爲貴將。執法爲近臣。客星在虛、危爲喪，爲哭泣。〔一一〕昴、畢爲邊兵，又爲獄事。至建光元年三月癸巳，鄧太后崩；五月庚辰，太后兄車騎將軍騭等七侯皆免官，自殺，是其應也。

〔一〕春秋漢含孳曰：「陽弱，辰逆，太白經天。」注云：「陽弱，君柔不堪。」鉤命決曰：「天失仁，太白經天。」

〔二〕黃帝占曰：「火攻，近期十五日，遠期四十日。」又曰：「大臣當之，亂國易主。」

〔三〕郗萌曰：「客星入虛，大人當之。」又曰：「客星守危，强臣執國命，在后族。又且大風，有危敗。」黃帝星經曰：「客星入守若出危，大飢，民食貴。」

〔四〕石氏經曰：「歲星入留輿鬼五十日不下，民有大喪；百日不下，民半死。」黃帝經曰：「守鬼十日，金錢散諸侯。」郗萌曰：「五穀多傷，民以飢死者無數。」

〔五〕石氏占：「太白入鬼，一曰病在女主，一曰將戮死。」

〔六〕郗萌曰：「以罪誅大臣。一曰后疾。一曰大人憂。」

〔七〕黃帝經曰：「大人當之，國易政。」

〔八〕郗萌曰：「太白守輿鬼，疾在女主。」

〔九〕黃帝經曰：「熒惑犯守鬼，國有大喪，有女喪，大將有死者。」荆州星占曰：「熒惑犯鬼，忠臣戮死，不出一年中。」

〔一〇〕黃帝經曰：「鎮入鬼中，大臣誅。」海中、石氏曰：「大人憂。」

〔一一〕星占曰：「不一年，遠期二年。」

延光〔一〕二年八月己亥，熒惑出太微端門。三年二月辛未，太白犯昴。〔二〕五月癸丑，太白入畢。〔三〕九月壬寅，鎮星犯左執法。四年，太白入輿鬼中。〔四〕六月壬辰，太白出太微。九月甲子，太白入斗口中。十一月，客星見天市。熒惑出太微，爲亂臣。太白犯昴、畢，爲(近)〔邊〕兵；一曰大人當之。鎮星犯左執法，有誅臣。太白入輿鬼中，爲大喪。太白出太微，爲中宮有兵；入斗口，爲貴將相有誅者。客星見天市中，爲貴喪。是時大將軍耿寶、中常侍江京、樊豐、小黃門劉安與阿母王聖、聖子女永等并構譖太子保，并惡太子乳母男、廚監邴吉。三年九月丁酉，廢太子爲濟陰王，以北鄉侯懿代。殺男、吉，徙其父母妻子日南。四年三月丁卯，安帝巡狩，從南陽還，道寢疾，至葉崩，閻后與兄衞尉顯、中常侍江京等共隱匿，不令羣臣知上崩，遣司徒劉熹等分詣郊廟，告天請命，載入北宮。庚午夕發喪，尊閻氏爲太后。北鄉侯懿病薨，京等又不欲立保，白太后，更徵諸王子擇所立。中黃門孫程、王國、王康等十九人，共合謀誅顯、京等，立保爲天子，是爲孝順皇帝。皆姦人強臣狂亂王室，其於死亡誅戮，兵起宮中，是其應。〔五〕

〔一〕古今注曰：「元年四月丙午，太白晝見。」

〔二〕石氏星占：「太白守昴，兵從門闕入，主人走。」郗萌曰：「不有亡國，必有謀主。」又云：「入昴，大赦。」

〔三〕郗萌曰：「太白入畢口，馬馳人走。」又曰：「有中喪。」

〔四〕古今注曰：「四月甲辰入。」

〔五〕古今注曰：「永建元年二月甲午，客星入太微。五月甲子，月入斗。」李氏家書曰：「時天有變氣，李郃上書諫曰：

『臣聞天不言，縣象以示吉凶，挺災變異以爲譴誡。昔齊桓公遭虹貫牛、斗之變，納管仲之謀，令齊去婦，無近妃宮。桓公聽用，齊以大安。趙有尹史，見月生齒，齕畢大星，占有兵變。趙君曰：「天下共一畢，知爲何國也？」下史於獄。其後公子牙謀弒君，血書端門，如史所言。乃月十三日，有客星氣象彗孛，歷天市、梗河、招搖、槍、棓，十六日入紫宮，迫北辰，十七日復過文昌、泰陵，至天船、積水閒，稍微不見。客星一占曰：「魯星歷天市者爲穀貴，梗河三星備非常，泰陵八星爲凶喪，紫宮、北辰爲至尊。」如占，恐宮廬之內有兵喪之變，千里之外有非常暴逆之憂。魯星不得過歷尊宿，行度從疾，應非一端，恐復有如王阿母母子賤妾之欲居帝旁耗亂政事者。誠令有之，宜當抑遠，饒足以財。王者權柄及爵祿，人天所重愼，誠非阿妄所宜干豫，天故挺變，明以示人。如不承愼，禍至變成，悔之靡及也。』」

孝順永建二年二月癸未，太白晝見三十九日。〔一〕閏月乙酉，太白晝見東南維四十一日。八月乙巳，熒惑入輿鬼。太白晝見，爲強臣。熒惑爲凶。輿鬼爲死喪。質星爲誅戮。是時中常侍高梵、張防、將作大匠翟酺、尚書令高堂芝、僕射張敦、尚書尹就、郎姜述、楊鳳等，及兗州刺史鮑就、使匈奴中郎〔將〕張國、金城太守張篤、敦煌太守張朗，相與交通，漏泄，就、述棄市，梵、防、酺、芝、敦、鳳、就、國皆抵罪。又定遠侯班始尙陰城公主堅得，鬭爭殺堅得，坐要斬馬市，同產皆棄市。〔二〕

〔一〕古今注曰：「丁巳，月犯心，七月丁酉，犯昴。」

〔三〕古今注曰：「其年九月戊寅，有白氣，廣三尺，長十餘丈，從北落師門南至斗。三年二月癸未，月犯心後星。六月甲子，太白晝見。四年二月癸丑，月犯心後星。五年閏月庚子，太白晝見。六年，彗星出於斗、牽牛，滅於虛、危。虛、危爲齊，牽牛吳、越，故海賊浮於會稽，山賊捷於濟南。五年夏，熒惑守氐，諸侯有斬者，是冬班始胥斬馬市。」

六年四月，熒惑入太微中，犯左、右執法西北方六寸所。十月乙卯，太白晝見。十二月壬申，客星芒氣長二尺餘，西南指，色蒼白，在牽牛六度。客星芒氣白爲兵。牽牛爲吳、越。後一年，會稽海賊曾於等千餘人燒句章，殺長吏，又殺鄞、鄮長，取官兵，拘殺吏民，攻東部都尉；揚州六郡逆賊章何等稱將軍，犯四十九縣，大攻略吏民。

陽嘉元年閏月戊子，〔一〕客星氣白，廣二尺，長五丈，起天苑西南。主馬牛，爲外軍，色白爲兵。是時，敦煌太守徐白使疏勒王盤等兵二萬人入于窴界，虜掠斬首三百餘級。烏桓校尉耿曄使烏桓親漢都尉戎末瘣等出塞，鈔鮮卑，斬首，獲生口財物；鮮卑怨恨，鈔遼東、代郡，殺傷吏民。是後，西戎、北狄爲寇害，以馬牛起兵，馬牛亦死傷於兵中，至十餘年乃息。〔二〕

〔一〕臣昭案：郎顗表云「十七日己丑」。

〔二〕臣昭案：郎顗傳，陽嘉元年，太白與歲星合於房、心。二年，熒惑失度，盈縮往來，涉歷輿鬼，環繞軒轅。古今注曰：「二年四月壬寅，太白晝見，五月癸巳，又晝見，十一月辛未，又晝見。十二月壬寅，月犯太白。三年十二月辛未，太白晝見。四月乙卯，太白、熒惑入輿鬼。永和元年正月丁卯，太白犯牽牛大星。」

永和二年五月戊申，太白晝見。八月庚子，熒惑犯南斗。斗爲吳。〔一〕明年五月，吳郡太守行丞事羊珍與越兵弟葉、吏民吳銅等二百餘人起兵反，殺吏民，燒官亭民舍，攻太守府。太守王衡距守，吏兵格殺珍等。又〔九〕江賊蔡伯流等數百人攻廣陵、九江，燒城郭，殺〔江〕都長。

〔一〕黃帝經曰：「不朞年，國有亂，有憂。」海中占：「爲多火災。一曰旱。」古今注曰：「九月壬午，月入畢口中。」

三年二月辛巳，太白晝見，戊子，在熒惑西南，光芒相犯。辛丑，有流星大如斗，從西北東行，長八九尺，色赤黃，有聲隆隆如雷。三月壬子，太白晝見。六月丙午，太白晝見。八月〔二〕乙卯，太白晝見。閏月甲寅，辰星入輿鬼。己酉，熒惑入太微。乙卯，太白晝見。〔三〕太白者，將軍之官，又爲西州。晝見，陰盛，與君爭明。熒惑與太白相犯，爲兵喪。流星爲使，聲隆隆，怒之象也。辰星入輿鬼，爲大臣有死者。熒惑入太微，亂臣在廷中。是時，大將軍梁商父子秉勢，故太白常晝見也。其四年正月，祀南郊，夕牲，中常侍張逵、蘧政、〔陽〕〔楊〕定、內者令石光、尙方令傅福等與中常侍曹騰、孟賁爭權，白帝言騰、賁與商謀反，矯詔命收騰、賁，賁自解說，順帝寤，解騰、賁縛。逵等自知事不從，各奔走，或自刺，解貂蟬投草中逃亡，皆得免。其六年，征西將軍馬賢擊西羌於北地〔謝〕〔射〕姑山下，父子爲羌所沒殺，是其應也。

〔一〕古今注曰：「己酉，熒惑入太微。」

〔二〕古今注曰：「十二月丁卯，月犯軒轅大星。」

四年七月壬午，熒惑入南斗犯第三星。五年四月戊午，太白晝見。八月己酉，熒惑入太微。斗爲貴相，爲揚州，熒惑犯入之爲兵喪。其六年，大將軍商薨。九江、丹陽賊周生、馬勉等起兵攻沒郡縣。梁氏又專權於天廷中。

六年二月丁巳，彗星見東方，長六七尺，色青白，西南指營室及墳墓星。〔一〕丁丑，彗星在奎一度，長六尺，癸未昏見，〔二〕西北歷昴、畢，甲申，在東井，遂歷輿鬼、柳、七星、張，光炎及三台，至軒轅中滅。〔三〕營室者，天子常宮。墳墓主死。彗星起而在營室、墳墓，不出五年，天下有大喪。後四年，孝順帝崩。昴爲邊兵，又爲趙。羌周馬父子後遂爲寇。又劉文刦清河相射暠，欲立王蒜爲天子，暠不聽，殺暠，王閉門距文，官兵捕誅文，蒜以惡人所刦，廢爲尉氏侯，又徙爲犍陽都鄉侯，薨，國絕。歷東井、輿鬼爲秦，皆羌所攻鈔。炎及三台，爲三公。是時，太尉杜喬及故太尉李固爲梁冀所陷入，坐文書死。及至注、張爲周，滅於軒轅中爲後宮。其後懿獻后以憂死，梁氏被誅，是其應也。

〔一〕郗萌占曰：「彗星出而中營室，天下亂，易政，以五色占之吉凶。」

〔二〕河圖曰：「彗星出貫奎，庫兵悉出，禍在強侯、外夷，胡應逆首謀也。」

〔三〕古今注曰：「五月庚寅，太白晝見。十一月甲午，太白晝見。」

漢安〔一〕二年，正月己亥，太白晝見。五月丁亥，辰星犯輿鬼。〔二〕六月乙丑，熒惑光芒犯鎭星。七月甲申，太白晝見。辰星犯輿鬼爲大喪。熒惑犯鎭星爲大人忌。明年八月，孝順帝崩，孝沖〔三〕明年正月又崩。

〔一〕古今注曰：「元年二月壬午，歲星在太微中。八月癸丑，月犯南斗，入魁中。」

〔二〕古今注曰：「丙辰，月入斗中。」

〔三〕古今注曰：「建康元年九月己亥，太白晝見。」韓揚占曰：「天下有喪。一曰有白衣之會。」

孝質本初元年，〔一〕三月癸丑，熒惑入輿鬼，四月辛巳，太白入輿鬼，皆爲大喪。五月庚戌，太白犯熒惑，爲逆謀。閏月一日，孝質帝爲梁冀所鴆，崩。

〔一〕古今注曰：「〔三〕〔二〕月丁丑，月入南斗。」

校勘記

三三三九頁六行 閏九月辛未 按：此注繫永平元年下，查永平元年無閏，是年九月乙卯朔，有辛未，「閏」字當衍。

三二二九頁七行　(陽)〔賜〕爵祿事　盧校謂「陽」疑「賜」字之譌。按：今輯本開元占經作「賜」。今據改。

三二二九頁八行　(百)〔見〕三十五日去　按：校補引錢大昭說，謂本紀章懷注引伏侯古今注作「彗長三尺許，見三十五日乃去」。此「百」字疑當作「見」。今據改。

三二三〇頁一三行　其十二月楚王英與顏忠等造作妖〔書〕謀反　據盧校補。按：集解引洪亮吉說，謂「十二月」宜作「十一月」。

三二三一頁九行　後北匈奴寇〔邊〕入雲中至(咸)〔漁〕陽　據盧校補改。按：盧云「寇」下當有「邊」字。「咸」當作「漁」，何焯以南匈奴傳校改。

三二三二頁一行　是時蠻夷陳縱等及哀牢王類〔牢〕反　按：南蠻傳「陳縱」作「陳從」。又按：西南夷傳「類」下有「牢」字，今據補。

三二三二頁二行　攻(蕉)〔嶲〕唐城　殿本考證齊召南謂按文當作「嶲唐城」，嶲唐，永昌郡屬縣也。又集解引惠棟說，謂「焦」西南夷傳作「嶲」，當從傳。今據改。

三二三二頁二行　安夷長宋延　按：西南夷傳「宋延」作「宗延」。

三二三二頁五行　二(月)〔年〕九(日)〔月〕　殿本考證李良裘謂案書日例惟甲子，此乘言「九日」，訛也。上書「八月庚寅彗星出天市」，此不應更紀二月事。且上書「元年正月丁巳」，則二月九日安得爲甲寅乎？下云「十二月戊寅彗星出」，考章帝紀在建初二年，此「二月九日」

乃「二年九月」之譌也。又集解引洪亮吉說略同。今據改。

三二一頁八行　甲申金入斗魁　按：建初二年九月乙未朔，無甲申，注有譌。

三二一頁九行　五年二月戊辰　按：建初五年二月庚辰朔，無戊辰，注有譌。

三二二頁九行　五月戊寅　按：汲本、殿本「五月」作「三月」。

三二二頁三行　元和(元)〔二〕年四月丁巳　據盧校改。按：章帝崩於章和二年，下云「後四年章帝崩」，自元和二年至章和二年，相距恰四年也。

三二三頁二行　壬戌有流星起天將軍　按：永元元年三月丁亥朔，無壬戌，志文有譌。

三二三頁四行　並進兵臨私渠北鞮海　按：「北」當依范書竇憲傳作「比」。

三二三頁七行　癸亥鎮在參　按：注繫永元元年正月之後，查是年正月戊子朔，無癸亥，注有譌。

三二三頁一四行　四月丙辰　按：永元二年四月辛巳朔，無丙辰，志文有譌。

三二四頁四行　有兵兵罷〔無兵〕兵起　盧校謂「兵起」上脫「無兵」二字，通考有。今據補。

三二四頁七行　丁丑火在氐東南星東南　按：注繫於永元二年四月之後，查是年四月辛巳朔，無丁丑，注有譌。

三二四頁一〇行　憲女弟胥郭舉爲侍中射聲校尉　按：竇憲傳作「憲女壻」，通鑑同，此云「憲女弟壻」，未詳孰是。

三三四頁二行　至四年六月丙（寅）〔辰〕發覺　集解引洪亮吉說，謂案和帝紀云庚申幸北宮，詔收捕憲黨，則此志「丙寅」應作「丙辰」爲是。又案下五行志，丙辰地震，後五日詔收憲，丙辰至庚申正五日。今據改。

三三四頁一四行　色白言（義）〔喪〕　據汲本、殿本改。

三三五頁三行　七月水大漂殺人民傷五穀許侯馬光有罪自殺　按：校補謂案本書和紀，永元六年七月有旱無水，五行志亦不載是年七月水。又馬光自殺，紀屬二月，亦不在七月。

三三五頁四行　與度遼將軍朱徵　按：集解引錢大昕說，謂和帝紀、匈奴傳俱作「朱徽」。

三三五頁一三行　十一月甲戌　按：永元七年十一月戊寅朔，無甲戌，志文有譌。

三三五頁一四行　十二月己卯　按：永元七年十二月戊申朔，無己卯。下云丙辰，則「己卯」乃「乙卯」之譌。

三三六頁一行　樂成王宗　按：校補引錢大昭說，謂「宗」傳作「崇」。

三三六頁二行　遼東鮮卑〔反〕太守祭參不追虜徵下獄誅　集解引錢大昕說，謂參考鮮卑傳，當作「鮮卑寇肥如，遼東太守祭參不追虜，徵下獄誅」。按：校補謂此「卑」下脫「反」字耳。遼東鮮卑者，鮮卑之種別。本書鮮卑傳載參沮敗事，亦原作「遼東鮮卑」。上已言遼東，則「太守」上自不必更出「遼東」字，史例然也。今依校補補「反」字。

三二三六頁七行　司其出日而數之　按：校補謂司讀爲伺。又按：汲本「日」作「入」。

三二三六頁一四行　白狼樓薄種王　按：集解引惠棟說，謂「樓」和紀作「貗」。

三二三七頁六行　二月十日丁酉　按：「十日」二字當衍。既書丁酉，不當更書某日，且永元十四年二月壬申朔，丁酉爲二十六日，非十日也。

三二三七頁六行　十一月丁丑　按：永元十四年十一月戊戌朔，無丁丑，注有譌。

三二三七頁一一行　元興元年十（二）月（二日）和帝崩　據集解引錢大昕、洪亮吉說改。

三二三七頁一四行　元興元年二月庚辰　按：是月乙酉朔，無庚辰，志文有譌。

三二三七頁一五行　閏月辛亥　按：元興元年閏九月辛巳朔，無辛亥，志文有譌。

三二三八頁九行　與王尊叔元茂等謀　按：汲本「王尊」作「王遵」。

三二三八頁一〇行　刲刺尙書　按：「刺」疑「敕」之譌。

三二三九頁五行　四月乙亥　按：注繫永初二年下，查永初二年四月丙申朔，無乙亥，注有譌。

三二三九頁五行　八月己亥　按：是年八月甲子朔，無己亥，注有譌。

三二三九頁八行　沛王（牙）〔正〕薨　集解引惠棟說，謂「牙」當作「正」，傳寫誤也。今據改。按：沛王正，沛獻王輔之孫，諡節。

三二三九頁一一行　五月丙寅　按：注繫永初三年下，查永初三年五月庚寅朔，無丙寅，注有譌。

三三九頁二行　國多任刑也　按：汲本、殿本「任」作「淫」。

三三九頁一五行　四年六月甲子　按：汲本、殿本作「丙子」。

三三九頁一六行　後太尉〔張禹司空〕張敏〔皆〕免官　據盧校依御覽八七五補。

三四〇頁三行　臣昭以占爲明〔堂〕豈任尚所能感也　據盧校補。按：殿本有「堂」字，脫「豈」字。

三四〇頁八行　六月丙申至戊戌　按：元初四年六月癸卯朔，無丙申、戊戌，志文有譌。

三四〇頁二行　自永初五年到永寧十年之中　按：「十」原譌「七」，逕改正。

三四一頁三行　黄帝占曰火攻　按：盧校謂「火攻」通考作「大敗」。

三四二頁一行　太白犯昴畢爲(近)〔邊〕兵　據盧校改。

三四二頁七行　遣司徒劉喜等　按：集解引惠棟說，謂「喜」范書作「熹」。

三四二頁二行　元年四月丙午　按：延光元年四月乙亥朔，無丙午，注有譌。

三四三頁九行　閏月乙酉　按：永建二年閏六月乙巳朔，無乙酉，志文有譌。

三四三頁三行　使匈奴中郎〔將〕張國　據盧校補。

三四三頁一五行　丁巳月犯心　按：注繫永建二年二月下，查永元二年二月丁丑朔，無丁巳，注有譌。

三四四頁一行　三年二月癸未　按：永建三年二月辛丑朔，無癸未，注有譌。

三四四頁九行　敦煌太守徐白　按：集解引惠棟說，謂西域傳「白」作「由」。

三四四頁一〇行　使烏桓親漢都尉戎末瘣等出塞　按：集解引惠棟說，謂鮮卑傳「末」作「朱」。

三四四頁一五行　二年四月壬寅　按：陽嘉二年四月辛未朔，無壬寅，注有譌。

三四四頁一五行　五月癸巳　按：陽嘉二年五月庚子朔，無癸巳，注有譌。

三四四頁一五行　十一月辛未　按：陽嘉二年十一月戊戌朔，無辛未，注有譌。

三四四頁一五行　十二月壬寅　按：陽嘉二年十二月丁卯朔，無壬寅，注有譌。

三四五頁一行　四月乙卯　按：「四月乙卯」不當置於「十二月辛未」之後，或「四月」上脫「四年」二字，然陽嘉三年四月乙丑朔，四年四月庚申朔，皆無乙卯，注顯有譌。

三四五頁一行　永和元年正月丁卯　按：汲本、殿本「正月」作「五月」。

三四五頁二行　吳郡太守行丞事羊珍與越兵弟葉吏民吳銅等　按：順帝紀作「吳郡丞羊珍」，「太守」字當衍。

三四五頁四行　又〔九〕江賊蔡伯流等數百人攻廣陵九江　集解引錢大昕說，謂順帝紀作「九江賊」，此脫「九」字。今據補。按：盧文弨云文法不順，紀云「攻郡界及廣陵」，得之。

三四五頁四行　殺〔江〕都長　據集解引錢大昕說補。按：順帝紀有「江」字。

三四五頁六行　九月壬午　按：注繫於永和二年下，查永和二年九月丙午朔，無壬午，注有譌。

三四五頁一三行　（陽）〔楊〕定　據集解引錢大昕說改。

三四五頁一五行　擊西羌於北地(謝)〔射〕姑山下　據順帝紀及西羌傳改。

三四六頁一三行　廢爲尉氏侯又徙爲犍陽都鄉侯薨　按：清河王蒜坐貶爲尉氏侯，不得云廢，文有譌。集解引洪頤煊說，謂桓帝紀、清河孝王傳並云蒜坐貶爲尉氏侯，徙桂陽，自殺。

三四七頁六行　元年二月壬午　按：漢安元年二月庚戌朔，無壬午，注有譌。

三四七頁七行　丙辰月入斗中　按：注繫於漢安二年五月之後，查漢安二年五月癸酉朔，無丙辰，注有譌。

三四七頁一一行　(三)〔二〕月丁丑　據盧校依通鑑目錄改。按：是年二月丁巳朔，有丁丑，三月丙戌朔，無丁丑。

後漢書志第十二

天文下

桓三十八　靈二十　獻九　隕石

孝桓建和元年八月壬寅，熒惑犯輿鬼質星。二年二月辛卯，熒惑行在輿鬼中。三年五月己丑，太白行入太微右掖門，留十五日，出端門。丙申，熒惑入東井。八月己亥，鎭星犯輿鬼中南星。乙丑，彗星芒長五尺，見天市中，東南指，色黃白，九月戊辰不見。熒惑犯輿鬼爲死喪，質星爲戮臣，入太微爲亂臣。鎭星犯輿鬼爲喪。彗星見天市中爲（質）貴人。至和平元年（十）二月甲寅，梁太后崩，梁冀益驕亂矣。

元嘉元年二月戊子，太白晝見。永興二年閏月丁酉，太白晝見。時上幸後宮采女鄧猛，明年，封猛兄演爲南頓侯。後四歲，梁皇后崩，梁冀被誅，猛立爲皇后，恩寵甚盛。

永壽元年三月丙申，鎭星逆行入太微中，七十四日去左掖門。七月己未，辰星入太微中，八十日去左掖門。八月己巳，熒惑入太微，二十一日出端門。太微，天子廷也。鎭星爲貴臣妃后，逆行爲匿謀。辰星入太微爲大水，一曰後宮有憂。是歲雒水溢至津門，南陽大水。熒惑留入太微中，又爲亂臣。是時梁氏專政。九月己酉，晝有流星長二尺所，色黃白。癸巳，熒惑犯歲星，爲姦臣謀，大將戮。

二年六月甲寅，辰星入太微，遂伏不見。辰星爲水，爲兵，爲妃后。八月戊午，太白犯軒轅大星，爲皇后。其三年四月戊寅，熒惑入東井口中，爲大臣有誅者。其七月丁丑，太白犯心前星，爲大臣。後二年(四)〔七〕月，懿獻皇后以憂死。大將軍梁冀使太倉令秦宮刺殺議郎邴尊，又欲殺鄧后母宣，事覺，桓帝收冀及妻壽襄城君印綬，皆自殺。誅諸梁及孫氏宗族，或徙邊。是其應也。

延熹四年三月甲寅，熒惑犯輿鬼質星。五月辛酉，客星在營室，稍順行，生芒長五尺所，至心一度，轉爲彗。熒惑犯輿鬼質星，大臣有戮死者。五年十月，南郡太守李肅坐蠻夷賊攻盜郡縣，取財物一億以上，入府取銅虎符，肅背敵走，不救城郭；又監黎陽謁者燕喬坐贓，重泉令彭良殺無辜，皆棄市。京兆虎牙都尉宋謙坐贓，下獄死。客星在營室至心作彗，爲大喪。後四年，鄧后以憂死。

六年十一月丁亥，太白晝見。是時鄧后家貴盛。

七年七月戊辰，辰星犯歲星。八月庚戌，熒惑犯輿鬼質星。庚申，歲星犯軒轅大星。

十月丙辰，太白犯房北星。丁卯，辰星犯太白。十二月乙丑，熒惑犯軒轅第二星。辰星犯歲星爲兵。熒惑犯質星有戮臣。歲星犯軒轅爲女主憂。太白犯房北星爲後宮。其八年二月，太僕南鄉侯左勝以罪賜死，勝弟中常侍上蔡侯愔、北鄉侯黨皆自殺。癸亥，皇后鄧氏坐執左道廢，遷于（祠）〔桐〕宮死，宗親侍中沘陽侯鄧康、河南尹鄧萬、越騎校尉鄧弼、虎賁中郎將安（鄉）〔陽〕侯鄧（魯）〔會〕、侍中監羽林左騎鄧德、右騎鄧壽、昆陽侯鄧統、淯陽侯鄧秉、議郎鄧循皆繫暴室，萬、（魯）〔會〕死，康等免官。又荆州刺史芝、交阯刺史葛祗皆爲賊所拘略，桂陽太守任胤背敵走，皆弃市，熒惑犯輿鬼質星之應也。

八年五月癸酉，太白犯輿鬼質星。壬午，熒惑入太微右執法。閏月己未，太白犯心前星。十月癸酉，歲星犯左執法。十一月戊午，歲星入太微，犯左執法。九年正月壬辰，歲星入太微中，五十八日出端門。六月壬戌，太白行入輿鬼。七月乙未，熒惑行輿鬼中，犯質星。九月辛亥，熒惑入太微西門，積五十八日。永康元年正月庚寅，熒惑逆行入太微東門，留太微中，百一日出端門。七月丙戌，太白晝見經天。太白犯心前星，太白犯輿鬼質星有戮臣。熒惑入太微爲賊臣。太白犯心前星爲兵喪。歲星入太微犯左執法，將相有誅者。歲星入守太微五十日，占爲人主。太白、熒惑入輿鬼，皆爲死喪，又犯質星爲戮臣。熒惑留太微中百一日，占爲人主。太白晝見經天爲兵，憂在大人。其九年十一月，太原太守劉瓆、南陽太守成瑨皆坐殺無辜，荆州刺史李隗爲賊所拘，尙書郎孟璫坐受金漏言，皆弃市。永康元年十二月丁丑，桓帝崩，太傅陳蕃、大將軍竇武、尙書令尹勳、黃門令山冰等皆枉死，太白犯心，熒惑留守太微之應也。

孝靈帝建寧元年六月，太白在西方，入太微，犯西蕃南頭星。太微，天廷也。太白行其中，宮門當閉，大將被甲兵，大臣伏誅。其八月，太傅陳蕃、大將軍竇武謀欲盡誅諸宦者；其九月辛亥，中常侍曹節、長樂五官史朱瑀覺之，矯制殺蕃、武等，家屬徙日南比景。

熹平元年十月，熒惑入南斗中。占曰：「熒惑所守爲兵亂。」斗爲吳。其十一月，會稽賊許昭聚衆自稱大將軍，昭父生爲越王，攻破郡縣。

二年四月，有星出文昌，入紫宮，蛇行，有首尾無身，赤色，有光炤垣牆。八月丙寅，太白犯心前星。辛未，白氣如一匹練，衝北斗第四星。占曰：「文昌爲上將貴相。太白犯心前星，爲大臣。」後六年，司徒劉（𩃋）〔郃〕爲中常侍曹節所譖，下獄死。白氣衝北斗爲大戰。明年冬，揚州刺史臧旻、丹陽太守陳寅，攻盜賊苴康，斬首數千級。

光和元年四月癸丑，流星犯軒轅第二星，東北行入北斗魁中。八月，彗星出亢北，入天市中，長數尺，稍長至五六丈，赤色，經歷十餘宿，八十餘日，乃消於天苑中。流星爲貴使，軒轅爲內宮，北斗魁主殺。流星從軒轅出抵北斗魁，是天子大使將出，有伐殺也。至中平元年，黃巾賊起，上遣中郎將皇甫嵩、朱儁等征之，斬首十餘萬級。彗除天市，天帝將徙，帝將易都。至初平元年，獻帝遷都長安。

三年冬，彗星出狼、弧，東行至于張乃去。張爲周地，彗星犯之爲兵亂。後四年，京都大發兵擊黃巾賊。

五年四月，熒惑在太微中，守屏。七月，彗星出三台下，東行入太微，至太子、幸臣，二十餘日而消。十月，歲星、熒惑、太白三合於虛，相去各五六寸，如連珠。占曰：「熒惑在太微爲亂臣。」是時中常侍趙忠、張讓、郭勝、孫璋等，並爲姦亂。彗星入太微，天下易主。至中平六年，宮車晏駕。歲星、熒惑、太白三合於虛爲喪。虛，齊（也）〔地〕。明年，琅邪王據薨。

光和中，國皇星東南角去地一二丈，如炬火狀，十餘日不見。占曰：「國皇星爲內亂，外內有兵喪。」其後黃巾賊張角燒州郡，朝廷遣將討平，斬首十餘萬級。中平六年，宮車晏駕，大將軍何進令司隸校尉袁紹私募兵千餘人，陰跱雒陽城外，竊呼并州牧董卓使將兵至京都，共誅中官，對戰南、北宮闕下，死者數千人，燔燒宮室，遷都西京。及司徒王允與將軍呂布誅卓，卓部曲將郭汜、李傕旋兵攻長安，公卿百官吏民戰死者且萬人。天下之亂，皆自內發。

中平二年十月癸亥，客星出南門中，大如半筵，五色喜怒稍小，至後年六月消。占曰：「爲兵。」至六年，司隸校尉袁紹誅滅中官，大將軍部曲將吳匡攻殺車騎將軍何苗，死者數千人。

三年四月，熒惑逆行守心後星。十月戊午，月食心後星。占曰：「爲大喪。」後三年而靈帝崩。

五年二月，彗星出奎，逆行入紫宮，後三出，六十餘日乃消。六月丁卯，客星如三升椀，出貫索，西南行入天市，至尾而消。占曰：「彗除紫宮，天下易主。客星入天市，爲貴人喪。」明年四月，宮車晏駕。中平中夏，流星赤如火，長三丈，起河鼓，入天市，抵觸宦者星，色白，長二三丈，後尾再屈，食頃乃滅，狀似枉矢。占曰：「枉矢流發，其宮射，所謂矢當直而枉者，操矢者邪枉人也。」中平六年，大將軍何進謀盡誅中官，（中官覺），於省中殺進：俱兩破滅，天下由此遂大壞亂。

六年八月丙寅，太白犯心前星，戊辰犯心中大星。其日未冥四刻，大將軍何進於省中爲諸黃門所殺。己巳，車騎將軍何苗爲進部曲將吳匡所殺。

孝獻初平〔三〕（二）年九月，蚩尤旗見，長十餘丈，色白，出角、亢之南。占曰：「蚩尤旗見，則王征伐四方。」其後丞相曹公征討天下且三十年。

四年十月，孛星出兩角閒，東北行入天市中而滅。占曰：「彗除天市，天帝將徙，帝將易都。」是時上在長安，後二年東遷，明年七月，至雒陽，其八月，曹公迎上都許。

建安五年十月辛亥，有星孛于大梁，冀州分也。時袁紹在冀州。其年十一月，紹軍爲曹公所破。七年夏，紹死，後曹公遂取冀州。

九年十一月，有星孛于東井輿鬼，入軒轅太微。十一年正月，星孛于北斗，首在斗中，尾貫紫宮，及北辰。占曰：「彗星埽太微宮，人主易位。」其後魏文帝受禪。

十二年十月辛卯，有星孛于鶉尾。荆州分也，時荆州牧劉表據荆州，〔時〕益州從事周羣以〔爲〕荆州牧將死而失土。明年秋，表卒，以小子琮自代。曹公將伐荆州，琮懼，舉軍詣公降。

十七年十二月，有星孛于五諸侯。周羣以爲西方專據土地者，皆將失土。是時益州牧劉璋據益州，漢中太守張魯別據漢中，韓遂據涼州，（宋）〔宗〕建別據枹罕。明年冬，曹公遣偏將擊涼州。十九年，獲（宋）〔宗〕建；韓遂逃于羌中，病死。其年秋，璋失益州。二十年秋，〔曹〕公攻漢中，魯降。

十八年秋，歲星、鎮星、熒惑俱入太微，逆行留守帝坐百餘日。占曰：「歲星入太微，人主改。」

二十三年三月，孛星晨見東方二十餘日，夕出西方，犯歷五車、東井、五諸侯、文昌、軒轅、后妃、太微，鋒炎指帝坐。占曰：「除舊布新之象也。」

殤帝延平元年九月乙亥，隕石陳留四。春秋僖公十六年，隕石于宋五，傳曰隕星也。董仲舒以爲從高反下之象。或以爲庶人惟星，隕，民困之象也。

桓帝延熹七年三月癸亥，隕石右扶風一，鄠又隕石二，皆有聲如雷。

校勘記

三二五五頁七行　彗星見天市中爲（賀）〔貴〕人　據盧校改。

三二五五頁七行　至和平元年（十）二月甲寅梁太后崩　集解引錢大昕說，謂桓帝紀在二月，此衍「十」字。今據刪。

三二五六頁四行　二年六月甲寅　按：永壽二年六月丁巳朔，無甲寅，志文有譌。

三二五六頁六行　後二年（四）〔七〕月懿獻皇后以憂死　集解引洪亮吉說，謂「四月」應作「七月」，志譌。今據改。

三二五六頁九行　延熹四年三月甲寅　按：延熹四年三月己未朔，無甲寅，志文有譌。

三二五六頁一三行　京兆虎牙都尉宋謙　按：集解引錢大昕說，謂桓帝紀「宋謙」作「宗謙」。

三二五六頁一五行　七年七月戊辰　按：延熹七年七月庚午朔，無戊辰，志文有譌。

三二五七頁三行　太僕南鄉侯左勝　按：集解引錢大昕說，謂「左勝」桓帝紀、宦者傳俱作「左稱」。趙岐傳作「左勝」，與此同。

三二五七頁三行　皇后鄧氏坐執左道廢遷于（祠）〔桐〕宮死　集解引陳景雲說，謂「祠」當作「桐」，和帝陰皇后廢遷桐宮事見皇后紀，可互證也。今據改。

三二五七頁四行　河南尹鄧萬　按：集解引錢大昕說，謂「萬」下脫「世」字，蓋唐人避諱去之。

三二五七頁四行　虎賁中郎將安（鄉）〔陽〕侯鄧（魯）〔會〕　集解引錢大昕說，謂據皇后紀，「安鄉」當作「安陽」。據桓帝紀及皇后紀，「魯」當作「會」。今據改。

三二五八頁六行　其九月辛亥　按：集解引洪亮吉說，謂「辛亥」靈紀作「丁亥」。

三二五八頁九行　八月丙寅至辛未　按：熹平二年八月丁丑朔，無丙寅、辛未，志文有譌。

三二五八頁一一行　後六年司徒劉（羣）〔郃〕爲中常侍曹節所譖下獄死　集解引錢大昕說，謂案熹平之世，司徒無下獄死者。惟光和二年劉郃以謀誅宦官下獄死，「羣」當爲「郃」之譌也。自熹平二年至光和二年，相距恰六載。又引惠棟說，謂「羣」本紀作「郃」。今據改。

三二五八頁三行　丹陽太守陳寅　按：集解引惠棟說，謂靈帝紀「寅」作「夤」。

三二五九頁八行　郭勝　按：集解引惠棟說，謂袁紀「勝」作「脈」。

三二六〇頁一〇行　大將軍何進謀盡誅中官〔中官覺〕　盧校謂脫「中官覺」三字，通考有。今據補。按：汲本重「中官」二字，脫「覺」字。

三二六〇頁一四行　孝獻初平（三）〔二〕年九月蚩尤旗見　據汲本、殿本改。按：獻紀作「二年」。

三二六一頁六行　九年十一月有星孛于東井輿鬼　按：集解引洪亮吉說，謂獻紀作「十月」。

三二六一頁八行　（時）益州從事周羣以〔爲〕荊州牧將死而失土　校補謂案文「時」字衍，「以」下脫「爲」字。今據刪補。

三二六一頁一三行　（宋）〔宗〕建別據枹罕　殿本考證謂何焯校本「宋」改「宗」。今據改。

三二六一頁一三行　〔二〕十年秋〔曹〕公攻漢中　據汲本、殿本補。

三二六二頁三行　鋒炎指帝坐　按：集解引惠棟說，謂「指」一作「刺」。

三二六二頁六行　延熹七年三月癸亥　按：延熹七年三月壬申朔，無癸亥，志文有譌。

後漢書志第十三

五行一

貌不恭　淫雨　服妖　雞禍　青眚　屋自壞　訛言　旱　謠　狼食人

五行傳說及其占應，漢書五行志錄之詳矣。故泰山太守應劭、給事中董巴、散騎常侍譙周〔一〕並撰建武以來災異。今合而論之，以續前志云。

〔一〕蜀志曰：「周字允南，巴西西充國人也。治尚書，兼通諸經及圖緯。州郡辟請皆不應。耽古篤學，誦讀典籍，欣然獨笑，以忘寢食。蜀亡，魏徵不至。」

五行傳曰：「田獵不宿，〔一〕飲食不享，〔二〕出入不節，〔三〕奪民農時，〔四〕及有姦謀，〔五〕則木不曲直。」〔六〕謂木失其性而爲災也。又曰：「貌之不恭，是謂不肅。〔七〕厥咎狂，〔八〕厥罰恆雨，〔九〕厥極惡。〔一〇〕時則有服妖，〔一一〕時則有龜孽，〔一二〕時則有雞禍，〔一三〕時則有下體生上之痾，〔一四〕時則有青眚、青祥，〔一五〕惟金沴木。」〔一六〕說云：氣之相傷謂之沴。〔一七〕

〔一〕鄭玄注尚書大傳曰：「不宿，不宿禽也。角主天兵。周禮四時習兵，因以田獵。禮志曰：『天子不合圍，諸侯不掩羣，過此則暴天物，爲不宿禽。』角南有天庫、將軍、騎官。」漢書音義曰：「遊田馳騁，不反宮室。」

〔二〕鄭玄曰：「享，獻也。禮志曰：『天子諸侯，無事則歲三田：一爲乾豆，二爲賓客，三爲充君之庖。』周禮獸人，冬獻狼，夏獻麋，春秋獻獸物，此獻禮之大略也。」注五行稱「鄭玄曰」，皆出注大傳也。漢書音義曰：「無獻享之禮。」

〔三〕鄭玄曰：「角爲天門，房有三道，出入之象也。」

〔四〕鄭玄曰：「房、心，農時之候也。季冬之月，命農師計耦耕事，是時房、心晨中。春秋傳曰：『辰爲農祥，后稷之所經緯也。』」

〔五〕鄭玄曰：「亢爲朝廷，房、心爲明堂，謀事出政之象。」

〔六〕鄭玄曰：「君行此五者，爲逆天東宮之政。東宮於地爲木，木性或曲或直，人所用爲器也。無故生不暢茂，多折槁，是爲木不曲直。木、金、水、火、土謂之五材，春秋傳曰：『天生五材，民並用之。』其政逆則神怒，神怒則材失性，不爲民用。其他變異皆屬沴，沴亦神怒。凡神怒者，日、月、五星既見適于天矣。」洪範：「木曰曲直。」孔安國曰：「木可以揉曲直。」

〔七〕鄭玄曰：「肅，敬也。君貌不恭，則是不能敬其事也。」洪範曰：「貌曰恭。」

〔八〕鄭玄曰：「君臣不敬，則倨慢如狂。」方儲對策曰：「君失制度，下不恭承，臣恣淫慢。」

〔九〕鄭玄曰：「貌曰木，木主春，春氣生；生氣失則踰其節，故常雨也。」管子曰：「冬作土功，發地藏，則夏多暴雨，秋雨霖不止。」淮南子曰：「金不收則多淫雨。」

〔一〇〕孔安國曰：「醜陋。」

〔一〕鄭玄曰：「服，貌之飾也。」

〔二〕鄭玄曰：「龜蟲之生於水而游於春者，屬木。」

〔三〕鄭玄曰：「雞畜之有冠翼者也，屬貌。」洪範傳曰：「妖者，敗胎也，少小之類，言其事之尙微也。至孽，則牙孽也，至乎禍則著矣。」

〔四〕鄭玄曰：「痾，病也，貌氣失之病也。」漢書音義曰：「若梁孝王之時，牛足反出背上也。此下欲伐上之禍。」

〔五〕鄭玄曰：「青，木色也。眚生於此，祥自外來也。」

〔六〕鄭玄曰：「沴，殄也。凡貌、言、視、聽、思、心，一事失，則逆人之心，人心逆則怨，木、金、水、火、土氣爲之傷。傷則衝勝來乘殄之，於是神怒人怨，將爲禍亂。故五行先見變異，以譴告人也。及妖、孽、禍、痾、眚、祥皆其氣類，暴作非常，爲時怪者也。各以物象爲之占也。」

〔七〕尙書大傳曰：「凡六沴之作，歲之朝，月之朝，日之朝，則后王受之。歲之中，月之中，日之中，則正卿受之。歲之夕，月之夕，日之夕，則庶民受之。」鄭玄曰：「自正月盡四月爲歲之朝，自五月盡八月爲歲之中，自九月盡十二月爲歲之夕。上旬爲月之朝，中旬爲月之中，下旬爲月之夕。平旦至食時爲日之朝，隅中至日跌爲日之中，晡時至黃昏爲日之夕。受之，受其凶咎也。」大傳又云：「其二辰以次相將，其次受之。」鄭玄曰：「二辰謂日、月也。假令歲之朝也，日、月中則上公受之，日、月夕則下公受之；歲之中也，日、月朝則孤卿受之，日、月夕則大夫受之；歲之夕也，日、月朝則上士受之，日、月中則下士受之。其餘差以尊卑多少，則悉矣。」管子曰：「明王有四禁：春無殺伐，無割大陵，伐大木，斬大山，行大火，誅大臣，收穀賦錢；夏無遏水，達名川，塞大谷，動土功，射鳥獸；秋無赦過，釋罪，緩刑；冬無爵賞祿，傷伐五藏。故春政不禁，則五穀不成；夏政不禁，則草木不榮；秋政不禁，則姦邪不勝；冬政不禁，則地氣不藏。四者俱犯，則陰陽不和，風雨不時，火流邑，大風飄屋，折樹木，地草夭，冬雷，草木夏落，而秋蟲不藏，宜死者生，宜蟄者鳴，多螣蟇蟲也。六畜不蕃，民多夭死，國貧法亂，逆氣下生。故曰臺榭相望者，亡國之廡也；馳車充國者，追寇之馬也；翠羽朱飾者，斬生之斧也；五采纂組者，蕃功之室也。明主知其然，故遠而不近，能去此取彼，則王道備也。」續漢書曰：「建武二年，尹敏上疏曰：『六沴作見，若是供御，帝用不差，神則大喜，五福乃降，用章于下。若不供御，六罰既侵，六極其下。明供御則天報之福，不供御則禍災至。欲尊六事之體，則貌、言、視、聽、思、心之用，合六事之揆以致乎太平，而消除轗軻孽害也。』」

建武元年，赤眉賊率樊崇、逢安等共立劉盆子爲天子。然崇等視之如小兒，百事自由，初不恤錄也。後正旦至，君臣欲共饗，既坐，酒食未下，羣臣更起，亂不可整。時大司農楊音案劒怒曰：「小兒戲尚不如此！」其後遂破壞，崇、安等皆誅死。唯音爲關內侯，以壽終。

光武崩，山陽王荆哭不哀，作飛書與東海王，勸使作亂。明帝以荆同母弟，太后在，故隱之。後徙王廣陵，荆遂坐復謀反自殺也。

章帝時，竇皇后兄憲以皇后甚幸於上，故人人莫不畏憲。憲於是強請奪沁水長公主田，公主畏憲，與之，憲乃賤顧之。後上幸公主田，覺之，問憲，憲又上言借之。上以后故，但譴敕之，不治其罪。後章帝崩，竇太后攝政，憲秉機密，忠直之臣與憲忤者，憲多害之，其後憲兄弟遂皆被誅。

桓帝時，梁冀秉政，兄弟貴盛自恣，好驅馳過度，至於歸家，猶馳驅入門，百姓號之曰「梁氏滅門驅馳」。後遂誅滅。

和帝永元十年，十三年，十四年，十五年，皆淫雨傷稼。〔一〕

〔一〕古今注曰：「光武建武六年九月，大雨連月，苗稼更生，鼠巢樹上。十七年，雒陽暴雨，壞民廬舍，壓殺人，傷害禾稼。」

安帝元（年）〔初〕四年秋，郡國十淫雨傷稼。〔一〕

〔一〕方儲對策曰：「雨不時節，妄賞賜也。」

永寧元年，郡國三十三淫雨傷稼。

建光元年，京都及郡國二十九淫雨傷稼。是時羌反久未平，百姓屯戍，不解愁苦。

延光元年，郡國二十七淫雨傷稼。〔一〕

〔一〕案本傳陳忠奏，以爲王侯二千石爲女使伯榮獨拜車下，柄在臣妾。

二年，郡國五連雨傷稼。

順帝永建四年，司隸、荊、豫、兗、冀部淫雨傷稼。

六年，冀州淫雨傷稼。

桓帝延熹二年夏，霖雨五十餘日。是時，大將軍梁冀秉政，謀害上所幸鄧貴人母宣，冀又擅殺議郎邴尊。上欲誅冀，懼其持權日久，威勢強盛，恐有逆命，害及吏民，密與近臣中常侍單超等圖其方略。其年八月，冀卒伏罪誅滅。〔一〕

〔一〕案公沙穆傳，永壽元年霖雨，大水，三輔以東莫不湮沒。

靈帝建寧元年夏，霖雨六十餘日。是時大將軍竇武謀變廢中官。其年九月，長樂五官史朱瑀等共與中常侍曹節起兵，先誅武，交兵闕下，敗走，追斬武兄弟，死者數百人。〔一〕

〔一〕案武死無兄弟，有兄子。

熹平元年夏，霖雨七十餘日。是時中常侍曹節等，共誣（曰）〔白〕勃海王悝謀反，其十月誅悝。

中平六年夏，霖雨八十餘日。是時靈帝新棄羣臣，大行尚在梓宮，大將軍何進與佐軍校尉袁紹等共謀欲誅廢中官。下文陵畢，中常侍張讓等共殺進，兵戰京都，死者數千。

更始諸將軍過雒陽者數十輩，皆幘而衣婦人衣繡擁髭。時智者見之，以爲服之不中，身之災也，乃奔入邊郡避之。是服妖也。其後更始遂爲赤眉所殺。

桓帝元嘉中，京都婦女作愁眉、嗁粧、墮馬髻、折要步、齲齒笑。所謂愁眉者，細而曲折。

啼糚者，薄拭目下，若啼處。墮馬髻者，作一邊。〔一〕折要步者，足不在體下。齲齒笑者，若齒痛，樂不欣欣。始自大將軍梁冀家所爲，京都歙然，諸夏皆放效。此近服妖也。梁冀二世上將，婚媾王室，大作威福，將危社稷。天誡若曰：兵馬將往收捕，婦女憂愁，踧眉啼泣，吏卒掣頓，折其要脊，令髻傾邪，雖強語笑，無復氣味也。到延熹二年，舉宗誅夷。

〔一〕梁冀別傳曰：「冀婦女又有不聊生髻。」

延熹中，梁冀誅後，京都幘顔短耳長，短上長下。時中常侍單超、左悺、徐璜、具瑗、唐衡在帝左右，縱其姦慝。海內慍曰：一將軍死，五將軍出。家有數侯，子弟列布州郡，賓客雜襲騰翥，上短下長，與梁冀同占。到其八年，桓帝因日蝕之變，乃拜故司徒韓寅爲司隸校尉，以次誅鉏，京都正淸。〔一〕

〔一〕臣昭案：本傳，寅誅左悺貶具瑗，雖剋折姦首，羣閹相蒙，京都未爲正淸。

延熹中，京都長者皆著木屐；婦女始嫁，至作漆畫五采爲系。此服妖也。到九年，黨事始發，傳黃門北寺，臨時惶惑，不能信天任命，多有逃走不就考者，九族拘繫，及所過歷，長少婦女皆被桎梏，應木屐之象也。

靈帝建寧中，京都長者皆以葦方笥爲糚具，下士盡然。時有識者竊言：葦方笥，郡國讞篋也；今珍用之，此天下人皆當有罪讞於理官也。到光和三年癸丑赦令詔書，吏民依黨禁錮者赦除之，有不見文，他以類比疑者讞。於是諸有黨郡皆讞廷尉，人名悉入方筒中。此服妖也。

靈帝好胡服、胡帳、胡牀、胡坐、胡飯、胡空侯、胡笛、胡舞，京都貴戚皆競為之。其後董卓多擁胡兵，塡塞街衢，虜掠宮掖，發掘園陵。

靈帝於宮中西園駕四白驢，躬自操轡，驅馳周旋，以為大樂。於是公卿貴戚轉相放效，至乘輜軿以為騎從，互相侵奪，賈與馬齊。案易曰：「時乘六龍以御天。」行天者莫若龍，行地者莫如馬。詩云：「四牡騤騤，載是常服。」「檀車煌煌，四牡彭彭。」夫驢乃服重致遠，上下山谷，野人之所用耳，何有帝王君子而驂服之乎！遲鈍之畜，而今貴之。天意若曰：國且大亂，賢愚倒植，凡執政者皆如驢也。其後董卓陵虐王室，多援邊人以充本朝，胡夷異種，跨蹈中國。

熹平中，省內冠狗帶綬，以為笑樂。有一狗突出，走入司徒府門，或見之者，莫不驚怪。〔一〕京房易傳曰：「君不正，臣欲篡，厥妖狗冠出。」後靈帝寵用便嬖子弟，永樂賓客、鴻都羣小，傳相汲引，公卿牧守，比肩是也。又遣御史於西（鄉）〔邸〕賣官，關內侯顧五百萬者，賜與金紫；詣闕上書占令長，隨縣好醜，豐約有賈。強者貪如豺虎，弱者略不類物，實狗而冠者也。司徒古之丞相，壹統國政。天戒若曰：宰相多非其人，尸祿素餐，莫能據正持重，阿意曲從；今在位者皆如狗也，故狗走入其門。〔二〕

〔一〕袁山松書曰：「光和四年，又於西園弄狗以配人也。」

〔二〕應劭曰：「靈帝數以車騎將軍過拜孽臣內孽，又贈亡人，顯號加於頑凶，印綬汙於腐屍。昔辛有睹被髮之祥，知其為戎，今假號雲集，不亦宜乎！」

靈帝數遊戲於西園中，令後宮采女為客舍主人，身為商賈服。行至舍，采女下酒食，因共飲食以為戲樂。此服妖也。其後天下大亂。〔一〕

〔一〕風俗通曰：「時京師賓婚嘉會，皆作魁櫑，酒酣之後，續以挽歌。」魁櫑，喪家之樂。挽歌，執紼相偶和之者。天戒若曰：國家當急殄悴，諸貴樂皆死亡也。自靈帝崩後，京師壞滅，戶有兼屍，蟲而相食，魁櫑、挽歌，斯之効乎？

獻帝建安中，男子之衣，好為長躬而下甚短，女子好為長裾而上甚短。時益州從事莫嗣以為服妖，是陽無下而陰無上也，天下未欲平也。後還，遂大亂。〔一〕

〔一〕袁山松〔書〕曰：「禪位於魏。」

靈帝光和元年，南宮侍中寺雌雞欲化雄，一身毛皆似雄，但頭冠尚未變。詔以問議郎蔡邕。邕對曰：「貌之不恭，則有雞禍。宣帝黃龍元年，未央宮雌雞化為雄，不鳴無距。是歲元帝初即位，立王皇后。至初元元年，丞相史家雌雞化為雄，冠距鳴將。是歲后父禁為〔平〕陽〔平〕侯，女立為皇后。至哀帝晏駕，后攝政，王莽以后兄子為大司馬，由是為亂。臣竊推之，頭，元首，人君之象；今雞一身已變，未至於頭，而上知之，是將有其事而不遂成之象也。若應之不精，政無所改，頭冠或成，爲患茲大。」是後張角作亂稱黃巾，遂破壞。四方疲於賦役，多叛者。上不改政，遂至天下大亂。

桓帝永興二年四月丙午，光祿勳吏舍壁下夜有青氣，視之，得玉鉤、玦各一。鉤長七寸二分，〔玦〕周五寸四分，身中皆雕鏤。此青祥也。玉，金類也。七寸二分，商數也。五寸四分，徵數也。商爲臣，徵爲事，蓋爲人臣引決事者不肅，將有禍也。是時梁冀秉政專恣，後四歲，梁氏誅滅也。

延熹五年，太學門無故自壞。襄楷以爲太學前疑所居，〔一〕其門自壞，文德將喪，教化廢也。是後天下遂至喪亂。

〔一〕本傳楷書無「前疑」之言也。

永康元年十月壬戌，南宮平城門內屋自壞。金沴木，木動也。其十二月，宮車晏駕。

靈帝光和元年，南宮平城門內屋、武庫屋及外東垣屋前後頓壞。蔡邕對曰：「平城門，正陽之門，與宮連，郊祀法駕所由從出，門之最尊者也。武庫，禁兵所藏。東垣，庫之外障。

易傳曰：『小人在位，上下咸悖，厥妖城門內崩。』潛潭巴曰：『宮瓦自墮，諸侯強陵主。』此皆小人顯位亂法之咎也。」其後黃巾賊先起東方，庫兵大動。皇后同父兄何進爲大將軍，同母弟苗爲車騎將軍，兄弟並貴盛，皆統兵在京都。其後進欲誅廢中官，爲中常侍張讓、段珪等所殺，兵戰宮中闕下，更相誅滅，天下兵大起。

三年二月，公府駐駕廡自壞，南北三十餘閒。

中平二年二月癸亥，廣陽城門外上屋自壞也。

獻帝初平二年三月，長安宣平城門外屋無故自壞。至三年夏，司徒王允使中郎將呂布殺太師董卓，夷三族。〔一〕

〔一〕袁山松〔書〕曰：「李傕等攻破長安城，害允等。」

興平元年十月，長安市門無故自壞。至二年春，李傕、郭汜鬬長安中，傕迫劫天子，移置傕塢，盡燒宮殿、城門、官府、民舍，放兵寇鈔公卿以下。冬，天子東還雒陽，傕、汜追上到曹陽，虜掠乘輿輜重，殺光祿勳鄧淵、廷尉宣播、少府田邠等數十人。

五行傳曰：「好攻戰，〔一〕輕百姓，〔二〕飾城郭，〔三〕侵邊境，〔四〕則金不從革。」〔五〕謂金失其性而爲災也。又曰：「言之不從，是謂不乂。〔六〕厥咎僭，〔七〕厥罰恆陽，〔八〕厥極憂。〔九〕

時則有詩妖，〔一〇〕時則有介蟲之孽，〔一一〕時則有犬禍，〔一二〕時則有口舌之痾，〔一三〕時則有白眚、白祥，惟木沴金。」介蟲，劉歆傳以爲毛蟲。乂，治也。

〔一〕鄭玄注曰：「參、伐爲武府，攻戰之象。」

〔二〕鄭玄注曰：「輕之者，不重民命。春秋傳曰：『師出不正反，戰不正勝也。』」

〔三〕鄭玄注曰：「昴、畢閒爲天街。甘氏經曰：『天街保塞，孔塗道衢。』保塞，城郭之象也。月令曰：『四鄙入保。』」

〔四〕鄭玄曰：「畢主邊兵。」

〔五〕鄭玄注曰：「君行此四者，爲逆天西宮之政。西宮於地爲金，金性從刑，而革人所用爲器者也，無故（治）〔冶〕之不銷，或入火飛亡，或鑄之裂形，是爲不從革。其他變異，皆屬沴也。」洪範曰：「從革作辛。」馬融曰：「金之性，從（人）〔火〕而更，可銷鑠也。」漢書音義曰：「言人君言不見從，則金鐵亦不從人意。」

〔六〕鄭玄曰：「乂，治也。君言不從，則是不能治其事也。」

〔七〕鄭玄曰：「君臣不治，則僭差矣。」

〔八〕鄭玄曰：「金主秋，秋氣殺，殺氣失，故常陽也。」春秋考異郵曰：「君行非是，則言不見從；言不見從，則下不治；下不治，則僭差過制度，奢侈驕泰。天子僭天，大夫僭人主，諸侯僭上，陽無以制。從心之喜，上憂下，則常陽從之。推設其跡，考之天意，則大旱不雨，而民庶大災傷。」淮南子曰：「殺不辜則國赤地。」

〔九〕鄭玄曰：「殺氣失，故於人爲憂。」

〔一〇〕鄭玄曰：「詩之言志也。」

〔一一〕鄭玄曰：「蟓、螽、蜩、蟬之類，生於火而藏於秋者也，屬金。」

〔二〕鄭玄曰：「犬畜之以口吠守者，屬言。」

〔三〕鄭玄曰：「言氣失之病。」

安帝永初元年十一月，民訛言相驚，司隸、并、冀州民人流移。時鄧太后專政。婦人以順爲道，故禮「夫死從子」之命。今專(王)〔主〕事，此不從而僭也。〔一〕

〔一〕古今注曰：「章帝建初五年，東海、魯國、東平、山陽、濟陰、陳留民訛言相驚有賊，捕至京師，民皆入城也。」

世祖建武〔一〕五年夏，旱。京房傳曰：「欲德不用，茲謂張，厥災荒，其旱陰雲不雨，變而赤因四陰。衆出過時，茲謂廣，其旱不生。上下皆蔽，茲謂隔，其旱天赤三月，時有雹殺飛禽。上緣求妃，茲謂僭，其旱三月大溫亡雲。君高臺府，茲謂犯，陰侵陽，其旱萬物根死，有火災。庶位踰節，茲謂僭，其旱澤物枯，爲火所傷。」〔二〕是時天下僭逆者未盡誅，軍多過時。〔三〕

〔一〕古今注曰：「建武三年七月，雒陽大旱，帝至南郊求雨，卽日雨。」

〔二〕春秋考異郵曰：「國大旱，冤獄結。旱者，陽氣移，精不施，君上失制，奢淫僭差，氣亂感天，則旱徵見。」又云：「陰厭陽移，君淫民惡，陰精不舒，陽偏不施。」又云：「陽偏，民怨徵也。在所以感之者，上奢則求多，求多則下竭，下竭則潰，君不仁。」管子曰：「春不收枯骨伐枯木而起去之，則夏旱。」方儲對策曰：「百姓苦，士卒煩碎，責租稅失中，暴師外營，經歷三時，內有怨女，外有曠夫。王者熟惟其祥，揆合於天，圖之事情，旱災可除。夫旱者過日，天王無意於百姓，恩德不行，萬民煩擾，故天應以無澤。」

〔三〕古今注曰：「建武六年六月，九年春，十二年五月，二十一年六月，明帝永平元年五月，八年冬，十一年八月，十五年八月，十八年三月，並旱。」

章帝章和二年夏，旱。時章帝崩後，竇太后兄弟用事奢僭。〔一〕

〔一〕古今注曰：「建初二年夏，雒陽旱。四年夏，元和元年春，並旱。」案楊終傳，建初元年大旱，穀貴，終以爲廣陵、楚、淮陽、濟南之獄徙者數萬人，吏民怨曠，上疏云久旱。孔叢曰：「建初元年大旱，天子憂之，侍御史孔子豐乃上疏曰：『臣聞爲不善而災報，得其應也；爲善而災至，遭時運也。陛下即位日淺，視民如傷，而不幸耗旱，時運之會耳，非政教所致也。昔成湯遭旱，因自責，省畋散積，減御損食，而大有年。意者陛下未爲成湯之事焉。』天子納其言而從之，三日雨即降。轉拜黃門郎，典東觀事。」

和帝永元六年秋，京都旱。時雒陽有冤囚，和帝幸雒陽寺，錄囚徒，理冤囚，（牧）〔收〕令下獄抵罪。行未還宮，澍雨降。〔一〕

〔一〕古今注曰：「永元二年，郡國十四旱。十五年，（丹）〔雒〕陽郡國二十二並旱，或傷稼。」

安帝〔一〕永初六年夏，旱。〔二〕

〔一〕古今注曰：「永初元年，郡國八旱，分遣議郎請雨。」案本紀二年五月，旱，皇太后幸雒陽寺，錄囚徒，即日降雨。六月，京都及郡國四十大水。雖去旱得水，無救爲災。

〔二〕古今注曰：「三年，郡國八，四年、五年夏，並旱。」

七年夏，旱。

元初元年夏，旱。

二年夏，旱。〔一〕

〔一〕三年夏旱，時西羌寇亂，軍屯相繼，連十餘年。

六年夏，旱。〔一〕

〔一〕古今注曰：「建光元年，郡國四旱。延光元年，郡國五並旱，傷稼。」

順帝永建三年夏，旱。

五年夏，旱。

陽嘉二年夏，旱。時李固對策，以爲奢僭所致也。〔一〕

〔一〕臣昭案：本紀元年二月，京師旱。郎顗傳：「人君恩澤不施於民，祿去公室，臣下專權所致也。」又周舉傳：「三年，河南、三輔大旱，五穀傷災，天子親自露坐德陽殿東廂請雨。」

沖帝永(嘉)〔憙〕元年夏，旱。時沖帝幼崩，太尉李固勸太后(及)兄梁冀立嗣帝，擇年長有德者，天下賴之，則功名不朽。年幼未可知，如後不善，悔無所及。時太后及冀貪立年幼，欲久自專，遂立質帝，八歲。此不用德。〔一〕

〔一〕古今注曰：「本初元年二月，京師旱。」

桓帝元嘉元年夏，旱。是時梁冀秉政，妻子並受封，寵踰節。

延熹元年六月，旱。〔一〕

〔一〕京房占曰：「人君無施澤惠利於下，則致旱也。不救，必蝗蟲害穀；其救也，貰讁罰，行寬大，惠兆民，勞功吏，賜鰥寡，稟不足。」案陳蕃上疏：「宮女多聚不御，憂悲之感，以致水旱之困也。」

靈帝熹平五年夏，旱。〔一〕

〔一〕蔡邕作伯夷叔齊碑曰「熹平五年，天下大旱，禱請名山，求獲荅應。時處士平陽蘇騰，字玄成，夢陟首陽，有神馬之使在道。明覺而思之，以其夢陟狀上聞。天子開三府請雨使者，與郡縣戶曹掾吏登山升祠。手書要曰：『君況我聖主以洪澤之福。』天尋興雲，即降甘雨」也。

六年夏，旱。

光和五年夏，旱。

六年夏，旱。是時常侍、黃門僭作威福。

獻帝興平元年秋，長安旱。是時李傕、郭汜專權縱肆。〔一〕

〔一〕獻帝起居注曰：「建安十九年夏四月，旱。」

更始時，南陽有童謠曰：「諧不諧，在赤眉。得不得，在河北。」是時更始在長安，世祖為大司馬平定河北。更始大臣並僭專權，故謠妖作也。後更始遂為赤眉所殺，是更始之不諸在赤眉也。世祖自河北興。

世祖建武六年，蜀童謠曰：「黄牛白腹，五銖當復。」是時公孫述僭號於蜀，時人竊言王莽稱黄，述欲繼之，故稱白；五銖，漢家貨，明當復也。述遂誅滅。王莽末，天水童謠曰：「出吳門，望緹羣。見一蹇人，言欲上天；令天可上，地上安得民！」時隗囂初起兵於天水，後意稍廣，欲爲天子，遂破滅。囂少病蹇。吳門，冀郭門名也。緹羣，山名也。

順帝之末，京都童謠曰：「直如弦，死道邊。曲如鉤，反封侯。」案順帝卽世，孝質短祚，大將軍梁冀貪樹疏幼，以爲己功，專國號令，以贍其私。太尉李固以爲清河王雅性聰明，敦詩悦禮，加又屬親，立長則順，置善則固。而冀建白太后，策免固，徵蠡吾侯，遂卽至尊。固是日幽斃于獄，暴尸道路，而太尉胡廣封安樂鄉侯、司徒趙戒厨亭侯、司空袁湯安國亭侯云。

桓帝之初，天下童謠曰：「小麥青青大麥枯，誰當穫者婦與姑。丈人何在西擊胡，吏買馬，君具車，請爲諸君鼓嚨胡。」案元嘉中涼州諸羌一時俱反，南入蜀、漢，東抄三輔，延及并、冀，大爲民害。命將出衆，每戰常負，中國益發甲卒，麥多委棄，但有婦女穫刈之也。吏買馬，君具車者，言調發重及有秩者也。請爲諸君鼓嚨胡者，不敢公言，私咽語。

桓帝之初，京都童謠曰：「城上烏，尾畢逋。公爲吏，子爲徒。一徒死，百乘車。車班班，入河閒。河閒姹女工數錢，以錢爲室金爲堂。石上慊慊舂黃粱。梁下有懸鼓，我欲擊之丞卿怒。」案此皆謂爲政貪也。城上烏，尾畢逋者，處高利獨食，不與下共，謂人主多聚斂也。公爲吏，子爲徒者，言蠻夷將畔逆，父既爲軍吏，其子又爲卒徒往擊之也。一徒死，百乘車者，言前一人往討胡既死矣，後又遣百乘車往。〔一〕車班班，入河閒者，言上將崩，乘輿班班入河閒迎靈帝也。〔二〕河閒姹女工數錢，〔三〕以錢爲室金爲堂者，靈帝既立，其母永樂太后好聚金以爲堂也。石上慊慊舂黃粱者，言永樂雖積金錢，慊慊常苦不足，使人舂黃粱而食之也。梁下有懸鼓，我欲擊之丞卿怒者，言永樂主教靈帝，使賣官受錢，所祿非其人，天下忠篤之士怨望，欲擊懸鼓以求見，丞卿主鼓者，亦復諂順，怒而止我也。

〔一〕臣昭曰：志家此釋豈未盡乎？往徒一死，何用百乘？其後驗竟爲靈帝作。此言一徒，似斥桓帝，帝貴任羣閹，參委機政，左右前後莫非刑人，有同四徒之長，故言寄一徒也。且又弟則廢黜，身無嗣，魁然單獨，非一而何？百乘車者，乃國之君。解犢後徵，正膺斯數，繼以班班，尤得以類焉。

〔二〕應劭釋此句云：「徵靈帝者，輪班擁節入河閒也。」

〔三〕一本作「妖女」。

桓帝之初，京都童謠曰：「游平賣印自有平，不辟豪賢及大姓。」案到延熹之末，鄧皇后以譴自殺，乃以竇貴人代之，其父名武字游平，拜城門校尉。及太后攝政，爲大將軍，與太俱陳蕃合心戮力，惟德是建，印綬所加，咸得其人，豪賢大姓，皆絕望矣。

桓帝之末，京都童謠曰：「茅田一頃中有井，四方纖纖不可整。嚼復嚼，今年尙可後年鐃。」〔一〕案易曰：「拔茅茹以其彙，征吉。」茅喻羣賢也。井者，法也。于時中常侍管霸、蘇康憎疾海內英哲，與長樂少府劉囂、太常許詠、尙書柳分、〔二〕尋穆、史佟、〔三〕司隸唐珍等，代作脣齒。河內牢川詣闕上書：「汝、潁、南陽，上采虛譽，專作威福；甘陵有南北二部，三輔尤甚。」由是傳考黃門北寺，始見廢閣。茅田一頃者，言羣賢衆多也。中有井者，言雖阨窮，不失其法度也。四方纖纖不可整者，言姦慝大熾，不可整理。嚼復嚼者，京都飲酒相強之辭也。言食肉者鄙，不恤王政，徒耽宴飲歌呼而已也。今年尙可者，言但禁錮也。後年鐃者，陳、竇被誅，天下大壞。

〔一〕風俗通作「譊」。

〔二〕袁山松書曰，柳分權豪之黨，爲范滂所奏者。

〔三〕佟後亦爲司隸。應劭曰，史佟，左官嬙進者也。

桓帝之末，京都童謠曰：「白蓋小車何延延。河閒來合諧，河閒來合諧！」案解犢亭屬饒陽河閒縣也。〔一〕居無幾何而桓帝崩，使者與解犢侯皆白蓋車從河閒來。延延，衆貌也。是時御史劉儵建議立靈帝，以儵爲侍中，中常侍侯覽畏其親近，必當閒己，白拜儵泰山太守，因令司隸迫促殺之。朝廷（必）〔少〕長，思其功效，乃拔用其弟部，致位司徒，此爲合諧也。

〔一〕臣昭案：郡國志饒陽本屬涿，後屬安平。靈帝旣是河閒王曾孫，謠言自是有徵，無侯（明）河閒之縣爲驗。

靈帝之末，京都童謠曰：「侯非侯，王非王，千乘萬騎上北芒。」案到中平六年，史侯登躡至尊，獻帝未有爵號，爲中常侍段珪等數十人所執，公卿百官皆隨其後，到河上，乃得來還。此爲非侯非王上北芒者也。〔一〕

〔一〕英雄記曰：「京師謠歌咸言『河臘叢進』，獻帝臘日生也。風俗通曰：『烏臘烏臘。』」案逆臣董卓滔天虐民，窮凶極惡，關東舉兵欲共誅之，轉相顧望，莫肯先進，處處停兵數十萬，若烏臘蟲，相隨横取之矣。

靈帝中平中，京都歌曰：「承樂世董逃，遊四郭董逃，蒙天恩董逃，帶金紫董逃，行謝恩董逃，整車騎董逃，垂欲發董逃，與中辭董逃，出西門董逃，瞻宮殿董逃，望京城董逃，日夜絕董逃，心摧傷董逃。」〔一〕案「董」謂董卓也，言雖跋扈，縱其殘暴，終歸逃竄，至於滅族也。〔二〕

〔一〕楊孚卓傳曰：「卓改爲董安。」

〔二〕風俗通曰：「卓以董逃之歌主爲己發，大禁絕之，死者千數。」靈帝之末，禮樂崩壞，賞刑失中，毁譽無驗，競飾僞服，以邀典制，遠近翕然，咸名後生放聲者爲時人。有識者竊言：舊曰世人，次曰俗人，今更曰時人，此天促其期也。其閒無幾，天下大壞也。

獻帝踐祚之初，京都童謠曰：「千里草，何青青。十日卜，不得生。」案千里草爲董，十日卜爲卓。凡別字之體，皆從上起，左右離合，無有從下發端者也。今二字如此者，天意若曰：卓自下摩上，以臣陵君也。青青者，暴盛之貌也。不得生者，亦旋破亡。〔一〕

〔一〕獻帝初童謠曰：「燕南垂，趙北際，中央不合大如礪，唯有此中可避世。」公孫瓚以爲易地當之，遂徙鎮焉，乃修城積穀，以待天下之變。建安三年，袁紹攻瓚，瓚大敗，縊其姊妹妻子，引火自焚，紹兵趣登臺斬之。初，瓚破黃巾，殺劉虞，乘勝南下，侵據齊地。雄威大振，而不能開廓遠圖，欲以堅城觀時，坐聽圍戮，斯亦自易地而去世也。

建安初，荊州童謠曰：「八九年閒始欲衰，至十三年無孑遺。」言自中興以來，荊州無破亂，及劉表爲牧，〔民〕又豐樂，至此逮八九年。當始衰者，謂劉表妻當死，諸將並零落也。十三年無孑遺者，言十三年表又當死，民當移詣冀州也。〔一〕

〔一〕干寶搜神記曰：「是時華容有女子忽啼呼云：『〔荊州將〕有大喪！』言語過差，縣以爲妖言，繫獄百餘日，忽於獄中哭曰：『劉荊州今日死。』華容去州數（日）〔百里〕，即遣馬吏驗視，〔而劉〕表果死。縣乃出之。續又歌吟曰：『不意李立爲貴人。』後無幾，曹公平荊州，以涿郡李立，字建賢，爲荊州刺史。」

順帝陽嘉元年十月中，望都蒲陰狼殺童兒九十七人。時李固對策，引京房易傳曰「君將無道，害將及人，去之深山〔以〕全身，厥（災）〔妖〕狼食人」。陛下覺寤，比求隱滯，故狼災

息。〔一〕

〔一〕東觀書曰：「中山相朱遂到官，不出奉祠北嶽。詔曰：『災暴緣類，符驗不虛，政失厥中，狼災爲應，至乃殘食孩幼，朝廷愍悼，思惟咎徵，博訪其故。山嶽尊靈，國所望秩，而遂比不奉祠，怠慢廢典，不務懇惻，淫刑放濫，害加孕婦，毒流未生，感和致災。其詳思改救，追復所失。有不遵憲，舉正以聞。』」

靈帝建寧中，羣狼數十頭入晉陽南城門齧人。〔一〕

〔一〕袁山松書曰：「光和三年正月，虎見平樂觀，又見憲陵上，齧衞士。蔡邕封事曰：『政有苛暴，則虎狼食人。』」

校勘記

三三六六頁一四行　方儲對策　校補謂方儲對策蓋本儲所箸書名，因對策而論次成編者，非皆臨時條對之辭也。按：校補說是，今加書名號。

三三六七頁一三行　隅中至日跌爲日之中　按：殿本「跌」作「昳」。校補謂案周禮司市疏「昳者，差昳之言也」。左氏昭五年傳疏「日昳謂蹉跌而下也」。是差昳卽是蹉跌，昳跌固通作矣。

三三六八頁三行　明主知其然　按：「主」原譌「王」，下「則王道備也」之「王」字原譌「主」，並逕改正。

三三六八頁一一行　荆遂坐復謀反自殺也　按：「復」原譌「後」，逕據汲本、殿本改正。

三三六九頁四行　苗稼更生　按：「苗」原譌「昔」，逕改正。

三六九頁六行　安帝元(年)〔初〕四年秋郡國十淫雨傷稼　校補謂「元年」乃「元初」之譌，各本皆失正。蓋譌沿上和帝永元十年、十三年、十四年、十五年迭舉之例，不覺其譌。然自孝武建元以下，史無書元不著年號者。況安帝屢改元，不書年號，何以辨之？且據本書安紀，亦惟元初四年秋七月京師及郡國十雨水，而由元初元年秋上溯永初元年秋，皆無此異，是其爲譌亦顯而易見也。今據改。

三七〇頁八行　共誣(日)〔白〕勃海王悝謀反　據汲本改。

三七〇頁一三行　皆幘而衣婦人衣繡擁髾　按：集解引錢大昕說，謂光武紀作「繡镼」。又引惠棟說，謂「髾」依續漢書當作「袦」。

三七一頁八行　乃拜故司徒韓寅爲司隸校尉　按：殿本考證謂「寅」當作「演」。

三七二頁六行　四牡彭彭　按：校補引柳從辰說，謂今毛詩大明卒章作「駟騵彭彭」。

三七三頁一〇行　袁山松〔書〕曰　據汲本補。

三七三頁一三行　后父禁爲(平)陽〔平〕侯　據集解引錢大昕說改。

三七四頁四行　視之得玉鉤玦各一　按：集解引惠棟說，謂「視」東觀記作「掘」。

三七四頁五行　〔玦〕周五寸四分　據東觀記及宋書符瑞志補。

三七四頁一三行　靈帝光和元年南宮平城門內屋武庫屋及外東垣屋前後頓壞　按：集解引惠棟說，謂靈帝紀以爲熹平六年二月事。

三二七五頁五行　南北三十餘閒　按：集解引洪亮吉說，謂案靈帝紀注引此志又云「四十餘閒」，未知誰誤。

三二七五頁七行　獻帝初平二年三月長安宣平城門外屋無故自壞　按：校補謂本書獻紀書長安宣平城門外屋自壞事在初平四年三月。

三二七五頁九行　袁山松〔書〕曰　據汲本補。

三二七五頁一四行　厥罰恆陽　按：殿本「陽」作「暘」。

三二七六頁七行　金性從刑　按：今尚書大傳引鄭注「刑」作「形」。

三二七六頁七行　無故(治)〔治〕之不銷　據汲本改。

三二七六頁八行　從(人)〔火〕而更　據集解引惠棟說改。

三二七六頁一三行　故常陽也　按：殿本「陽」作「暘」。下「則常陽從之」，同。

三二七七頁四行　今事(王)〔主〕事　據汲本、殿本改。

三二七七頁一四行　王者𤋮惟其祥　按：汲本、殿本「惟」作「推」。

三二七八頁六行　上疏云久旱　按：此下有脫文。

三二七八頁六行　侍御史孔子豐　汲本、殿本「孔子豐」作「孔豐」。按：孔豐字子豐，太常孔臧之後也。

三七八頁一〇行　(牧)〔收〕令下獄抵罪　據汲本、殿本改。

三七八頁一二行　(丹)〔雒〕陽郡國二十二並旱　校補謂案古今注京師皆稱雒陽，此「丹陽」乃「雒陽」之譌，各本皆未正。今據改。

三七八頁一三行　安帝永初六年夏旱　按：此「安帝」二字原誤作注文，與下注「古今注曰」云云六十字並雜入上條注文下，今據校補說移正。

三七八頁一六行　三年郡國八　按：殿本「八」下有「旱」字。

三七九頁四行　三年夏旱　按：校補謂劉昭補注之例，非引他書，則云「臣昭案」，亦有省言「案」者。若既不引書，又不言案，則明是轉寫脫誤。「三年夏旱」上當有「臣昭案本紀」五字。

三七九頁一二行　沖帝永(嘉)〔憙〕元年夏旱　集解引何焯說，謂「嘉」當作「憙」。今據改。

三七九頁一三行　太尉李固勸太后(及)兄梁冀立嗣帝　校補謂「太后及兄」不成文，且固時不能親言於太后，固傳亦無固親勸太后立長君事，當作「太后兄」，去「及」字。今據刪。

三八〇頁六行　平陽蘇騰　按：集解引惠棟說，謂案水經注，蘇騰河南平縣人，非平陽也。蔡邕集作「平原」，尤誤。

三八一頁八行　固是日幽斃于獄　按：張森楷校勘記謂案本紀，固以本初元年免官，建和元年下獄死，而云「是日」，非也。

三三八二頁六行　慊慊常苦不足　按：汲本、殿本「苦」作「若」。

三三八三頁五行　河內牢川詣闕上書　按：集解引錢大昕說，謂「牢川」黨錮傳作「牢修」。

三三八三頁七行　嚼復嚼者京都飲酒相強之辭也　按：王先謙謂既云飲酒相強之詞，則「嚼」當爲「釂」，言飲酒盡也。此自漢世俗傳，以雙聲致誤。其正字須知，否則不可通矣。

三三八四頁一行　朝廷（必）〔少〕長思其功效　據汲本、殿本改。

三三八四頁三行　無侯〔明〕河閒之縣爲驗　據汲本、殿本補。按：「河」原譌「何」，逕改正。

三三八五頁八行　及劉表爲牧〔民〕又豐樂　據集解引惠棟說補。

三三八五頁八行　至此逮八九年　集解引惠棟說，謂「此」字衍，「逮」爲「建」之譌，脫「安」字。張森楷校勘記謂案八安字形不近，且是釋上「八九年」文，「八」字不當去，疑「八」上有「安」字，誤奪。按：如惠說，當作「至建安九年」；如張說，當作「至建安八九年」。張說較長。

三三八五頁一〇行　〔荊州將〕有大喪　據集解引惠棟說補。

三三八五頁一一行　華容去州數（日）〔百里〕　據集解引惠棟說改。

三三八五頁一二行　〔而劉〕表果死　據集解引惠棟說補。

三三八五頁一四行　去之深山〔以〕全身　據集解引惠棟說補。

三三八五頁一四行　厥（災）〔妖〕狼食人　據集解引惠棟說改。

後漢書志第十四

五行二

災火　草妖　羽蟲孽　羊禍

五行傳曰：「棄法律，〔一〕逐功臣，〔二〕殺太子，〔三〕以妾爲妻，〔四〕則火不炎上。」〔五〕謂火失其性而爲災也。又曰：「視之不明，是謂不悊。〔六〕厥咎舒，〔七〕厥罰常燠，〔八〕厥極疾。〔九〕時則有草妖，〔一〇〕時則有蠃蟲之孽，〔一一〕時則有羊禍，〔一二〕時則有赤眚、赤祥，惟水沴火。」蠃蟲，劉歆傳以爲羽蟲。

〔一〕鄭玄注尚書大傳曰：「東井主法令也。」

〔二〕鄭玄曰：「功臣制法律者也。或曰，喙主尚食，七星主衣裳，張爲食廚，翼主天倡。經曰：『帝曰：臣作朕股肱耳目，予欲左右有民，汝翼。予欲觀古人之象，日、月、星辰、山、龍、華蟲，作繢宗彝，藻、火、粉、米、黼、黻，絺繡，以五采章施于五色作服，汝明。予欲聞六律、五聲、八音，在治忽，以出納五言，汝聽。』是則食與服樂，臣之所用爲大功也。七星北有酒旗，南有天廚，翼南有器府。」

〔三〕鄭玄曰：「五行火生土，天文以參繼東井，四時以秋代夏，殺太子之象也。春秋傳曰：『夫千乘之主，將廢正而立不正，必殺正也。』」

〔四〕鄭玄曰：「軒轅爲后妃，屬南宮。其大星女主之位。女御在前，妾爲妻之象也。」

〔五〕鄭玄曰：「君行此四者，爲逆天南宮之政。南宮於地爲火，火性炎上，然行人所用烹飪者也，無故因見作熱，燔熾爲害，是爲火不炎上。其他變異，皆屬沴。」春秋考異郵曰：「火者，陽之精也。人合天氣五行陰陽，極陰反陽，極陽生陰，故應人行以災不祥，在所以感之，萌應轉旋，從逆殊心也。」

〔六〕鄭玄曰：「視，瞭也。君視不明，則是不能瞭其事也。」洪範曰：「視曰明。」

〔七〕讖曰：「君舒怠，臣下有倦，白黑不別，賢不肖並，不能憂民急，氣爲之舒緩，草不搖。」鄭玄曰：「君臣不瞭則舒緩矣。」

〔八〕鄭玄曰：「視曰火，火主夏。夏氣長，長氣失，故常燠。」

〔九〕鄭玄曰：「長氣失，故於人爲疾。」

〔一〇〕鄭玄曰：「草，視之物可見者，莫衆於草。」

〔一一〕鄭玄曰：「蠶螟蟲之類。蟲之生於火而藏於秋者也。」

〔一二〕鄭玄曰：「羊畜之遠視者也，屬視。」

建武中，漁陽太守彭寵被徵。書至，明日潞縣火，災起城中，飛出城外，燔千餘家，殺人。京房易傳曰：「上不儉，下不節，盛火數起，燔宮室。」儒說火以明爲德而主禮。時寵

與幽州牧朱浮有隙，疑浮見浸譖，故意狐疑，其妻勸無應徵，遂反叛攻浮，卒誅滅。〔一〕

〔一〕古今注曰：「建武六年十二月，雒陽市火。二十四年正月戊子，雷雨霹靂，火災高廟北門。明帝永平元年六月己亥，桂陽見火飛來，燒城寺。章帝建初元年十二月，北宮火燒壽安殿，延及右掖門。元和三年六月丙午，雷雨，火燒北宮朱爵西闕。」

和帝永元八年十二月丁巳，南宮宣室殿火。是時和帝幸北宮，竇太后在南宮。明年，竇太后崩。

十三年八月己亥，北宮盛饌門閣火。是時和帝幸鄧貴人，陰后寵衰怨恨，上有欲廢之意。明年，會得陰后挾僞道事，遂廢遷于桐宮，以憂死，立鄧貴人爲皇后。

十五年六月辛酉，漢中城固南城門災。此孝和皇帝將絕世之象也。其後二年，宮車晏駕，殤帝及平原王皆早夭折，和帝世絕。

安帝〔一〕永初二年四月甲寅，漢陽（河）〔阿〕陽城中失火，燒殺三千五百七十人。先是和帝崩，有皇子二人，皇子勝長，鄧皇后貪殤帝少，欲自養長立之。延平元年，殤帝崩。勝有厥疾不篤，羣臣咸欲立之，太后以前既不立勝，遂更立清河王子，是爲安帝。司空周章等心不（掩）〔厭〕服，謀欲誅鄧氏，廢太后、安帝，而更立勝。元年十一月，事覺，章等被誅。其後涼州叛羌爲害大甚，涼州諸郡寄治馮翊、扶風界。及太后崩，鄧氏被誅。

〔一〕古今注曰：「永初元年十二月，河南郡縣火，燒殺百五人。二年，河南郡縣又失火，燒五百八十四人。」

四年三月戊子，杜陵園火。

元初四年二月壬戌，武庫火。〔一〕是時羌叛，大爲寇害，發天下兵以攻禦之，積十餘年未已，天下厭苦兵役。

〔一〕東觀書曰：「燒兵物百〔一〕〔二〕十五種，直千萬以上。」

延光元年八月戊子，陽陵園寢殿火。凡災發于先陵，此太子將廢之象也。若曰：不當廢太子以自翦，如火不當害先陵之寢也。明年，上以讒言廢皇太子爲濟陰王。後二年，宮車晏駕。中黃門孫程等十九人起兵殿省，誅賊臣，立濟陰王。

四年秋七月乙丑，漁陽城門樓災。

順帝永建三年七月丁酉，茂陵園寢災。〔一〕

〔一〕古今注曰：「二年五月戊辰，守宮失火，燒宮藏財物盡。四年，河南郡縣失火，燒人六畜。」

陽嘉元年，恭陵廡災，及東西莫府火。〔一〕太尉李固以爲奢僭所致。陵之初造，禍及枯骨，規廣治之尤飾。又上欲更造宮室，益臺觀，故火起莫府，燒材木。

〔一〕古今注曰「十二月，河南郡國火燒廬舍，殺人」也。

永和元年十月丁未，承福殿火。〔一〕先是爵號阿母宋娥爲山陽君；后父梁商本國侯，

又多益商封；商長子冀當繼商爵，以商生在，復更封冀爲襄邑侯；追號后母爲開封君：皆過差非禮。〔二〕

〔一〕臣昭案楊厚傳是災。

〔二〕古今注曰：「六年十二月，雒陽酒市失火，燒肆，殺人。」

漢安元年三月甲午，雒陽劉漢等百九十七家爲火所燒，〔一〕後四年，宮車比三晏駕，建和元年君位乃定。

〔一〕東觀書曰：「其九十家不自存，詔賜錢廩穀。」古今注曰：「火或從室屋閒物中，不知所從起，數月乃止。十二月，雒陽失火。」

桓帝建和二年五月癸丑，北宮掖庭中德陽殿火，及左掖門。先是梁太后兄冀挾姦枉，以故太尉李固、杜喬正直，恐害其事，令人誣奏固、喬而誅滅之。是後梁太后崩，而梁氏誅滅。

延熹四年正月辛酉，南宮嘉德殿火。戊子，丙署火。二月壬辰，武庫火。五月丁卯，原陵長壽門火。先是亳后因賤人得幸，號貴人，爲后。上以后母宣爲長安君，封其兄弟，愛寵隆崇，又多封無功者。去年春，白馬令李雲坐直諫死。至此彗除心、尾，火連作。

五年正月壬午，南宮丙署火。四月乙丑，恭北陵東闕火。戊辰，虎賁掖門火。五月，康陵園寢火。甲申，中藏府承祿署火。七月己未，南宮承善闥內火。

六年四月辛亥，康陵東署火。七月甲申，平陵園寢火。

八年二月己酉，南宮嘉德署、黄龍、千秋萬歲殿皆火。四月甲寅，安陵園寢火。閏月，南宮長秋、和歡殿後鉤盾、掖庭朔平署各火。十一月壬子，德陽前殿西閤及黄門北寺火，殺人。〔一〕

〔一〕袁山松書曰：「是時連月有火災，諸（官）〔宮〕寺或一日再三發。又夜有訛言，擊鼓相驚。陳蕃、劉（智）〔矩〕、劉茂上疏諫曰：『古之火皆君弱臣強，極陰之變也。前始春而獄刑慘，故火不炎上。前入春節連寒，木冰，暴風折樹，又八九州郡並言隕霜殺菽。春秋晉執季孫行父，木爲之冰。夫氣弘則景星見，化錯則五星開，日月蝕。災爲已然，異爲方來，恐卒有變，必於三朝，唯善政可以已之。願察臣前言，不棄愚忠，則元元幸甚。』書奏不省。」

九年三月癸巳，京都夜有火光轉行，民相驚譟。〔一〕

〔一〕袁山松書曰：「是時宦豎專朝，鉤黨事起，上尋無嗣，陳蕃、竇武爲曹節等所害，天下無復紀綱。」

靈帝熹平四年五月，延陵園災。

光和四年閏月辛酉，北宮東掖庭永巷署災。〔一〕

〔一〕陳蕃諫云：「楚女悲而西宮災，不御宮女，怨之所致也。」

五年五月庚申，德陽前殿西北入門內永樂太后宮署火。

中平二年二月己酉，南宮雲臺災。庚戌，樂（城）〔成〕門災，〔一〕延及北闕，〔度〕道西燒嘉德、和歡殿。案雲臺之災自上起，榱題數百，同時並然，若就縣華鐙，其日燒盡，延及白虎、威興門、尚書、符節、蘭臺。夫雲臺者，乃周家之所造也，圖書、術籍、珍玩、寶怪皆所藏在也。京房易傳曰：「君不思道，厥妖火燒宮。」是時黃巾作慝，變亂天常，七州二十八郡同時俱發，命將出衆，雖頗有所禽，然宛、廣宗、曲陽尚未破壞，役起負海，杼柚空懸，百姓死傷已過半矣。而靈帝曾不克己復禮，虐侈滋甚，尺一雨布，騶騎電激，官非其人，政以賄成，內嬖鴻都，並受封爵。京都爲之語曰：「今茲諸侯歲也。」天戒若曰：放賢賞淫，何以舊典爲？故焚其臺門祕府也。其後三年，靈帝暴崩，續以董卓之亂，火三日不絕，京都爲丘墟矣。〔二〕

〔一〕南宮中門。

〔二〕魏志曰：「魏明帝青龍二年，崇華殿災，詔問太史令高堂隆：『此何咎？於禮寧有祈禳之義乎？』對曰：『夫災變之發，皆所以明教誡也，唯率禮修德可以勝之。易傳曰：「上不儉，下不節，孽火燒其室。」又曰：「君高其臺，天火爲災。」此人君苟飾宮室，不知百姓空竭，故天應之以旱，火從高殿起也。上天降監，故譴告陛下，陛下宜增崇人道，以荅天意。昔太戊有桑穀生於朝，武丁有雊雉登於鼎，皆聞災恐懼，側身修德，三年之後，遠夷朝貢，故號曰中宗、高宗。此則前代之明鑒也。今案舊占，災火之發，皆以臺榭宮室爲誡。然今宮室之所以充廣者，實由宮人猥多之故，宜簡擇留其淑懿，如周之制，罷省其餘。此則祖己之所以訓高宗，高宗之所以享遠號也。』詔問隆：『吾聞漢武帝時柏梁災，而起宮殿以厭之，其義云何？』對曰：『臣聞西京柏梁既災，越巫陳方，建章是營，以厭火祥，乃夷越之巫所爲，非聖賢之明訓也。五行志曰：「柏梁災，其後有江充巫蠱衞太子事。」如志之言，越巫建章無所厭也。孔子曰：「災者，修類應行，精祲相感，以戒人君。」是以聖主覩災責躬，退以修德，以消復之。今宜罷散民役，宮室之制務從約節，內足以待風雨，外足以講禮儀，淸掃所災之處，不敢於此有所立作，萐莆嘉禾，必生此地，以報陛下虔恭之德。疲民之力，竭民之財，實非所以致符瑞而懷遠人也。』」臣昭曰：高堂隆之言災，其得天心乎！雖與本志所明不同，靈帝之時有焉，故載其言，廣災異也。

獻帝初平元年八月，霸橋災。其後三年，董卓見殺。〔一〕

〔一〕臣昭案：劉焉傳，興平元年，天火燒其城府輜重，延及民家，館邑無餘也。

庶徵之恆燠，漢書以冬溫應之。中興以來，亦有冬溫，而記不錄云。〔一〕

〔一〕越絕范蠡曰：「春燠而不生者，王者德不完也。夏寒而不長者，臣下不奉主令也。秋暑而復榮者，百官刑不斷也。冬溫而泄者，發府庫賞無功也。此四者，邦之禁也。」管子曰：「臣乘君威，則陰侵陽，盛夏雪降，冬不冰也。」

安帝元初三年，有瓜異本共生，〔一〕〔八〕瓜同蔕，時以爲嘉瓜。或以爲瓜者外延，離本而實，女子外屬之象也。是時閻皇后初立，後閻后與外親耿寶等共譖太子，廢爲濟陰王，更外迎濟北王子犢立之，草妖也。〔一〕

〔一〕古今注曰：「和帝永元七年三月，江夏縣民舍柱生兩枝，其一長尺五寸，分爲八枝，其一長尺六寸，分爲五枝，皆青也。」

桓帝延熹九年，雒陽城局竹柏葉有傷者。占曰：「天子凶。」

靈帝熹平三年，右校別作中有兩樗樹，皆高四尺所，其一株宿夕暴長，長丈餘，大一圍，作胡人狀，頭目鬢鬚髮備具。京房易傳曰：「王德衰，下人將起，則有木生人狀。」〔一〕

〔一〕臣昭以木生人狀，下人將起，京房之占雖以證驗，貌類胡人，猶未辨了。董卓之亂，實擁胡兵，傕、氾之時，充斥尤甚，遂窺闈宮嬪，剽虐百姓。鮮卑之徒，踐藉畿封，胡之害深，亦已毒矣。

五年十月壬午，御所居殿後槐樹，皆六七圍，自拔，倒豎根在上。〔一〕

〔一〕臣昭曰：「槐是三公之象，貴之也。靈帝授位，不以德進，貪愚是升，清賢斯黜，槐之倒植，豈以斯乎？」

中平元年夏，東郡，陳留濟陽、長垣，濟陰冤句、離狐縣界，〔一〕有草生，其莖靡纍腫大如手指，狀似鳩雀龍蛇鳥獸之形，五色各如其狀，毛羽頭目足翅皆具。〔二〕近草妖也。是歲黃巾賊始起。皇后兄何進，異父兄朱苗，皆爲將軍，領兵。後苗封濟陽侯，進、苗遂秉威權，持國柄，漢遂微弱，自此始焉。〔三〕

〔一〕風俗通曰：「西及城皇陽武城郭路邊。」

〔二〕風俗通曰：「亦作人狀，操持兵弩，萬萬備具，非但仿佛，類良熟然也。」

〔三〕應劭曰：「關東義兵先起於宋、衞之郊，東郡太守橋瑁負衆怙亂，陵蔑同盟，忿嫉同類，以殞厥命。陳留、濟陰迎助，謂爲離德，棄好卽戎，吏民殲之。草妖之興，豈不或信！」

中平中，長安城西北六七里空樹中，有人面生鬢。〔一〕

〔一〕魏志曰：「建安二十五年正月，曹公在雒陽，起建始殿，伐濯龍樹而血出。又掘徙梨，根傷而血出。曹公惡之，遂寢疾，是月薨。」

獻帝興平元年九月，桑復生椹，可食。〔一〕

〔一〕臣昭曰：桑重生椹，誠是木異，必在濟民，安知非瑞乎？時蒼生死敗，周、秦殲盡，餓魂餒鬼，不可勝言，食此重椹，大拯危命，雖連理附枝，亦不能及。若以爲怪，則建武野穀旅生，麻菽尤盛，復是草妖邪？

安帝延光三年二月戊子，有五色大鳥集濟南臺，十月，又集新豐，時以爲鳳皇。或以爲鳳皇陽明之應，故非明主，則隱不見。凡五色大鳥似鳳者，多羽蟲之孽。是時安帝信中常侍樊豐、江京、阿母王聖及外屬耿寶等讒言，免太尉楊震，廢太子爲濟陰王，不悊之異也。章帝末，號鳳皇百四十九見。時直臣何敞以爲羽孽似鳳，翺翔殿屋，不察也。〔一〕記者以爲其後章帝崩，以爲驗。案宣帝、明帝時，五色鳥羣翔殿屋，賈逵以爲胡降徵也。帝多善政，雖有過，不及至衰缺，末年胡降二十萬口，(爾)〔是〕其驗也。帝之時，羌胡外叛，讒慝內興，羽孽之時也。樂叶圖徵說五鳳皆五色，爲瑞者一，爲孽者四。〔二〕

〔一〕臣昭曰：已論之於敞傳。

〔二〕叶圖徵曰：「似鳳有四，並為妖：一曰鷫鸘，鳩喙，圓目，身義戴信嬰禮膺仁負智，至則旱役之感也；二曰發明，烏喙，大頸，大翼，大脛，身仁戴智嬰義膺信負禮，至則喪之感也；三曰焦明，長喙，疏翼，圓尾，身義戴信嬰仁膺智負禮，至則水之感也；四曰幽昌，兌目，小頭，大身，細足，脛若鱗葉，身智戴信負禮膺仁，至則旱之感也。」國語曰：「周之興也，鸑鷟鳴岐。」說文曰：「五方神鳥：東方曰發明，南方曰焦明，西方曰鷫鸘，北方曰幽昌，中央曰鳳皇。」

桓帝元嘉元年十一月，五色大鳥見濟陰己氏。時以為鳳皇。此時政治衰缺，梁冀秉政阿枉，上幸亳后，皆羽孽時也。〔一〕

〔一〕臣昭案：魏朗對策，桓帝時雉入太常、宗正府。朗說見本傳注。

靈帝光和四年秋，五色大鳥見于新城，衆鳥隨之，時以為鳳皇。時靈帝不恤政事，常侍、黃門專權，羽孽之時也。衆鳥之性，見非常班駮，好聚觀之，至於小爵希見梟者，皷見猶聚。

中平三年八月中，懷陵上有萬餘爵，先極悲鳴，已因亂鬬相殺，皆斷頭，懸著樹枝枳棘。到六年，靈帝崩，大將軍何進以內寵外嬖，積惡日久，欲悉糾黜，以隆更始冗政，而太后持疑，事久不決。進從中出，於省內見殺，因是有司盪滌虔劉，後祿而尊厚者無餘矣。夫陵者，高大之象也。天戒若曰：諸懷爵祿而尊厚者，還自相害至滅亡也。〔一〕

〔一〕古今注曰：「建武九年，六郡八縣鼠食稼。」張璠紀曰：「初平元年三月，獻帝初入未央宮，翟雉飛入未央宮，獲之。」獻帝春秋曰：「建安七年，五色大鳥集魏郡，衆鳥數千隨之。」魏志曰：「二十三年，禿鶖集鄴宮文昌殿後池。」

桓帝建和三年秋七月，北地廉雨肉似羊肋，〔一〕或大如手。近赤祥也。是時梁太后攝政，兄梁冀專權，枉誅漢良臣故太尉李固、杜喬，天下冤之。其後梁氏誅滅。

〔一〕說文曰：「肋，脅骨也。」

校勘記

三三九一頁五行　厥咎舒　按：集解引惠棟說，謂「舒」一作「荼」。

三三九二頁二行　漢陽（河）〔阿〕陽城中失火　據集解引錢大昕說改。

三三九三頁一三行　司空周章等心不（掩）〔厭〕服　據汲本、殿本改。

三三九四頁五行　燒兵物百（一）〔二〕十五種　據汲本、殿本改，與聚珍版東觀記合。

三三九四頁一五行　永和元年十月丁未　按：校補謂紀作「丁亥」。

三三九五頁一三行　先是亳后因賤人得幸　按：集解引錢大昕說，謂桓帝鄧皇后初冒姓梁氏，帝惡梁氏，改姓爲薄。而李雲傳云「立掖庭民女亳氏爲皇后」，此志亦云「亳后」，蓋古文亳與薄通。

三三九五頁一三行　愛寵隆崇　按：校補謂案文「愛」當作「爵」。

三三九六頁六行　諸(官)〔宮〕寺或一日再三發　據汲本、殿本改。

三三九六頁六行　陳蕃劉(智)〔矩劉〕茂上疏諫　按：時無劉智茂其人。集解引惠棟說，謂當是劉矩、劉茂。矩爲司徒，茂爲司空，陳蕃時爲太尉也。今據改。

三三九六頁一五行　永樂太后宮署火　按：校補謂本書靈紀「火」作「災」，章懷注引志亦作「災」，疑此作「火」誤。

三三九七頁一行　中平二年二月己酉南宮雲臺災庚戌樂(城)〔成〕門災　按：本書靈紀書「二月己酉，南宮大災」。章懷注引志云「時燒靈臺殿、樂成殿」。何焯以爲此「雲臺」似當爲「靈臺」。惠棟謂御覽八百三十三卷正作「靈臺」。校補則謂靈臺在北郊，與南宮雲臺無涉，紀注引續志文有誤，御覽文字轉鈔多謬，更不足證。惟「樂城」之「城」，應從章懷注作「成」。志注既明言南宮中門，而紀注以爲樂成殿，蓋門係於殿，以殿言，則知是宮中之門，非城門，或紀注「殿」下原有「門」字，轉寫脫去耳。今據改。

三三九七頁一行　延及北闕〔度〕道西燒嘉德和歡殿　集解引惠棟說，謂「闕」下御覽有「度」字。按：靈紀章懷注引亦有「度」字，今據補。

三二九八頁一一行　〔一〕〔八〕瓜同蔕　集解引惠棟說，謂符瑞志云「東平陵有瓜異處共生，八瓜同蔕」。「一」當作「八」。今據改。

三二九九頁一一行　皇后兄何進異父兄朱苗皆爲將軍　按：集解引錢大昕說，謂案靈帝紀及何后紀皆稱何苗，苗本姓朱，惟見于此。此稱異父兄，而前卷稱同母弟，亦小異。

三三〇〇頁二行　又掘徒梨　按：「徒」原譌「徙」，逕改正。

三三〇〇頁一三行　〔爾〕〔是〕其驗也　據汲本、殿本改。

三三〇一頁二行　大翼　原作「翼大」，逕據汲本、殿本乙正。

三三〇一頁一四行　後祿而尊厚者無餘矣　按：校補謂據下文，「後」當作「懷」。

後漢書志第十五

五行三

大水　水變色　大寒　雹　冬雷　山鳴　魚孽　蝗

五行傳曰：「簡宗廟，不禱祠，〔一〕廢祭祀，〔二〕逆天時，〔三〕則水不潤下。」〔四〕謂水失其性而爲災也。〔五〕又曰：「聽之不聰，是謂不謀。〔六〕厥咎急，〔七〕厥罰恆寒，〔八〕厥極貧。〔九〕時則有鼓妖，〔一〇〕時則有魚孽，〔一一〕時則有豕禍，〔一二〕時則有耳痾，〔一三〕時則有黑眚、黑祥，惟火沴水。」魚孽，劉歆傳以爲介蟲之孽，謂蝗屬也。〔一四〕

〔一〕鄭玄注曰：「虛、危爲宗廟。」

〔二〕鄭玄曰：「牽牛主祭祀之牲。」

〔三〕鄭玄曰：「月在星紀，周以爲正，月在玄枵，殷以爲正，皆不得四時之正，逆天時之象也。春秋定十五年『夏五月辛(卯)〔亥〕郊』，譏運卜三正，以至失時，是其類也。」

〔四〕鄭玄曰：「君行此四者，爲逆天北宮之政也。北宮於地爲水。水性浸潤下流，人所用灌溉者也。無故源流竭絕，川澤以涸，是爲不潤下。其他變異皆屬沴。」

〔五〕太公六韜曰：「人主好破壞名山，壅塞大川，決通名水，則歲多大水，五穀不成也。」

〔六〕鄭玄曰：「君聽不聰，則是不能謀其事也。」洪範曰：「聰作謀。」孔安國曰：「所謀必成當。」馬融曰：「上聰則下進其謀。」

〔七〕鄭玄曰：「君臣不謀則急矣。」易傳曰：「誅罰絕理，不云下也；顓事有知，不云謀也。」

〔八〕鄭玄曰：「聽曰水，水主冬，冬氣藏，藏氣失，故常寒。」

〔九〕鄭玄曰：「藏氣失，故於人爲貧。」

〔一〇〕鄭玄曰：「鼓聽之應也。」

〔一一〕鄭玄曰：「魚，蟲之生水而游於水者也。」

〔一二〕鄭玄曰：「豕，畜之居閑衞而聽者也，屬聽。」

〔一三〕鄭玄曰：「聽氣失之病。」

〔一四〕月令章句：「介者，甲也。謂龜蟹之屬也。」古今注曰：「光武建武四年，東郡以北傷水。七年六月戊辰，雒水盛，溢至津城門，帝自行水，弘農都尉治（折）〔析〕爲水所漂殺，民溺，傷稼，壞廬舍。二十四年六月丙申，沛國睢水逆流，一日一夜止。章帝建初八年六月癸巳，東昏城下池水變赤如血。」臣昭案：諸史光武之時，郡國亦嘗有水災，而志不載。本紀「八年秋大水」，又云「是歲大水」，今據杜林之傳，列之孝和之前。東觀書曰：「建武八年閒，郡國比大水，涌泉盈溢。杜林以爲倉卒時兵擅權作威，張氏雖皆降散，猶尚有遺脫，長吏制御無術，令得復熾，元元侵陵之所致也。上疏曰：『臣聞先王無二道，明聖用而治。見惡如農夫之務去草焉，芟夷蘊崇之，絕其本根，勿使能殖，畏其易也。古今通道，傳其法於有根。狼子野心，奔馬善驚。成王深知其終卒之患，故以殷氏六族分伯禽，七族分康叔，懷姓九宗分唐叔，撿押其姦宄，又遷其餘於成周，舊地雜俗，旦夕拘錄，所以挫其強御之力，詘其驕恣之節也。及漢初興，上稽舊章，合符重規，徙齊諸田，楚昭、屈、景，燕、趙、韓、魏之後，以稍弱六國強宗。邑里無營利之家，野澤無兼并之民，萬里之統，海內賴安。後輒因衰𪗋之痛，脅以送終之義，故遂相率而陪園陵，無反顧之心。追觀往法，政皆神道設教，強幹弱枝，本支百世之要也。是以皆永享康寧之福，無怵惕之憂，繼嗣承業，恭己而治，蓋此助也。其被災害民輕薄無累重者，兩府遣吏護送饒穀之郡。或懼死亡，卒爲傭賃，亦所以消散其口救，贍全其性命也。昔魯隱有賢行，將致國於桓公，乃留連貪位，不能早退。況草創兵長，卒無德能，直以擾亂，乘時擅權，作威玉食，(狃)〔狙〕猱之意，徼幸之望，曼延無足，張步之計是也。小民負縣官不過身死，負兵家滅門殄世。陛下昭然獨見成敗之端，或屬諸侯官府，元元少得舉首仰視，而尙遺脫，二千石失制御之道，令得復昌熾從橫。比年大雨，水潦暴長，涌泉盈溢，災壞城郭官寺，吏民廬舍，潰徙離處，潰成坑坎。臣聞水，陰類也。易卦「地上有水比」，言性不相害，故曰樂也。而猥相毀墊淪失，常敗百姓安居。殆陰下相爲蠹賊，有小大勝負不齊，均不得其所，侵陵之象也。詩云：「畏天之威，于時保之。」唯陛下留神明察，往來懼思，天下幸甚。』」謝承書曰：「陳宣子興，沛國蕭人也。剛猛性毅，博學，明魯詩。遭王莽簒位，隱處不仕。光武即位，徵拜諫議大夫。建武十年，雒水出造津，城門校尉欲奏塞之，宣曰：『昔周公卜雒以安宗廟，爲萬世基，水不當入城門。如爲災異，人主過而不可辭，塞之無益。昔東郡金堤大決，水欲沒郡，令、吏、民散走；太守王尊亡身勑以住立不動，水應時自消。尊人臣，尙修正弭災，豈況朝廷中興聖主，天所挺授，水必不入。』言未絕，水去。上善其言。後乘輿出，宣列引在前，行遲，乘輿欲驅，鉤宣車蓋使疾行，御者墮車下。宣前諫曰：『王者承天統地，動有法度，車則和鸞，步則佩玉，動靜應天。昔孝文時，邊方有獻千里馬者，還而不受。陛下宜上稽唐虞，下以文帝爲法。』上納其言，遂徐行按轡。遷爲河堤謁者，以病免，卒於家。」

和帝永元元年七月，郡國九大水，傷稼。〔一〕京房易傳曰：「顓事有知，誅罰絕理，厥災水。其水也，（而）〔雨〕殺人，隕霜，大風，天黃。飢而不損，茲謂泰，厥水水殺人。辟遏有德，茲謂狂，厥水水流殺人，已水則地生蟲。歸獄不解，茲謂追非，厥水寒殺人。追誅不解，茲謂不理，厥水五穀不收。大敗不解，茲謂皆陰，厥水流入國邑，隕霜殺穀。」〔二〕是時和帝幼，竇太后攝政，其兄竇憲幹事，及憲諸弟皆貴顯，並作威虐，嘗所怨恨，輒任客殺之。其後竇氏誅滅。〔三〕

〔一〕穀梁傳曰：「高下有水災曰大水。」

〔二〕春秋考異郵曰「陰盛臣逆，民悲情發，則水出河決」也。

〔三〕東觀書曰：「十年五月丁巳，京師大雨，南山水流出至東郊，壞民廬舍。」

十二年六月，潁川大水，傷稼。是時和帝幸鄧貴人，陰有欲廢陰后之意，陰后亦懷恚怨。一曰，先是恭懷皇后葬禮有闕，竇太后崩後，乃改殯梁后，葬西陵，徵舅三人皆爲列侯，位特進，賞賜累千金。〔一〕

〔一〕廣州先賢傳曰：「和帝時策問陰陽不和，或水或旱，方正鬱林布衣養奮，字叔高，對曰：『天有陰陽，陰陽有四時，四時有政令。春夏則予惠布施寬仁，秋冬則剛猛盛威行刑。賞罰殺生各應其時，則陰陽和，四時調，風雨時，五穀升。今則不然，長吏多不奉行時令，爲政舉事干逆天氣，上不卹下，下不忠上，百姓困乏而不卹哀，衆怨鬱積，故陰陽不和，風雨不時，災害緣類。水者陰盛，小人居位，依公營私，讒言誦上。雨漫溢者，五穀有不升而賦稅不爲減，百姓虛竭，家有愁心也。』」

殤帝延平元年五月，郡國三十七大水，傷稼。董仲舒曰：「水者，陰氣盛也。」是時帝在襁抱，鄧太后專政。〔一〕

〔一〕臣昭案：本紀是年九月，六州大水。袁山松書曰：「六州河、濟、渭、雒、洧水盛長，泛溢傷秋稼。」

安帝永初元年冬十月辛酉，河南新城山水虣出，突壞民田，壞處泉水出，深三丈。是時司空周章等以鄧太后不立皇太子勝而立清河王子，故謀欲廢置。十一月，事覺，章等被誅。是年郡國四十一水出，漂沒民人。〔一〕讖曰：「水者，純陰之精也。陰氣盛洋溢者，小人專制擅權，妒疾賢者，依公結私，侵乘君子，小人席勝，失懷得志，故涌水爲災。」

〔一〕謝沈書曰：「死者以千數。」

二年，大水。〔一〕

〔一〕臣昭案：本紀京師及郡國四十（有）〔大〕水。周嘉傳是夏旱，嘉收葬客死骸骨，應時澍雨，歲乃豐稔，則水不爲災也。

三年，大水。〔一〕

〔一〕臣昭案：本紀京師及郡國四十一雨水。

四年，大水。〔一〕

〔一〕臣昭案：本紀云三郡。

五年，大水。〔一〕

〔一〕臣昭案：本紀郡國八。

六年，河東池水變色，皆赤如血。〔一〕是時鄧太后猶專政。〔二〕

〔一〕水變。占曰：「水化爲血者，好任殘賊，殺戮不辜，延及親戚，水當爲血。」

〔二〕古今注曰：「元初二年，潁川襄城（臨）〔流〕水化爲血，〔不流〕。」京房占曰：「流水化爲血，兵且起，以日辰占與其色。」博物記曰：「江河水赤。占曰，泣血道路，涉蘇於何以處。」

延光三年，大水，流殺民人，傷苗稼。是時安帝信江京、樊豐及阿母王聖等讒言，免太尉楊震，廢皇太子。〔一〕

〔一〕臣昭案：左雄傳順帝永建四年，司冀二州大水，傷禾稼。楊厚傳永和元年夏，雒陽暴水，殺（十）〔千〕餘人。

質帝本初元年五月，海水溢樂安、北海，溺殺人物。是時帝幼，梁太后專政。〔一〕

〔一〕春秋漢含孳曰：「九卿阿黨，擠排正直，驕奢僭害，則江河潰決。」方儲對策曰：「民悲怨則陰類強，河決海潰，地動土涌。」

桓帝建和二年七月，京師大水。去年冬，梁冀枉殺故太尉李固、杜喬。三年八月，京都大水。是時梁太后猶專政。

永興元年秋，河水溢，漂害人物。〔一〕

〔一〕臣昭案：朱穆傳云「漂害數（千）〔十〕萬戶」。京房占曰：「江河溢者，天有制度，地有里數，懷容水澤，浸漑萬物。今溢者，明在位者不勝任也，三公之禍不能容也，率執法者利刑罰，不用常法。」

二年六月，彭城泗水增長，逆流。〔一〕

〔一〕梁冀別傳曰：「冀之專政，天爲見異，衆災並湊，蝗蟲滋生，河水逆流，五星失次，太白經天，人民疾疫，出入六年，羌戎叛戾，盜賊略平（民），皆冀所致。」敦煌實錄張衡對策曰：「水者，五行之首，滯而逆流者，人君之恩不能下及而教逆也。」潛潭巴曰：「水逆者，反命也，宜修德以應之。」

永壽元年六月，雒水溢至津陽城門，漂流人物。〔一〕是時梁皇后兄冀秉政，疾害忠直，威權震主。後遂誅滅。

〔一〕臣昭案：本紀又南陽大水。

延熹八年四月，濟北（河）水清。九年四月，濟陰、東郡、濟北、平原河水清。襄楷上言：「河者諸侯之象，清者陽明之徵，豈獨諸侯有規京都計邪？」其明年，宮車晏駕，徵解犢亭侯爲漢嗣，卽尊位，是爲孝靈皇帝。

永康元年八月，六州大水，勃海海溢，沒殺人。是時桓帝奢侈淫祀，其十一月崩，無嗣。

靈帝建寧四年二月，河水清。〔一〕五月，山水大出，漂壞廬舍五百餘家。〔二〕

〔一〕袁山松書曰：「禱于龍堁。」

〔二〕袁山松書曰是河東水暴出也。

熹平二年六月，東萊、北海海水溢出，漂沒人物。

三年秋，雒水出。

四年夏，郡國三水，傷害秋稼。

光和六年秋，金城河溢，水出二十餘里。

中平五年，郡國六水大出。〔一〕

〔一〕臣昭案：袁山松書曰「山陽、梁、沛、彭城、下邳、東海、琅邪」，則是七郡。

獻帝建安二年九月，漢水流，害民人。是時天下大亂。〔一〕

〔一〕袁山松書曰：「曹操專政。十七年七月，大水，洧水溢。」

十八年六月，大水。〔一〕

〔一〕獻帝起居注曰：「七月，大水，上親避正殿；八月，以雨不止，且還殿。」

二十四年八月，漢水溢流，害民人。〔一〕

〔一〕袁山松書曰「明年禪位于魏」也。

庶徵之恒寒。

靈帝光和六年冬，大寒，北海、東萊、琅邪井中冰厚尺餘。〔一〕

〔一〕袁山松書曰：「是時羣賊起，天下始亂。讖曰：『寒者，小人暴虐，專權居位，無道有位，適罰無法，又殺無罪，其寒必暴殺。』」

獻帝初平四年六月，寒風如冬時。〔一〕

〔一〕袁山松書曰：「時帝流遷失政。」養奮對策曰：「當溫而寒，刑罰慘也。」

和帝永元五年六月，郡國三雨雹，大如雞子。〔一〕是時和帝用酷吏周紆爲司隸校尉，刑誅深刻。〔二〕

〔一〕春秋考異郵曰：「陰氣之專精凝合生雹。雹之爲言合也。以妾爲妻，大尊重，九女之妃闕而不御，坐不離前，無由相去之心，同輿參駟，房衽之內，歡欣之樂，專政夫人，施而不博，陰精凝而見(滅)〔成〕。」易讖曰：「凡雹者，過由人君惡聞其過，抑賢不揚，內與邪人通，取財利，蔽賢，施之，並當雨不雨，故反雹下也。」

〔二〕古今注曰：「光武建武十年十月戊辰，樂浪、上谷雨雹，傷稼。十二年，河南平陽雨雹，大如杯，壞敗吏民廬舍。十五年十二月乙卯，鉅鹿雨雹，傷稼。永平三年八月，郡國十二雨雹，傷稼。十年，郡國十八或雨雹，蝗。」易緯曰：

「夏雹者，治道煩苛，繇役急促，教令數變，無有常法。不救爲兵，強臣逆謀，蝗蟲傷穀。救之，舉賢良，爵有功，務寬大，無誅罰，則災除。」

安帝永初元年，雨雹。二年，雨雹，大如雞子。三年，雨雹，大如鴈子，傷稼。劉向以爲雹，陰脅陽也。是時鄧太后以陰專陽政。

元初四年六月戊辰，郡國三雨雹，大如杅杯及雞子，殺六畜。〔一〕

〔一〕古今注曰：「樂安雹如杅，殺人。」京房占曰：「夏雨雹，天下兵大作。」

延光元年四月，郡國二十一雨雹，大如雞子，傷稼。是時安帝信讒，無辜死者多。〔一〕

〔一〕臣昭案：尹敏傳是歲河西大雨雹，如斗。安帝見孔季彥，問其故，對曰「此皆陰乘陽之徵也。今貴臣擅權，母后黨盛，陛下宜修聖德，慮此二者」也。

三年，雨雹，大如雞子。〔一〕

〔一〕古今注曰：「順帝永建五年，郡國十二雨雹。六年，郡國十二雨雹，傷秋稼。」

桓帝延熹四年五月己卯，京都雨雹，大如雞子。是時桓帝誅殺過差，又寵小人。

七年五月己丑，京都雨雹。是時皇后鄧氏僭侈，驕恣專幸。明年廢，以憂死，其家皆誅。

靈帝建寧二年四月，雨雹。

四年五月，河東雨雹。

光和四年六月，雨雹，大如雞子。是時常侍、黃門用權。

中平二年四月庚戌，雨雹，傷稼。

獻帝初平四年六月，右扶風雹如斗。〔一〕

〔一〕袁山松書曰：「雹殺人。前後雨雹，此最爲大，時天下潰亂。」

和帝元興元年冬十一月壬午，郡國四冬雷。是時皇子數不遂，皆隱之民閒。是歲，宮車晏駕，殤帝生百餘日，立以爲君；帝兄有疾，封爲平原王，卒，皆夭無嗣。〔一〕

〔一〕古今注曰：「光武建武七年，遼東冬雷，草木實。」

殤帝延平元年九月乙亥，陳留雷，有石隕地四。〔一〕

〔一〕臣昭案：天文志末已載石隕，未解此篇所以重記。石（以）〔與〕雷隕俱者，九月雷未爲異，桓帝亦有此隕，後不彔載，於是爲（長）〔常〕。古今注曰：「章帝建初四年五月戊寅，潁陰石從天墜，大如鐵鑕，色黑，始下時聲如雷。」

安帝永初六年十月丙戌，郡六冬雷。〔一〕

〔一〕京房占曰：「天冬雷，地必震。」又曰：「教令擾。」又曰：「雷以十一月起黃鍾，二月大聲，八月闔藏。此以春夏殺無辜，不須冬刑致災。蟄蟲出行，不救之，則冬溫風，以其來年疾病。其救也，恤幼孤，振不足，議獄刑，貰謫罰，災則消矣。」古今注曰：「明帝永平七年十月丙子，越嶲雷。」

七年十月戊子，郡國三冬雷。

元初元年十月癸巳，郡國三冬雷。

三年十月辛亥，汝南、樂浪冬雷。

四年十月辛酉，郡國五冬雷。

六年十月丙子，郡國五冬雷。

永寧元年十月，郡國七冬雷。

建光元年十月，郡國七冬雷。

延光四年，郡國十九冬雷。是時太后攝政，上無所與。太后既崩，阿母王聖及皇后兄閻顯兄弟更秉威權，上遂不親萬機，從容寬仁任臣下。〔一〕

〔一〕古今注曰：「順帝永和四年四月戊午，雷震擊高廟、世祖廟外槐樹。」

桓帝建和三年六月乙卯，雷震憲陵寢屋。先是梁太后聽兄冀枉殺李固、杜喬。

靈帝熹平六年冬十月，東萊冬雷。

中平四年十二月晦，雨水，大雷電，雹。

獻帝初平三年五月丙申，無雲而雷。

四年五月癸酉，無雲而雷。

建安七八年中，長沙醴陵縣有大山常大鳴如牛呴聲，積數年。後豫章賊攻沒醴陵縣，殺略吏民。〔一〕

〔一〕干寶曰：「論語摘輔像曰：『山（亡）〔土〕崩，川閉塞，漂淪移，山鼓哭，閉衡夷，庶桀合，兵王作。』時天下尚亂，豪桀並爭：曹操事二袁於河北；孫吳創基於江外；劉表阻亂衆於襄陽，南招零、桂，北割漢川，又以黃祖爲爪牙，而祖與孫氏爲深讎，兵革歲交。十年，曹操破袁譚於南皮；十一年，走袁尚於遼東。十三年，吳禽黃祖。是歲，劉表死。曹操略荆州，逐劉備於當陽。十四年，吳破曹操於赤壁。是三雄者，卒共參分天下，成帝王之業，是所謂『庶桀合，兵王作』者也。十六年，劉備入蜀，與吳再爭荆州，於時戰爭四分五裂之地，荆州爲劇，故山鳴之異作其域也。」

靈帝熹平二年，東萊海出大魚二枚，長八九丈，高二丈餘。明年，中山王暢、任城王博並薨。〔一〕

〔一〕京房易傳曰：「海出巨魚，邪人進，賢人疏。」臣昭謂此占符靈帝之世，巨魚之出，於是爲徵，寧獨二王之妖也。

和帝永元四年，蝗。〔一〕

〔一〕臣昭案：本紀光武建武六年詔稱「往歲水旱蝗蟲爲災。」古今注曰：「建武二十二年三月，京師、郡國十九蝗。二十三年，京師、郡國十八大蝗，旱，草木盡。二十八年三月，郡國八十蝗。二十九年四月，武威、酒泉、清河、京兆、魏郡、弘農蝗。三十年六月，郡國十二大蝗。三十一年，郡國大蝗。中元元年三月，郡國十六大蝗。永平四年十二月，酒泉大蝗，從塞外入。」謝承書曰：「永平十五年，蝗起泰山，彌行兗、豫。」謝沈書鍾離意譏起北宮表云：「未數年，豫章遭蝗，穀不收。民飢死，縣數千百人。」

八年五月，河內、陳留蝗。九月，京都蝗。九年，蝗從夏至秋。先是西羌數反，遣將軍將北軍五校征之。

安帝永初四年夏，蝗。是時西羌寇亂，軍衆征距，連十餘年。〔一〕

〔一〕讖曰：「主失禮煩苛，則旱之，魚螺變爲蝗蟲。」

五年夏，九州蝗。〔一〕

〔一〕京房占曰：「天生萬物百穀，以給民用。天地之性人爲貴。今蝗蟲四起，此爲國多邪人，朝無忠臣，蟲與民爭食，居位食祿如蟲矣。不救，致兵起；其救也，舉有道置於位，命諸侯試明經，此消災也。」

六年三月，去蝗處復蝗子生。〔一〕

〔一〕古今注曰：「郡國四十八蝗。」

七年夏，蝗。

元初元年夏，郡國五蝗。

二年夏，郡國二十蝗。

延光元年六月，郡國蝗。

順帝永建五年，郡國十二蝗。是時鮮卑寇朔方，用衆征之。

永和元年秋七月，偃師蝗。去年冬，烏桓寇沙南，用衆征之。

桓帝永興元年七月，郡國三十二蝗。是時梁冀秉政無謀憲，苟貪權作虐。〔一〕

〔一〕春秋考異郵曰：「貪擾生蝗。」

二年六月，京都蝗。

永壽三年六月，京都蝗。

延熹元年五月，京都蝗。〔一〕

〔一〕臣昭案：劉歆傳「皆逆天時，聽不聰之禍也」。養奮對策曰：「佞邪以不正食祿饗所致。」謝沈書曰「九年，揚州六郡連水、旱、蝗害」也。

靈帝熹平六年夏，七州蝗。先是鮮卑前後三十餘犯塞，是歲護烏桓校尉夏育、破鮮卑中郎將田晏、使匈奴中郎將臧旻將南單于以下，三道並出討鮮卑。大司農經用不足，殷斂郡國，以給軍糧。三將無功，還者少半。

光和元年詔策問曰：「連年蝗蟲至冬踊，其咎焉在？」蔡邕對曰：「臣聞易傳曰：『大作不時，天降災，厥咎蝗蟲來。』河圖祕徵篇曰：『帝貪則政暴而吏酷，酷則誅深必殺，主蝗蟲。』蝗蟲，貪苛之所致也。」是時百官遷徙，皆私上禮西園以爲府。〔一〕

〔一〕蔡邕對曰：「蝗蟲出，息不急之作，省賦斂之費，進清仁，黜貪虐，分損承安，（居）〔屈〕省別藏，以贍國用，則其救也。易曰『得臣無家』，言有天下者何私家之有！」

獻帝興平元年夏，大蝗。是時天下大亂。

建安二年五月，蝗。

校勘記

三三〇五頁一〇行　夏五月辛（卯）〔亥〕郊　據汲本、殿本改。

三三〇六頁一三行　東郡以北傷水　按：「東」原譌「來」，逕改正。

三三〇六頁一三行　弘農都尉治（折）〔析〕爲水所漂殺　據集解本改。按：校補謂據前書地理志音義正。又校補引錢大昭說，謂前志弘農有析縣，續志析屬南陽，然前志弘農無都尉，析下亦不言都尉治，建武六年已省諸郡都尉，不應弘農獨存。且本紀但云「是夏連雨水」，亦無車駕親往行水之事。疑古今注誤。又按：「所」原譌「沂」，逕改正。

三三〇六頁一五行　建武八年閒郡國比大水　按：汲本、殿本「比」皆作「七」。

三三〇七頁一行　傳其法於有根　按：「根」疑當作「漢」，然各本皆作「根」，聚珍本東觀記亦作「根」，惟嚴可均輯全後漢文作「漢」，殆嚴氏以意改也。

三三〇七頁一行　故以殷氏六族分伯禽　按：左傳「氏」作「民」。校補謂「殷氏」與下「懷姓」對文，自屬傳本之異。

三三〇七頁四行　邑里無營利之家　按：「營」原譌「管」，逕改正。

三三〇七頁五行　追觀往法　按：「觀」原譌「卽」，逕改正。

三三〇七頁五行　是以皆永享康寧之福　按：「以皆」原譌倒，逕乙正。

三三〇七頁六行　亦所以消散其口救　按：「救」疑「數」之譌。

三三〇七頁八行　(狃)〔狙〕猱之意　據何焯校改。

三三〇七頁八行　曼延無足　按：校補謂案文「足」當作「定」。

三三〇七頁九行　令得復昌熾從橫　按：「令」原譌「合」，逕改正。

三三〇七頁一〇行　潰徙離處　按：「徙」原譌「從」，逕改正。

三三〇七頁一二行　言性不相害　按：「相」原譌「用」，逕改正。

三三〇七頁一六行　尙修正弭災　殿本「正」作「政」。按：正政通。

三三〇八頁四行　其水也(而)〔雨〕殺人　校補謂以前志校之，「而」乃「雨」之譌，各本皆未正。今據改。

三三〇九頁六行　郡國三十七大水　按：校補謂紀「大水」作「雨水」。

三三〇九頁一〇行　不立皇太子勝　按：張森楷校勘記謂皇子勝未嘗爲太子，「太」字衍，下卷大風條同訛。

三三〇九頁一二行　妒疾賢者　按：「妒」原譌「治」，逕據汲本、殿本改正。

三三〇九頁一五行　京師及郡國四十(有)〔大〕水　校補謂「有」乃「大」之譌，本紀可證，各本皆失正。今據改。

三三〇九頁一五行　嘉收葬客死骸骨　集解引惠棟說，謂案范書周嘉傳，乃嘉弟暢也，注所據乃司馬書。按：校補謂詳觀此注，實卽約舉本書獨行傳周嘉傳文，「收葬」上「嘉」字蓋本是「因」字，後人妄改，未見本傳耳。既係約舉，原不必定詳收葬者何人。惠氏補注因此一字之疑，遂謂注所據爲司馬書。然注先舉本紀，卽范書本紀也；次舉周嘉傳，又未別言，是本傳也。

三三一〇頁九行　(臨)〔流〕水化爲血〔不流〕　「臨」汲本、殿本作「流」。今據改。又集解引惠棟說，謂「血」下脫「不流」二字。今據補。

三三一〇頁一〇行　占曰泣血道路涉蘇於何以處　按：「占」殿本作「名」。「何」汲本作「河」。校補謂「涉蘇於何以處」，亦屬誤文，不可強通。

三三一〇頁一三行　殺(十)〔千〕餘人　據汲本、殿本改。

三三一〇頁四行　漂害數（千）〔十〕萬戶　校補引錢大昭說，謂朱穆傳、桓帝紀並云數十萬戶，「千」當作「十」。今據改。

三三一二頁四行　懷容水澤　按：「懷」原譌「壞」，逕改正。

三三一二頁七行　太白經天　按：「經」原譌「絕」，逕據汲本、殿本改正。

三三一二頁八行　盜賊略平〔民〕　校補謂案文「平」下當有「民」字，或亦唐人因避諱去之。今據補。

三三一二頁一三行　濟北〔河〕水淸　集解引錢大昕說謂「濟北」下脫「河」字。又校補引錢大昭說，謂據本紀作「濟陰、東郡、濟北河水淸」，是「濟北」上亦脫四字。今按：紀志所記，容有不同；「濟北」下則明脫「河」字，今補。

三三一三頁七行　四年夏郡國三水　按：校補謂紀作「七大水」。

三三一三頁九行　中平五年郡國六水大出　按：集解引惠棟說，謂帝紀作「七大水」。

三三一四頁八行　和帝永元五年六月郡國三雨雹大如雞子　按：聚珍本東觀記作「郡國大雨雹，大如雁子」。

三三一四頁二行　房衼之內　按：「衼」原作「任」，逕依汲本、殿本改。

三三一四頁二行　施而不博　按：「博」原譌「傳」，逕改正。

三三一四頁二行　陰精凝而見（滅）〔成〕　據汲本、殿本改。

三三一三頁一三行　抑賢不揚　按：「揚」原譌「易」，逕改正。

三三一四頁三行　三年雨雹　按：集解引惠棟說，謂紀作「京師及郡國四十一雨水雹」。

三三一四頁五行　大如杅杯　按：集解引惠棟說，謂「杅杯」東觀記作「芋魁」。

三三一四頁八行　尹敏傳是歲河西大雨雹如斗安帝見孔季彥問其故　按：集解引錢大昕說，謂季彥事今在孔僖傳，或司馬彪書以季彥附尹敏傳。校補謂此注引季彥事，亦明爲范書孔僖傳文，當由尹敏同列儒林傳，遂至誤載。

三三一四頁一二行　順帝永建五年郡國十二雨雹　按：汲本、殿本「五」作「三」。

三三一五頁八行　光武建武七年遼東冬雷　按：汲本、殿本「七」作「十」。

三三一五頁一〇行　石(以)〔與〕雷隕俱者　據汲本、殿本改。

三三一五頁一一行　於是爲(長)〔常〕　據汲本、殿本改。

三三一五頁一四行　恤幼孤　按：「恤」原譌「卹」，逕據汲本、殿本改正。

三三一六頁九行　延光四年郡國十九冬雷是時太后攝政　按：和熹崩于建光元年，安得延光四年復言太后攝政？「是時」疑是「先是」之誤。

三三一六頁一三行　東萊冬雷　按：汲本、殿本「冬」作「大」。

三三一七頁四行　山(七)〔土〕崩　據汲本、殿本改。

三三一八頁二行　二十八年三月郡國八十蝗　按：校補謂光武時郡國九十三，如八十蝗，蝗幾徧全國矣。桓、靈之末，無此奇災，況中興盛時，何宜有此。「八十」蓋是「十八」誤倒。

三三一九頁五行　是時梁冀秉政無謀憲　按：校補謂「憲」疑是「慮」之譌。

三三一九頁一〇行　聽不聰之禍也　按：汲本、殿本「禍」作「過」。

三三二〇頁三行　（居）〔屈〕省別藏　據汲本、殿本改。

後漢書志第十六

五行四

地震　山崩　地陷　大風拔樹　螟　牛疫

五行傳曰：「治宮室，飾臺榭，內淫亂，犯親戚，侮父兄，則稼穡不成。」謂土失其性而爲災也。又曰：「思心不容，是謂不聖。厥咎霿，厥罰恆風，厥極凶短折。時則有脂夜之妖，時則有華孽，時則有牛禍，時則有心腹之痾，時則有黃眚、黃祥，惟金、水、木、火沴土。」華孽，劉歆傳爲贏蟲之孽，謂螟屬也。

世祖建武二十二年九月，郡國四十二地震，南陽尤甚，地裂壓殺人。其後武谿蠻夷反，爲寇害，至南郡，發荊州諸郡兵，遣武威將軍劉尙擊之，爲夷所圍，復發兵赴之，尙遂爲所沒。

章帝建初元年三月甲（申）〔寅〕，山陽、東平地震。

和帝永元四年六月丙辰，郡國十三地震。春秋漢含孳曰：「女主盛，臣制命，則地動坼，畔震起，山崩淪。」是時竇太后攝政，兄竇憲專權，將以是受禍也。後五日，詔收憲印綬，兄弟就國，逼迫皆自殺。

五年二月戊午，隴西地震。儒說民安土者也，將大動，行大震。九月，匈奴單于於除（難）鞬叛，遣使發邊郡兵討之。

七年九月癸卯，京都地震。儒說奄官無陽施，猶婦人也。是時和帝與中常侍鄭衆謀奪竇氏權，德之，因任用之，及幸常侍蔡倫，二人始並用權。

九年三月庚辰，隴西地震。閏月，塞外羌犯塞，殺略吏民，使征西將軍劉尚擊之。

安帝永初元年，郡國十八地震。李固曰：「地者陰也，法當安靜。今乃越陰之職，專陽之政，故應以震動。」是時鄧太后攝政專事，訖建光中，太后崩，安帝乃得制政，於是陰類並勝，西羌亂夏，連十餘年。

二年，郡國十二地震。

三年十二月辛酉，郡國九地震。

四年三月癸巳，郡國四地震。

五年正月丙戌，郡國十地震。

七年正月壬寅，二月丙午，郡國十八地震。

元初元年，郡國十五地震。

二年十一月庚申，郡國十地震。

三年二月，郡國十地震。十一月癸卯，郡國九地震。

四年，郡國十三地震。

五年，郡國十四地震。

六年二月乙巳，京都、郡國四十二地震，或地坼裂，涌水，壞敗城郭、民室屋，壓人。冬，郡國八地震。

永寧元年，郡國二十三地震。

建光元年九月己丑，郡國三十五地震，或地坼裂，壞城郭室屋，壓殺人。是時安帝不能明察，信宮人及阿母聖等讒(云)〔言〕，破壞鄧太后家，於是專聽信聖及宦者，中常侍江京、樊豐等皆得用權。

延光元年七月癸卯，京都、郡國十三地震。九月戊申，郡國二十七地震。

二年，京都、郡國三十二地震。

三年，京都、郡國二十三地震。是時以讒免太尉楊震，廢太子。

四年十〔一〕月丁巳，京都、郡國十六地震。時安帝旣崩，閻太后攝政，兄弟閻顯等並用事，遂斥安帝子，更徵諸國王子，未至，中黃門遂誅顯兄弟。

順帝永建三年正月丙子，京都、漢陽地震。漢陽屋壞殺人，地坼涌水出。是時順帝阿母宋娥及中常侍張昉等用權。

陽嘉二年四月己亥，京都地震。是時爵號宋娥爲山陽君。

四年十二月甲寅，京都地震。

永和二年四月(庚)〔丙〕申，京都地震。是時宋娥構姦誣罔，五月事覺，收印綬，歸田里。十一月丁卯，京都地震。是時太尉王龔以中常侍張昉等專弄國權，欲奏誅之，時龔宗親有以楊震行事諫之止云。

三年二月乙亥，京都、金城、隴西地震裂，城郭、室屋多壞，壓殺人。閏月己酉，京都地震。十月，西羌二千餘騎入金城塞，爲涼州害。

四年三月乙亥，京都地震。

五年二月戊申，京都地震。

建康元年正月，涼州(都)〔部〕郡六，地震。從去年九月以來至四月，凡百八十(日)〔地〕震，山谷坼裂，壞敗城寺，傷害人物。三月，護羌校尉趙沖爲叛胡所殺。九月丙午，京都地震。是時順帝崩，梁太后攝政，欲爲順帝作陵，制度奢廣，多壞吏民冢。尙書欒巴諫事，太后怒，癸卯，詔書收巴下獄，欲殺之。丙午地震，於是太后乃出巴，免爲庶人。

桓帝建和元年四月庚寅，京都地震。九月丁卯，京都地震。是時梁太后攝政，兄冀持權。

至和平元年，太后崩，然冀猶秉政專事，至延熹二年，乃誅滅。

三年九月己卯，地震，庚寅又震。

元嘉元年十一月辛巳，京都地震。

二年正月丙辰，京都地震。十月乙亥，京都地震。

永興二年二月癸卯，京都地震。

永壽二年十二月，京都地震。

延熹四年，京都、右扶風、涼州地震。

五年五月乙亥，京都地震。是時桓帝與中常侍單超等謀誅除梁冀，聽之，並使用事專權。

又鄧皇后本小人，性行無恆，苟有顏色，立以爲后，後卒坐執左道廢，以憂死。

八年九月丁未，京都地震。

靈帝建寧四年二月癸卯，地震。是時中常侍曹節、王甫等皆專權。

熹平二年六月，地震。

六年十月辛丑，地震。

光和元年二月辛未，地震。四月丙辰，地震。靈帝時宦者專恣。

二年三月，京兆地震。

三年自秋至明年春，酒泉表氏地八十餘動，涌水出，城中官寺民舍皆頓，縣易處，更築城郭。

獻帝初平二年六月丙戌，地震。

興平元年六月丁丑，地震。

和帝永元元年七月，會稽南山崩。會稽，南方大名山也。京房易傳曰：「山崩，陰乘陽，弱勝強也。」劉向以爲山陽，君也；水陰，民也；君道崩壞，百姓失所也。劉歆以爲崩猶（地）〔弛〕也。是時竇太后攝政，兄竇憲專權。

七年七月，趙國易陽地裂。京房易傳曰：「地裂者，臣下分離，不肯相從也。」是時南單于衆乖離，漢軍追討。

十二年夏，閏四月戊辰，南郡秭歸山高四百丈，崩填谿，殺百餘人。明年冬，（至）〔巫〕蠻夷反，遣使募荆州吏民萬餘人擊之。

元興元年五月癸酉，右扶風雍地裂。是後西羌大寇涼州。

殤帝延平元年五月壬辰，河東(恒)〔垣〕山崩。是時鄧太后專政。秋八月，殤帝崩。

安帝永初元年六月丁巳，河東楊地陷，東西百四十步，南北百二十步，深三丈五尺。

六年六月壬辰，豫章員谿原山崩，各六十三所。

元初元年三月己卯，日南地坼，長百八十二里。其後三年正月，蒼梧、鬱林、合浦盜賊羣起，劫略吏民。

二年六月，河南雒陽新城地裂。

延光二年七月，丹陽山崩四十七所。

三年六月庚午，巴郡閬中山崩。

四年十月丙午，蜀郡越巂山崩，殺四百餘人。丙午，天子會日也。是時閻太后攝政。其十一月，中黃門孫程等殺江京，立順帝，誅閻后兄弟，明年，閻后崩。

順帝陽嘉二年六月丁丑，雒陽宣德亭地坼，長八十五丈，近郊地。時李固對策，以爲「陰類專恣，將有分離之象，所以附郊城者，(事)〔是〕上帝示象以誡陛下也」。是時宋娥及中常侍各用權分爭，後中常侍張逵、蘧政與大將軍梁商爭權，爲商作飛語，欲陷之。

桓帝建和元年四月，郡國六地裂，水涌出，井溢，壞寺屋，殺人。時梁太后攝政，兄冀枉殺李固、杜喬。

三年，郡國五山崩。

和平元年七月，廣漢梓潼山崩。

永興二年六月，東海朐山崩。冬十二月，泰山、琅邪盜賊羣起。

永壽三年七月，河東地裂，時梁皇后兄冀秉政，桓帝欲自由，內患之。

延熹元年七月乙巳，左馮翊雲陽地裂。

三年五月（戊申）〔甲戌〕，漢中山崩。是時上寵恣中常侍單超等。

四年六月庚子，泰山、博尤來山判解。

八年六月丙辰，緱氏地裂。

永康元年五月丙午，雒陽高平永壽亭、上黨泫〔一〕氏地各裂。是時朝臣患中常侍王甫等專恣。冬，桓帝崩。明年，竇氏等欲誅常侍、黃門，不果，更爲所誅。

〔一〕工玄反。

靈帝建寧四年五月，河東地裂十二處，裂合長十里百七十步，廣者三十餘步，深不見底。

和帝永元五年五月戊寅，南陽大風，拔樹木。

安帝永初元年，大風拔樹。是時鄧太后攝政，以清河王子年少，號精耳，故立之，是爲安帝。不立皇太子勝，以爲安帝賢，必當德鄧氏也；後安帝親讒，廢免鄧氏，令郡縣迫切，死者八九人，家至破壞。此爲瞉霧也，是後西羌亦大亂涼州十有餘年。

二年六月，京都及郡國四十大風拔樹。

三年五月癸酉，京都大風，拔南郊道梓樹九十六枚。

七年八月丙寅，京都大風拔樹。

元初二年二月癸亥，京都大風拔樹。

六年夏四月，沛國、勃海大風，拔樹三萬餘枚。

延光二年三月丙申，河東、潁川大風拔樹。六月壬午，郡國十一大風拔樹。是時安帝親讒，曲直不分。

三年，京都及郡國三十六大風拔樹。

靈帝建寧二年四月癸巳，京都大風雨雹，拔郊道樹十圍已上百餘枚。其後晨迎氣黃郊，道於雒水西橋，逢暴風雨，道鹵簿車或發蓋，百官霑濡，還不至郊，使有司行禮。迎氣西郊，亦壹如此。

中平五年六月丙寅，大風拔樹。

獻帝初平四年六月，右扶風大風，發屋拔木。

中興以來，脂夜之妖無錄者。

章帝七八年間，郡縣大螟傷稼，語在魯恭傳，而紀不錄也。是時章帝用竇皇后讒，害宋、梁二貴人，廢皇太子。

靈帝熹平四年六月，弘農、三輔螟蟲爲害。是時靈帝用中常侍曹節等讒言，禁錮海內清英之士，謂之黨人。

中平二年七月，三輔螟蟲爲害。

明帝永平十八年，牛疫死。是歲遣竇固等征西域，置都護、戊己校尉。固等適還而西域叛，殺都護陳睦、戊己校尉關寵。於是大怒，欲復發興討，會秋明帝崩，是思心不容也。

章帝建初四年冬，京都牛大疫。是時竇皇后以宋貴人子爲太子，寵幸，令人求伺貴人過隙，以讒毀之。章帝不知竇太后不善，厥咎霧也。或曰，是年六月馬太后崩，土功非時興故也。

校勘記

三三二七頁二行　章帝建初元年三月甲(申)〔寅〕　校補謂帝紀作「甲寅」。按：是年三月癸卯朔，無甲申，今依帝紀改。

三三二八頁四行　匈奴單于於除(鞬)鞬叛　集解引錢大昕說，謂「鞬」字衍。又引惠棟說，謂紀無「鞬」字。今據刪。

三三二八頁八行　使征西將軍劉尙擊之　按：集解引錢大昕說，謂此又一劉尙，乃南陽宗室，襲封朝陽侯者。又引周壽昌說，謂袁紀作「執金吾劉尙」。非建武二十二年之武威將軍，彼前以擊夷而敗沒矣。本紀作「行征西將軍」，此無「行」字。

三三二八頁一四行　郡國四地震　按：集解引洪亮吉說，謂安紀「四」作「九」。

三三二九頁一行　七年正月壬寅二月丙午郡國十八地震　錢大昭云本紀但有二月丙午之事，此「正月壬寅」四字疑衍。按：校補謂當衍者乃「二月丙午」四字。是年四月丙申晦，日有食之，紀、志並同。四月晦爲丙申，則二月不得有丙午。紀本有誤，而此志「二月丙午」四字，疑後人據紀妄增也。

三三二九頁七行　壞敗城郭　按：汲本、殿本「壞敗」作「敗壞」。

三三二九頁一〇行　建光元年九月己丑　按：集解引洪亮吉說，謂安紀作「十一月己丑」。

三三二九頁一二行　信宮人及阿母聖等讒（云）〔言〕　據何焯校改。

三三二九頁一三行　皆得用權　校補引錢大昭說，謂「用」閩本作「擅」。今案：殿本亦作「擅」。

三三二九頁一四行　京都郡國三十二地震　按：集解引錢大昕說，謂安帝紀無「十二」字。

三三三〇頁一行　四年十〔一〕月丁巳　集解引錢大昕說，謂順帝紀作「十一月」。按：延光四年十月乙酉朔，無丁巳，今依紀改。

三三三〇頁一行　兄弟閻顯等並用事　按：「兄弟」原作「弟兄」，逕乙正。

三三三〇頁七行　永和二年四月（庚）〔丙〕申　集解引錢大昕說，謂順帝紀作「丙申」。按：是年四月戊寅朔，無庚申，今從帝紀改。

三三三〇頁一四行　涼州（都）〔部〕郡六地震　據集解引陳景雲說改。

三三三〇頁一四行　凡百八十（日）〔地〕震　集解引洪亮吉說，謂「日」字衍。又引惠棟說，謂紀云「地百八十震」，非百八十日也。按：校補謂「日」乃「地」之譌。言震不言地，則無以明其確爲地震，故紀亦必云「地百八十震」也。今據校補說改。

三三三一頁一行　尙書欒巴諫事　按：集解王先謙謂「事」疑「爭」之誤。

三三一頁一二行　聽之　按：疑當作「德之」，與上文和帝永元七年「和帝與中常侍鄭衆謀奪竇氏權，德之」同。

三三二頁二行　光和元年二月辛未　按：集解引錢大昕說，謂靈帝紀作「己未」。

三三二頁四行　酒泉表氏地八十餘動　按：集解引惠棟說，謂「氏」紀作「是」，古字通。

三三二頁九行　劉歆以爲崩猶(地)〔弛〕也　校補謂「地」乃「弛」之譌，前志引劉歆說「崩，弛崩也」可證，各本皆失正。今據改。

三三二頁一三行　明年冬(至)〔巫〕蠻夷反　校補謂據紀「至」乃「巫」之譌。今據改。

三三三頁二行　河東(恒)〔垣〕山崩　集解引洪亮吉說，謂恒山在上曲陽，不屬河東，應如殤紀作「垣山」爲是。今據改。

三三三頁五行　元初元年三月己卯　校補謂紀作「二月己卯」。按：是年二月壬辰朔，無己卯，紀譌。

三三三頁六行　劫略吏民　按：「吏民」原作「民吏」，逕據汲本、殿本乙正。

三三三頁一三行　(事)〔是〕上帝示象以誡陛下也　據汲本、殿本改。

三三四頁六行　延熹元年七月乙巳　按：集解引洪亮吉說，謂案桓紀作「己巳」，下云「甲子，太尉黃瓊免」，則宜以續志「乙巳」爲是。

三三四頁七行　三年五月(戊申)〔甲戌〕　集解引洪亮吉說，謂桓紀「戊申」作「甲戌」。按：是年五月甲子朔，有甲戌，無戊申，今據紀改。

三三三四頁八行　泰山博尤來山判解　按：校補謂紀作「岱山及博尤來山並頹裂」。就志言之，泰山郡名，博縣名，尤來山名，判解是從中分裂，特指尤來一山。自紀言之，則岱山亦言山，與尤來山並頹裂，明是兩山矣。

三三三四頁一〇行　永康元年五月丙午　按：集解引洪亮吉說，謂桓紀作「丙申」。

三三三四頁一一行　竇氏等欲誅常侍黃門　按：「氏」疑當作「武」。

三三三五頁二行　以清河王子年少號精耳　校補謂「精耳」疑當作「精敏」。今按：「耳」疑「聰」字之譌，聰字脫其右半，遂成「耳」字也。

三三三五頁一三行　其後晨迎氣黃郊　按：汲本、殿本「黃」作「東」，譌，此與禮儀志合。

三三三六頁一〇行　於是大怒　按：「於是」下疑脫「帝」字。

三三三六頁一二行　章帝不知竇太后不善　按：張森楷校勘記謂竇后在章帝世不應稱太后，「太」疑當作「皇」。

後漢書志第十七

五行五

射妖　龍蛇孽　馬禍　人痾　人化　死復生　疫　投蜺

五行傳曰：「皇之不極，是謂不建。〔一〕厥咎眊，〔二〕厥罰恆陰，〔三〕厥極弱。〔四〕時則有射妖，〔五〕時則有龍蛇之孽，〔六〕時則有馬禍，〔七〕時則有下人伐上之痾，〔八〕時則有日月亂行，星辰逆行。」〔九〕皇，君也。極，中也。眊，不明也。說云：此沴天也。不言沴天者，至尊之辭也。春秋「王師敗績」，以自敗爲文。

〔一〕尚書大傳「皇」作「王」。鄭玄曰：「王，君也。不名體而言王者，五事象五行，則王極象天也。天變化爲陰爲陽，覆成五行。經曰：『曆象日月星辰，敬授民時。』論語曰：『爲政以德，譬如北辰。』是則天之道於人政也。孔子說春秋曰：『政以不由王出，不得爲政。』則王君出政之號也。極，中也。建，立也。王象天，以情性覆成五事，爲中和之政也。王政不中和，則是不能立其事也。」古文尚書：「皇極，皇建其有極。」孔安國曰：「大中之道，大立其有中，謂行九疇之義。」馬融對策曰：「大中之道，在天爲北辰，在地爲人君。」

〔二〕尚書大傳作「瞀」。鄭玄曰：「瞀與思心之咎同耳，故〔子駿〕傳曰眊。眊，亂也。君臣不立，則上下亂矣。」字林曰：「目少精曰眊。」

〔三〕鄭玄曰：「王極象天，天陰養萬物，陰氣失，故常陰。」

〔四〕鄭玄曰：「天爲剛德，剛氣失，故於人爲弱。易說亢龍之行曰：『貴而無位，高而無民，賢人在下位而無輔。』此之謂弱。或云懦，不（敬）〔毅〕也。」

〔五〕鄭玄曰：「射，王極之度也。射人將發矢，必先於此儀之，發則中於彼矣。君將出政，亦先於朝廷度之，出則應於民心。射，其象也。」

〔六〕鄭玄曰：「龍，蟲之生於淵，行（於）無形，遊於天者也，屬天。蛇，龍之類也，或曰龍無角者曰蛇。」

〔七〕鄭玄曰：「天行健。馬，畜之疾行者也，屬王極。」

〔八〕鄭玄曰：「夏侯勝說『伐』宜爲『代』，書亦或作『代』。陰陽之神曰精氣，情性之神曰魂魄，君行不由常，侜張無度，則是魂魄傷也，王極氣失之病也。天於不中之人，恆耆其〔味，厚其〕毒，增以爲病，將以開賢代之也，春秋傳所謂『奪伯有魄』者是也。不名病者，病不著於身體也。」

〔九〕鄭玄曰：「亂謂薄食鬭並見，逆謂〔贏〕縮反明，經天守舍之類也。」太公六韜曰：「人主好武事兵革，則日月薄蝕，太白失行。」

恆陰，中興以來無錄者。〔一〕

〔一〕臣昭案：本傳陽嘉二年，郎顗上書云：「正月以來，陰闇連日。久陰不雨，亂氣也。得賢不用，猶久陰不雨也。」

靈帝光和中，雒陽男子夜龍以弓箭射北闕，吏收考問，辭「居貧負責，無所聊生，因買弓箭以射」。近射妖也。〔一〕其後車騎將軍何苗，與兄大將軍進部兵還相猜疑，對相攻擊，戰於闕下。苗死兵敗，殺數千人，雒陽宮室內人燒盡。〔二〕

〔一〕風俗通曰：「龍從兄陽求臘錢，龍假取繁數，頗厭患之，陽與錢千，龍意不滿，欲破陽家，因持弓矢射玄武東闕，三發，吏士呵縛首服。因是遣中常侍、尚書、御史中丞、直事御史、謁者、衞尉、司隸、河南尹、雒陽令悉會發所。劭時爲太尉議曹掾，白公鄧盛：『夫禮設闕觀，所以飾門，章於至尊，縣諸象魏，示民禮法也。故車過者下，步過者趨。今龍乃敢射闕，意慢事醜，次於大逆。宜遣主者參問變狀。』公曰：『府不主盜賊，當與諸府相候。』劭曰：『丞相邴吉以爲道路死傷，既往之事，京兆、長安職所窮逐，而住車問牛喘吐舌者，豈輕人而貴畜哉，頗念陰陽不和，必有所害。掾史爾乃悅服，漢書嘉其達大體。今龍所犯，然中外奔波，邴吉防患大豫，況於已形昭晰者哉！明公既處宰相大任，加掌兵戎之職，凡在荒裔，謂之大事，何有近目下而致逆節之萌者？孔子攝魯司寇，非常卿也。折僭溢之端，消纖介之漸，從政三月，惡人走境，邑門不闔，外收強齊侵地，內虧三桓之威。區區小國，尚於趣舍，大漢之朝，焉可無乎？明公恬然謂非己。詩云：「儀刑文王，萬國作孚。」當爲人制法，何必取法於人！』於是公意大悟，遣令史謝，申以鈴下規應掾自行之，還具條奏。時靈帝詔報，惡惡止其身，龍以重論之，陽不坐。」

〔二〕應劭曰：「龍者陽類，君之象也。夜者，不明之應也。此其象也。」

安帝延光三年，濟南言黄龍見歷城，琅邪言黄龍見諸。是時安帝聽讒，免太尉楊震，震自殺。又帝獨有一子，以爲太子，信讒廢之。是皇不中，故有龍孽，是時多用佞媚，故以爲瑞應。明年正月，東郡又言黄龍二見濮陽。

桓帝〔一〕延熹七年六月壬子，河内野王山上有龍死，長可數十丈。〔二〕襄楷以爲夫龍者爲帝王瑞，易論大人。天鳳中，黄山宫有死龍，漢兵誅莽而世祖復興，此易代之徵也。至建安二十五年，魏文帝代漢。〔三〕

〔一〕干寶搜神記曰：「桓帝即位，有大蛇見德陽殿上，雒陽市令淳于翼曰：『蛇有鱗，甲兵之象也。見於省中，將有椒房大臣受甲兵之誅也。』乃棄官遁去。到延熹二年，誅大將軍梁冀，捕治宗屬，揚兵京師」也。

〔二〕袁山松書曰：「長可百餘丈。」

〔三〕臣昭曰：夫屈申躍見，變化無方，非顯死之體，横强之畜。易況大聖，實類君道。野王之異，豈桓帝將崩之表乎？妖等占殊，其例斯衆。苟欲附會以同天鳳，則帝涉三主，年踰五十，此爲迂闊，將恐非徵矣。

永康元年八月，巴郡言黄龍見。時吏傅堅以郡欲上言，内白事以爲走卒戲語，不可。太守不聽。嘗見堅語云：「時民以天熱，欲就池浴，見池水濁，因戲相恐『此中有黄龍』，語遂行人閒。聞郡，欲以爲美，故言。」時史以書帝紀。桓帝時政治衰缺，而在所多言瑞應，皆此類也。又先儒言：瑞興非時，則爲妖孽，而民訛言生龍語，皆龍孽也。

熹平元年四月甲午，青蛇見御坐上。是時靈帝委任宦者，王室微弱。〔一〕

〔一〕楊賜諫曰：「皇極不建，則有龍蛇之孽。詩云：『惟虺惟蛇，女子之祥。』宜抑皇甫之權，割豔妻之愛，則蛇變可消者也。」案張奐傳，建寧二年夏，青蛇見御坐軒前。奐上疏：「陳蕃、竇氏未被明宥，妖眚之來，皆爲此也。」敦煌實錄曰：「蛇長六尺，夜於御前當軒而見。」

更始二年二月，發雒陽，欲入長安，司直李松奉引，車奔，觸北宮鐵柱門，三馬皆死。馬禍也。時更始失道，將亡。

桓帝延熹五年四月，驚馬與逸象突入宮殿。近馬禍也。是時桓帝政衰缺。

靈帝光和元年，司徒長史馮巡馬生人。〔一〕京房易傳曰：「上亡天子，諸侯相伐，厥妖馬生人。」後馮巡遷甘陵相，黃巾初起，爲所殘殺，而國家亦四面受敵。其後關東州郡各舉義兵，卒相攻伐，天子西移，王政隔塞。其占與京房同。

〔一〕風俗通曰：「巡馬生胡子，問養馬胡蒼頭，乃好此馬以生子。」

光和中，雒陽水西橋民馬逸走，遂齧殺人。是時公卿大臣及左右數有被誅者。

安帝永初元年十一月戊子，民轉相驚走，棄什物，去廬舍。

靈帝建寧三年春，河內婦食夫，河南夫食婦。〔一〕

〔一〕臣昭曰：案此二食，夫妻不同，在河南北，每見死異，斯豈怪妖復有徵乎？河者，經天亘地之水也。河內，河之陽也。夫婦參配陰陽，判合成體。今以夫之尊，在河之陽，而陰承體卑，呑食尊陽，將非君道昏弱，無居剛之德，遂爲陰細之人所能消毀乎？河南，河之陰。河視諸侯，夫亦惟家之主，而自食正內之人。時宋皇后將立，而靈帝一聽閹官，無所厝心。夫以宮房之愛惡，亦不全中懷抱，宋后終廢，王甫挾姦，陰中列侯，實應厥位。天戒若曰，徒隨嬖豎之意，夫噉其妻乎？

熹平二年六月，雒陽民訛言虎賁寺東壁中有黃人，形容鬚眉良是，觀者數萬，省內悉出，道路斷絕。〔一〕到中平元年二月，張角兄弟起兵冀州，自號黃天，三十六方，四面出和，將帥星布，吏士外屬，因其疲餧，牽而勝之。〔二〕

〔一〕應劭時爲郎。風俗通曰：「劭故往視之，何在其有人也！走漏汙處，膩赭流漉，壁有他剝數寸曲折耳。劭又通之曰：季夏土黃，中行用事，又在壁中，壁亦土也。以見於虎賁寺者，虎賁國之秘兵，扞難禦侮。必（是）〔示〕於東，東者動也，言當出師行將，天下搖動也。天之以類告人，甚於影響也。」

〔二〕物理論曰：「黃巾被服純黃，不將尺兵，肩長衣，翔行舒步，所至郡縣無不從，是日天大黃也。」

光和元年五月壬午，何人白衣欲入德陽門，辭「我梁伯夏，教我上殿爲天子」。中黃門桓賢等呼門吏僕射，欲收縛何人，吏未到，須臾還走，求索不得，不知姓名。時蔡邕以成帝時男子王褒絳衣入宮，上前殿非常室，曰「天帝令我居此」，後王莽簒位。今此與成帝時相似而有異，被服不同，又未入雲龍門而覺，稱梁伯夏，皆輕於言。以往況今，將有狂狡之人，欲為王氏之謀，其事不成。其後張角稱黃天作亂，竟破壞。〔一〕

〔一〕風俗通曰：「光和四年四月，南宮中黃門寺有一男子，長九尺，服白衣。中黃門解步呵問：『汝何等人？白衣妄入宮掖。』曰：『我梁伯夏後，天使我為天子。』步欲前收取，因忽不見。劭曰：尚書、春秋左傳曰，伯益佐禹治水，封於梁。飂叔安有裔子曰董父，實甚好龍，龍多歸之，帝舜嘉之，賜姓董氏。董氏之祖，與梁同焉。到光熹元年，董卓自外入，因閒乘釁，廢帝殺后，百官總己，號令自由，殺戮決前，威重於主。梁本安定，而卓隴西人，俱涼州也。天戒若曰，卓不當專制奪矯，如白衣無宜蘭入宮也。白衣見黃門寺，及卓之末，中黃門誅滅之際，事類如此，可謂無乎？」袁山松曰：「案張角一時狡亂，不足致此大妖，斯乃曹氏滅漢之徵也。」案劭所述，與志或有不同，年月舛異，故俱載焉。臣昭注曰：檢覩前通，各有未直。尋梁即魏地之名，伯夏明於中夏，非溥天之稱，以內臣孫（夫）〔未〕得稱王，徵驗有應，有若符契。復云「伯夏教我為天子」，後曹公曰「若天命在吾，吾為周文王矣」，此乃魏文帝受我成策而陟帝位也。風俗通云「見中黃門寺曹騰之家」，尤見其證。

二年，雒陽上西門外女子生兒，兩頭，異肩共胷，俱前向，以為不祥，墮地棄之。自此之後，朝廷霿亂，政在私門，上下無別，二頭之象。後董卓戮太后，被以不孝之名，放廢天子，後復害之。漢元以來，禍莫踰此。

四年，魏郡男子張博送鐵盧詣太官，博上書室殿山居屋後宮禁，落屋讙呼。上收縛考問，辭「忽不自覺知」。〔一〕

〔一〕臣昭曰：魏人入宮，既奪漢之徵，至後宮而讙呼，終亦禍廢母后。

中平元年六月壬申，雒陽男子劉倉居上西門外，妻生男，兩頭共身。

靈帝時，江夏黃氏之母，浴而化爲黿，入于深淵，其後時出見。初浴簪一銀釵，及見，猶在其首。〔一〕

〔一〕臣昭曰：黃者，代漢之色。女人，臣妾之體。化爲黿，黿者元也。入于深淵，水實制火。夫君德尊陽，利見九五，飛在于天，乃備光盛。俯等龜黿，有愧潛躍；首從戴釵，卑弱未盡。後帝者〔三〕〔王〕，不專權極，天德雖謝，蜀猶傍纘。推求斯異，女爲曉著矣。

獻帝初平中，長沙有人姓桓氏，死，棺斂月餘，其母聞棺中聲，發之，遂生。占曰：「至陰爲陽，下人爲上。」其後曹公由庶士起。

建安四年二月，武陵充縣女子李娥，年六十餘，物故，以其家杉木槥斂，瘞於城外數里上，已十四日，有行聞其冢中有聲，便語其家。家往視聞聲，便發出，遂活。〔一〕

〔一〕干寶搜神記曰：「武陵充縣女子李娥，年六十餘，病死，埋於城外，已十四日。娥比舍有蔡仲，聞娥富，謂殯當有金寶，盜發冢剖棺。斧數下，娥於棺中言曰：『蔡仲，汝護我頭。』驚遽，便出走。會爲吏所見，遂收治，依法當棄市。娥兒聞，來迎出娥將去。武陵太守聞娥死復生，召見問事狀。娥對曰：『聞謬爲司命所召，到得遣出，過西門，適見外兄劉伯文，爲相勞問，涕泣悲哀。娥語曰：「伯文，一日誤見召，今得遣歸，既不知道，又不能獨行，爲我得一伴不？又我見召在此，已十餘日，形體又當見埋藏，歸當那得自出？」伯文曰：「當爲問之。」即遣門卒與戶曹相問：「司命一日誤召武陵大女李娥，今得遣還。娥在此積日，尸喪又當殯斂，當作何等得出？又女弱獨行，豈當有伴邪？是吾外妹，幸爲便安之。」荅曰：「今武陵西男民李黑，亦得遣還，便可爲伴。」輒令黑過，敕娥比舍蔡仲，令發出娥也。於是娥遂得出，與伯文別。伯文曰：「書一封以與兒佗。」娥遂與黑俱歸，事狀如此。』太守慨然歎曰：『天下事眞不可知也！』乃表以爲『蔡仲雖發冢，爲鬼神所使，雖欲無發，勢不得已。宜加寬宥。』詔書報可。太守欲驗語虛實，即遣馬吏於西界推問李黑得之。黑語協，乃致伯文書與佗。佗識其紙，乃是父亡時送箱中文書也。表文字猶在也，而書不可曉。乃請費長房讀之，曰：『告佗：當從府君出案行，當以八月八日日中時，武陵城南溝水畔頓，汝是時必往。』到期，悉將大小於城南待之。須臾果至，但聞人馬隱隱之聲，詣溝水，便聞有呼聲曰：『佗來！汝得我所寄李娥書不邪？』曰：『即得之，故來至此。』伯文以次呼家中大小問之，悲傷斷絕。曰：『死生異路，不能數得汝消息。吾亡後，兒孫乃爾許人！』良久謂佗曰：『來春大病，與此一丸藥，以塗門戶，則辟來年妖厲矣。』言訖忽去，竟不得見其形。至前春，武陵果大病，白日見鬼，唯伯文之家，鬼不敢向。費長房視藥曰：『此方相臨也。』」博物記曰：「漢末關中大亂，有發前漢宮人冢者，宮人猶活。既出，平復如舊。魏郭后愛念之，錄置宮內，常在左右。問漢時宮中事，說之了了，皆有次緒。郭后崩，哭泣哀過，遂死。漢末，發范明友奴冢，奴猶活。明友，霍光女婿。說光家事，廢立之際，多與漢書相應。此奴常(且)〔遊〕走居民閒，無(正)〔止〕住處，遂不知所在。」

七年，越嶲有男化爲女子。時周羣上言，哀帝時亦有此異，將有易代之事。至二十五年，獻帝封于山陽。

建安中，女子生男，兩頭共身。

安帝元初六年夏四月，會稽大疫。〔一〕

〔一〕公羊傳曰：「大災者何？大瘠也。大瘠者何？痢也。」何休曰：「民疾疫也，邪亂之氣所生。」古今注曰：「光武建武十三年，揚徐部大疾疫，會稽江左甚。」案傳，鍾離意爲督郵，建武十四年會稽大疫。案此則頻歲也。古今注曰：「二十六年，郡國七大疫。」

延光四年冬，京都大疫。〔一〕

〔一〕張衡明年上封事：「臣竊見京師爲害兼所及，民多病死，（上并猥）死有滅戶。人人恐懼，朝廷燋心，以爲至憂。臣官在於考變禳災，思（在）〔任〕防救，未知所由，夙夜征營。臣聞國之大事在祀，祀莫大於郊天奉祖。方今道路流言，僉曰『孝安皇帝南巡路崩，從駕左右行慝之臣欲徵諸國王子，故不發喪，衣車還宮，（傴）〔僞〕遣大臣，並禱請命』。臣處外官，不知其審，然尊靈見罔，豈能無怨！且凡（夫私）〔大祀〕小有不蠲，猶爲譴謫，況以大穢，用禮郊廟？孔子曰：『曾謂泰山不如林放乎！』天地明察，降禍見災，乃其理也。又聞者，有司正以冬至之後，奏開恭陵神道。陛下至〔孝〕，不忍距逆，或發冢移尸。月令：『仲冬土事無作，慎無發蓋，及起大衆，以固而閉。地氣上泄，是謂發天地之房，諸蟄則死，〔民必〕疾疫，又隨以喪。』厲氣未息，恐其殆此二（年）〔事〕，欲使知過改悔。五行傳曰：『六沴作見，若時共禦，帝用不差，神則不怒，五福乃降，用章于下。』臣愚以爲可使公卿處議，所以陳術改過，取媚神祇，自求多福也。」

桓帝元嘉元年正月，京都大疫。二月，九江、廬江又疫。

延熹四年正月，大疫。〔一〕

〔一〕太公六韜曰：「人主好重賦役，大宮室，多臺遊，則民多病溫也。」

靈帝建寧四年三月，大疫。

熹平二年正月，大疫。

光和二年春，大疫。

五年二月，大疫。

中平二年正月，大疫。

獻帝建安二十二年，大疫。〔一〕

〔一〕魏文帝書與吳質曰：「昔年疾疫，親故多離其災。」魏陳思王常說疫氣云：「家家有強尸之痛，室室有號泣之哀，或闔門而殪，或舉族而喪者。」

靈帝光和元年六月丁丑，有黑氣墮北宮溫明殿東庭中，黑如車蓋，起奮訊，身五色，有頭，體長十餘丈，形貌似龍。上問蔡邕，對曰：「所謂天投蜺者也。不見足尾，不得稱龍。易傳曰：『蜺之比無德，以色親也。』潛潭巴曰：『虹出，后妃陰脅王者。』又曰：『五色迭至，照于宮殿，有兵革之事。』演孔圖曰：『天子外苦兵，威內奪，臣無忠，則天投蜺。』〔一〕變不空生，占不空言。」〔二〕先是立皇后何氏，皇后每齋，當謁祖廟，輒有變異不得謁。中平元年，黃巾賊張角等立三十六方，起兵燒郡國，山東七州處處應角。遣兵外討角等，內使皇后二兄爲大將統兵。其年，宮車宴駕，皇后攝政，二兄秉權。譴讓帝母永樂后，令自殺。陰呼并州牧董卓欲共誅中官，中官逆殺大將軍進，兵相攻討，京都戰者塞道。皇太后母子遂爲太尉卓等所廢黜，皆死。天下之敗，兵先興於宮省，外延海內，二三十歲，其殃禍起自何氏。〔三〕

〔一〕案邕集稱曰：「演孔圖曰：『蜺者，斗之精也。失度投蜺見態，主惑於毀譽。』合誠圖曰：『天子外苦兵者也。』」

〔二〕邕對又曰：「意者陛下樞機之內，衽席之上，獨有以色見進，陵尊踰制，以昭變象。若羣臣有所毀譽，聖意低迴，未知誰是。兵戎未息，威權漸移，忠言不聞，則虹蜺所在生也。抑內寵，任中正，決毀譽，分直邪，各得其所；勒守衞，整武備，威權之機不以假人，則其救也。」

〔三〕袁山松書曰：「是年七月，虹晝見御坐玉堂後殿前庭中，色青赤也。」

校勘記

三三四一頁八行 則王極象天也　校補引柳從辰說，謂今尙書大傳此下有「人法天，元氣純，則不可以一體而言之也」，凡十六字。

三四一頁九行　譬如北辰是則天之道於人政也　今大傳「道」作「通」。按：校補引柳從辰說，謂則天之道於人政，所謂「唯天爲大，唯堯則之」，則卽法也。此正譬如之義。作「通」誤。

三四二頁一行　故〔子駿〕傳曰眊　據文獻通考補。按：皮錫瑞尚書大傳疏證引陳壽祺說，謂鄭注引劉子駿五行傳以眊釋瞀，續漢志此注脫「子駿」二字。

三四二頁三行　陰氣失　按：今大傳「陰」作「養」。

三四二頁五行　懦不(敬)〔毅〕也　據今大傳鄭注改。按：陳壽祺謂續漢志引此注「毅」作「敬」，誤。

三四二頁八行　行〔於〕無形　據今大傳鄭注補。

三四二頁一〇行　夏侯勝說伐宜爲代　按：王先謙謂前書夏侯勝傳作「伐」，鄭說未詳所出。

三四二頁一二行　恆者其〔味厚其〕毒　據今大傳鄭注補。按：通考郊祀考亦有此三字。

三四二頁一三行　逆謂〔贏〕縮反明經天守舍之類也　校補引柳從辰說，謂據大傳鄭注，「縮」上脫「贏」字。今據補。

三四三頁九行　令龍所犯然中外奔波邴吉防患大豫　汲本、殿本「令」作「今」，「大」作「太」。按：文有脫譌，不可強通。

三四三頁一〇行　何有近目下而致逆節之萌者　按：「目下」疑「日下」之譌，日下謂京都也。

三三四三頁三行　明公恬然謂非己　按：「己」下疑脫一字。

三三四五頁一行　熹平元年四月甲午青蛇見御坐上　按：集解引錢大昕說，謂青蛇事張奐傳作「建寧二年」，謝弼傳同，此志及楊賜傳並作「熹平元年」，非也。或云當作「建寧元年」，然蕃、武之被害在建寧元年九月，而奐、弼之言災異俱有誅陳、竇事，則非建寧元年之夏可知。從張、謝傳是。

三三四五頁三行　陳蕃竇氏未被明宥　按：本書張奐傳作「武、蕃忠貞，未被明宥」。又汲本、殿本「氏」作「武」。

三三四五頁一二行　乃好此馬以生子　汲本、局本「好」作「奸」。按：好與奸形近，疑作「奸」是。

三三四六頁四行　而靈帝一聽閹官　按：汲本、殿本「官」作「宦」。

三三四六頁五行　徒隨嬖豎之意　按：殿本「嬖」作「閹」。

三三四六頁一一行　必(是)〔示〕於東　據汲本、殿本改。

三三四六頁一四行　中黃門桓賢　按：殿本「桓」作「相」，疑形近而譌。袁紀作「桓覽」，賢覽亦形似易譌。

三三四七頁七行　如白衣無宜蘭入宮也　殿本「蘭」作「闌」。按：闌蘭古通作。

三三四七頁九行　以內臣孫(夫)〔未〕得稱王　按：「夫」字不可解，何焯以北宋殘本校，「夫」作「未」，當是。今據改。

三三四七頁一三行　朝廷霿亂　按：汲本「霿」作「瞀」。

三三四八頁六行　後帝者〔三〕〔王〕　據汲本、殿本改。

三三四八頁一二行　冢中有聲　按：集解引惠棟說，謂北宋本「有」下有「人」字。

三三四八頁一四行　聞謬爲司命所召　按：校補謂案文「聞」當是「閒」。

三三四九頁一行　今得遣歸　按：「今」原譌「令」，逕改正。

三三四九頁一一行　兒孫乃爾許人　按：校補謂案文「人」當是「大」。

三三四九頁一五行　此奴常〔且〕〔遊〕走居民閒無〔正〕〔止〕住處　據汲本、殿本改。

三三五〇頁七行　臣竊見京師爲害氣所及民多病死　按：校補謂「害氣」二字當作「厲氣」。

三三五〇頁七行　〔上并猥〕死有滅戶　據汲本、殿本刪。

三三五〇頁八行　思〔在〕〔任〕防救　據汲本、殿本改。

三三五〇頁九行　〔優〕〔僞〕遣大臣　據殿本、集解本改。按：錢大昭云閩本作「僞」。又按：閻后紀云「僞云帝疾甚，詐遣司徒劉喜詣郊廟社稷告天請命」，則作「僞」者是也。

三三五〇頁一〇行　且凡〔夫私〕〔大祀〕小有不蠲　校補謂案文「夫私」二字當作「大祀」。今據改。

三三五〇頁一一行　陛下至〔孝〕　據汲本、殿本補。

三三五〇頁一三行　〔民必〕疾疫　據汲本、殿本補。

三三五〇頁一三行　恐其殆此二(年)〔事〕　校補謂案文「年」當作「事」。今據改。

三三五〇頁一四行　五福乃降　按：汲本、殿本「五」作「萬」。

三三五一頁三行　則民多病溫也　按：汲本、殿本「溫」作「瘟」。

後漢書志第十八

五行六

日蝕　日抱　日赤無光　日黃珥　日中黑　虹貫日　月蝕非其月

光武帝〔一〕建武二年正月甲子朔，日有蝕之。在危八度。〔二〕日蝕說曰：「日者，太陽之精，人君之象。君道有虧，爲陰所乘，故蝕。蝕者，陽不克也。」其候雜說，漢書五行志著之必矣。〔三〕儒說諸侯專權，則其應多在日所宿之國。〔四〕諸象附從，則多爲王者事。人君改修其德，則咎害除。〔五〕是時世祖初興，天下賊亂未除。虛、危，齊也。賊張步擁兵據齊，上遣伏隆諭步，許降，旋復叛稱王，至五年中乃破。

〔一〕古今注曰：「建武元年正月庚午朔，日有蝕之。」即更始三年。

〔二〕杜預曰：「曆家之說，謂日光以望時遙奪月光，故月蝕。日月同會，月奄日，故日蝕。蝕有上下者，行有高下。日光輪存而中食者，相奄密，故日光溢出。皆既者，正相當而相奄閒疏也。然聖人不言月食日，而以自蝕爲文，闕於所不見。」春秋潛潭巴云：「甲子蝕，有兵敵強。」臣昭案：春秋緯六旬之蝕，各以甲子爲說，此偏舉一隅，未爲通證，故於事驗不盡相符。今依日例注，以廣其候耳。京房占曰：「北夷侵，忠臣有謀，後大水在東方。」

〔三〕春秋緯曰：「日之將蝕，則斗第二星變色，微赤不明，七日而蝕。」

〔四〕春秋漢含孳曰：「臣子謀，日乃蝕。」孝經鉤命決曰：「失義不德，白虎不出禁，或逆枉矢射，山崩日蝕。」管子曰：「日掌陽，月掌陰，星掌和。陽爲德，陰爲刑，和爲事。是故日蝕，則失德之國惡之；月蝕，則失刑之國惡之；彗星見，則失和之國惡之。是故聖王日蝕則修德，月蝕則修刑，彗星見則修和。」

〔五〕孝經鉤命決曰：「日蝕修孝，山崩理惑。」

三年五月乙卯晦，日有蝕之，〔一〕在柳十四度。柳，河南也。時世祖在雒陽，赤眉降賊樊崇謀作亂，其七月發覺，皆伏誅。〔二〕

〔一〕潛潭巴曰：「乙卯蝕，雷不行，雪殺草不長，姦人入宮。」

〔二〕古今注曰：「四年五月乙卯晦，日有蝕之。」

六年九月丙寅晦，日有蝕之。〔一〕史官不見，郡以聞。〔二〕在尾八度。〔三〕

〔一〕潛潭巴曰：「丙寅蝕，久旱，多有徵。」京房曰：「有小旱災。」

〔二〕本紀「都尉詡以聞」。

〔三〕朱浮上疏，以郡縣數代，羣陽騷動所致，見浮傳。

七年三月癸亥晦，日有蝕之，〔一〕在畢五度。畢爲邊兵。秋，隗囂反，侵安定。冬，盧芳所置朔方、雲中太守各舉郡降。〔二〕

〔一〕潛潭巴曰：「癸亥日蝕，天人崩。」鄭興曰：「頃年日蝕，每多在晦，〔皆月〕行疾也。君亢急，臣下促迫。」

〔二〕古今注曰：「九年七月丁酉，十一年六月癸丑，十二月辛亥，並日有蝕之。」

十六年三月辛丑晦，日有蝕之，〔一〕在昴七度。昴爲獄事。時諸郡太守坐度田不實，世祖怒，殺十餘人，然後深悔之。

〔一〕潛潭巴曰：「辛丑蝕，主疑〔王〕〔臣〕。」

十七年二月乙未晦，日有蝕之，〔一〕在胃九度。胃爲廩倉。時諸郡新坐租之後，天下憂怖，以穀爲言，故示象。或曰：胃，供養之官也。其十月，廢郭皇后，詔曰「不可以奉供養」。

〔一〕潛潭巴曰：「乙未蝕，天下多邪氣，鬱鬱蒼蒼。」京房曰：「君責衆庶暴害之。」

二十二年五月乙未晦，日有蝕之，在柳七度，京都宿也。柳爲上倉，祭祀穀也。近輿鬼，輿鬼爲宗廟。十九年中，有司奏請立近帝四廟以祭之，有詔「廟處所未定，且就高廟祫祭之」。至此三年，遂不立廟。有簡墮心，奉祖宗之道有闕，故示象也。

二十五年三月戊申晦，日有蝕之，〔一〕在畢十五度。畢爲邊兵。其冬十月，以武谿蠻夷爲寇害，伏波將軍馬援將兵擊之。〔二〕

〔一〕潛潭巴曰：「戊申蝕，地動搖，侵兵強。一曰：主兵弱，諸侯〔爭〕〔強〕。」

〔三〕古今注曰：「二十六年二月戊子，日有蝕之，盡。」

二十九年二月丁巳朔，日有蝕之，〔一〕在東壁五度。東壁爲文章，一名娵訾之口。先是皇子諸王各招來文章談說之士，去年中，有人上奏：「諸王所招待者，或眞僞雜，受刑罰者子孫，宜可分別。」於是上怒，詔捕諸王客，皆被以苛法，死者甚多。世祖不早爲明設刑禁，一時治之過差，故天示象。世祖於是改悔，遣使悉理侵枉也。

〔一〕潛潭巴曰：「丁巳蝕，下有敗兵。」

三十一年五月癸酉晦，日有蝕之，〔一〕在柳五度，京都宿也。自二十一年示象至此十年，後二年，宮車晏駕。

〔一〕潛潭巴曰：「癸酉蝕，連陰不解，淫雨毀山，有兵。」

中元元年十一月甲子晦，日有蝕之，在斗二十度。斗爲廟，主爵祿。儒說十一月甲子，時王日也，又爲星紀，主爵祿，其占重。

明帝永平三年八月壬申晦，日有蝕之，〔一〕在氐二度。氐爲宿宮。是時明帝作北宮。〔二〕

〔一〕潛潭巴曰：「壬申蝕，水（滅）〔盛〕，陽潰陰欲翔。」

〔二〕古今注曰：「四年八月丙寅，時加未，日有蝕之。五年二月乙未朔，日有蝕之，京師候者不覺，河南尹、郡國三十一上。六年六月庚辰晦，日有蝕之，時雒陽候者不見。」

八年十月〔一〕壬寅晦，日有蝕之，既，〔二〕在斗十一度。斗，吳也。廣陵於天文屬吳。後二年，廣陵王荆坐謀反自殺。

〔一〕古今注曰十二月。

〔二〕潛潭巴曰：「壬寅蝕，天下苦兵，大臣驕横。」

十三年十月〔一〕甲辰晦，日有蝕之，〔二〕在尾十七度。〔三〕

〔一〕古今注曰閏八月。

〔二〕潛潭巴曰：「甲辰蝕，四騎脅大水。」

〔三〕京房占曰：「主后壽命絶，後有大水。」

十六年五月戊午晦，日有蝕之，〔一〕在柳十五度。儒説五月戊午，猶十一月甲子也，又宿在京都，其占重。後二歲，宫車晏駕。

〔一〕潛潭巴曰：「戊午蝕，久旱穀不傷。」

十八年十一月甲辰晦，日有蝕之，在斗二十一度。是時明帝既崩，馬太后制爵禄，故陽不勝。

章帝建初五年二月庚辰朔，日有蝕之，〔一〕在東壁八度。例在前建武二十九年。是時羣臣爭經，多相非毁者。〔二〕

〔一〕潛潭巴曰：「庚辰蝕，彗星東至，有寇兵。」

〔二〕又別占云：「庚辰蝕，大旱。」

六年六月辛未晦，日有蝕之，〔一〕在翼六度。翼主遠客。冬，東平王蒼等來朝，明年正月，蒼薨。〔二〕

〔一〕潛潭巴曰：「辛未蝕，大水。」

〔二〕古今注曰：「元和元年九月乙未，日有蝕之。」

（元）〔章〕和元年八月乙未晦，日有蝕之。史官不見，佗官以聞。日在氐四度。〔一〕

〔一〕星占曰：「天下災，期三年。」

和帝永元二年二月壬午，日有蝕之。〔一〕史官不見，涿郡以聞。日在奎八度。〔二〕

〔一〕潛潭巴曰：「壬午蝕，久雨，旬望。」

〔二〕京房占曰：「三公與諸侯相賊，弱其君王，天應而日蝕。三公失國，後旱且水。」臣昭以爲三公宰輔之位，即竇憲。

四年六月戊戌朔，日有蝕之，〔一〕在七星二度，主衣裳。又曰行近軒轅，在左角，爲太后族。是月十九日，〔二〕上免太后兄弟竇憲等官，遣就國，選嚴能相，於國蹙迫自殺。

〔一〕潛潭巴曰：「戊戌蝕，有土殃，主后死，天下諒陰。」京房占曰：「婚嫁家欲戮。」

〔二〕案本紀：庚申幸北宮，詔捕憲等。庚申是二十三日。

七年四月辛亥朔，日有蝕之，〔一〕在觜觿，爲葆旅，主收斂。儒說葆旅宮中之象，收斂貪妬之象。是歲鄧貴人始入。明年三月，陰皇后立，鄧貴人有寵，陰后妬忌之，後遂坐廢。一日是將入參，參、伐爲斬刈。明年七月，越騎校尉馮柱捕斬匈奴溫禺犢王烏居戰。

〔一〕潛潭巴曰：「辛亥蝕，子爲雄。」

十二年秋七月辛亥朔，日有蝕之，在翼八度，荆州宿也。明年冬，南郡蠻夷反爲寇。

十五年四月甲子晦，日有蝕之，在東井二十二度。東井，主酒食之宿也。婦人之職，無非無儀，酒食是議。去年冬，鄧皇后立，有丈夫之性，與知外事，故天示象。是年水，雨傷稼。

安帝永初元年三月二日癸酉，日有蝕之，在胃二度。胃主廩倉。是時鄧太后專政，去年大水傷稼，倉廩爲虛。〔一〕

〔一〕古今注曰：「三年三月，日有蝕之。」

五年正月庚辰朔，日有蝕之，在虛八度。正月，王者統事之正日也。虛，空名也。是時鄧太后攝政，安帝不得行事，俱不得其正，若王者位虛，故於正月陽不克，示象也。於是陰預乘陽，故夷狄並爲寇害，西邊諸郡皆至虛空。

七年四月丙申晦，日有蝕之，〔一〕在東井一度。

〔一〕潛潭巴曰：「丙申蝕，諸侯相攻。」京房占曰：「君臣暴虐，臣下橫恣，上下相賊，後有地動。」

元初元年十月戊子朔，日有蝕之，〔一〕在尾十度。尾爲後宮，繼嗣之宮也。是時上甚幸閻貴人，將立，故示不善，將爲繼嗣禍也。明年四月，遂立爲后。後遂與江京、耿寶等共讒太子廢之。

〔一〕潛潭巴曰：「戊子蝕，宮室內婬，雌必成雄。」京房占曰：「妻欲害夫，九族夷滅，後有大水。」

二年九月壬午晦，日有蝕之，在心四度。心爲王者，明久失位也。

三年三月二日辛亥，日有蝕之，在婁五度。史官不見，遼東以聞。

四年二月乙(亥)〔巳〕朔，日有蝕之，〔一〕在奎九度。史官不見，七郡以聞。奎主武庫兵。其〔月〕十(月)八日壬戌，武庫火，燒兵器也。

〔一〕潛潭巴曰：「乙亥蝕，東國(發)兵。」京房占曰：「諸侯上侵以自益，近臣盜竊以爲積，天子未知，日爲之蝕。」

五年八月丙申朔，日有蝕之，在翼十八度。史官不見，張掖以聞。〔一〕

〔一〕潛潭巴曰：「丙申蝕，夷狄內攘。」石氏占曰：「王者失禮，宗廟不親，其歲旱。」

六年十二月戊午朔，日有蝕之，幾盡，地如昏狀。〔一〕在須女十一度，女主惡之。後二歲三月，鄧太后崩。〔二〕

〔一〕古今注曰：「星盡見。」春秋緯曰：「日蝕既，君行無常，公輔不修德，夷狄強侵，萬事錯。」

〔二〕李氏家書，司空李郃上書曰：「陛下祗畏天威，懼天變，克己責躬，博訪羣下。咎皆在臣，力小任重，招致咎徵。去

〔年〕二月，京師地震，今月戊午日蝕。夫至尊莫過乎天，天之變莫大乎日蝕，地之戒莫重乎震動。今一歲之中，大異兩見，日蝕之變，既爲尤深，地動之戒，搖宮最醜。日者陽精，君之象也。戊者土主，任在中宮。午者火德，漢之所承。地道安靜，法當（坤）〔由〕陽，今乃專恣，搖動宮闕。禍在蕭牆之內，臣恐宮中必有陰謀其陽，下圖其上，造爲逆也。災變終不虛生，推原二異，日辰行度，甚爲較明，譬猶指掌。宜察宮闕之內，如有所疑，急摧破其謀，無令得成。修政恐懼，以荅天意。十月辛卯，日有蝕之，周家所忌，乃爲亡徵，是時妃后用事，七子朝令。戊午之災，近相似類。宜貶退諸后兄弟羣從內外之寵，求賢良，徵逸士，下德令，施恩惠，澤及山海。」時度遼將軍遵多興師重賦出塞妄攻之事，上深納其言。建光元年，鄧〔太〕后崩。上收考中人趙任等，辭言地震日蝕，任（在）中（官）〔宮〕，竟有廢〔立〕之謀，郃乃自知其言驗也。

永寧元年七月乙酉朔，日有蝕之，〔一〕在張十五度。史官不見，酒泉以聞。〔二〕

〔一〕潛潭巴曰：「乙酉蝕，仁義不明，賢人消。」京房占曰：「君弱臣強，司馬將兵，反征其王。」

〔二〕石氏占曰：「日蝕張，王者失禮。」

延光三年九月庚（寅）〔申〕晦，日有食之，〔一〕在氐十五度。氐爲宿宮。宮，中宮也。時上聽中常侍江京、樊豐及阿母王聖等讒言，廢皇太子。

〔一〕京房占曰：「骨肉相賊，後有水。」

四年三月戊午朔，日有蝕之，在胃十二度。隴西、酒泉、朔方各以狀上，史官不覺。〔一〕

〔一〕案馬融集，是時融爲許令，其四月庚申，自縣上書曰：「伏讀詔書，陛下深惟禹、湯罪己之義，歸咎自責。寅畏天戒，詳延百僚，博問公卿，知變所自，審得厥故，修復往術，以荅天命。臣子遠近，莫不延頸企踵，苟有隙空一介之知，事願自效，貢納聖聽。臣伏見日蝕之占，自昔典籍『十月之交』，春秋傳記、漢注所載，史官占候，羣臣密對，陛下所觀覽，左右所諷誦，可謂詳悉備矣。雖復廣問，（陷）〔昭〕在前志，無以復加。乃者茀氣干參，臣前得敦朴之（人）〔徵〕，後三年二月，對策北宮端門。以爲參者西方之位，其於分野，并州是也，殆謂西戎、北狄。其後種羌叛戾，烏桓犯上郡，并、涼動兵，驗略效〔矣〕。今復見大異，申誡重（諄）〔譴〕，於此二城，海內莫見。三月一日，合辰在婁。婁又西方之宿，衆占顯明者。羌及烏桓有悔過之辭，將吏策勳之名。臣恐受任典牧者，苟脫目前，皆粗圖（身）〔伸〕一時之權，不顧爲國百世之利。論者美近功，忽其遠，則各相（不大）〔美其〕狹病。伏惟天象不虛。老子曰：『圖難於其易也，爲大於其細也。』消災復異，宜在於今。詩曰：『日月告凶，不用其行。四國無政，不用其良。』傳曰：『國無政，不用善，則自取謫于日月之災，故政不可不慎也。務三而已：一曰擇人，二曰安民，三曰從時。』臣融伏惟方今有道之世，漢典設張，侯甸采衞，司民之吏，案繩循墨，雖有殿最，所差無幾。其陷罪辟，身自取禍，百姓未被其大傷。至邊郡牧御失和，吉之與凶，敗之與成，優劣相懸，不誠不可。審擇其人，上以應天變，下以安民隸。竊見列將子孫，生長京師，食仰租奉，不知稼穡之艱，又希遭阨困，故能果毅輕財，施與孤弱，以獲死生之用，此其所長也。不拘法禁，奢泰無度，功勞足以宣威，踰濫足以傷化，此其所短也。州郡之士，出自貧苦，長於撿押，雖專賞罰，不敢越濫，此其所長也。拘文守法，遭遇非常，狐疑無斷，畏首畏尾，威恩纖薄，外內離心，士卒不附，此其所短也。必得將兼有二長之才，無二短之累，參以吏事，任以兵法。有此數姿，然後能折衝厭難，致其功實，轉災爲福。孔子曰：『十室之邑，必有忠信如丘者焉。』以天下之大，四海之衆，云無若人，臣以爲誣矣。宜特選羣譽，審得其眞，鎭守二方，以應用良擇人之義，以塞大異也。」

順帝永建二年七月甲戌朔，日有蝕之，〔一〕在翼九度。

〔一〕潛潭巴曰：「甲戌蝕，草木不滋，王命不行。」京房占曰：「近臣欲戮，身及戮辱，後小旱。」

陽嘉四年閏月丁亥朔，日有蝕之，〔二〕在角五度。史官不見，零陵以聞。〔三〕

〔二〕潛潭巴曰：「丁亥蝕，匿謀滿玉堂。」京房占曰：「君臣無別。」

〔三〕案張衡爲太史令，表奏云：「今年三月朔方覺日蝕，此郡懼有兵患。臣愚以爲可敕北邊須塞郡縣，明烽火，遠斥候，深藏固閉，無令穀畜外露。」不詳是何年三月。

永和三年十二月戊戌朔，日有蝕之，在須女十一度。史官不見，會稽以聞。明年，中常侍張逵等謀譖皇后父梁商欲作亂，推考，逵等伏誅也。

五年五月己丑晦，日有蝕之，〔一〕在東井三十三度。東井，三輔宿。又近輿鬼，輿鬼爲宗廟。其秋，西羌爲寇，至三輔陵園。

〔一〕潛潭巴曰：「日蝕己丑，天下唱之。」

六年九月辛亥晦，日有蝕之，在尾十一度。尾主後宮，繼嗣之宮也。以爲繼嗣不興之象。

桓帝建和元年正月辛亥朔，日有蝕之，在營室三度。史官不見，郡國以聞。是時梁太后攝政。

三年四月丁卯晦，日有蝕之，〔一〕在東井二十三度。例在永元十五年。東井主法，梁太后又聽兄冀枉殺公卿，犯天法也。明年，太后崩。

〔一〕潛潭巴曰：「丁卯蝕，有旱有兵。」京房占曰：「諸侯欲戮，後有裸蟲之殃。」

元嘉二年七月二日庚辰，日有蝕之，在翼四度。史官不見，廣陵以聞。〔一〕翼主倡樂。時上好樂過。〔二〕

〔一〕京房占曰：「庚辰蝕，君易賢以剛，卒以自傷，後有水。」

〔二〕阮籍樂論曰：「桓帝聞琴，悽愴傷心，倚扆而悲，慷慨長息曰：『善乎哉！爲琴若此，一而足矣。』」

永興二年九月丁卯朔，日有蝕之，在角五度。角，鄭宿也。十一月，泰山盜賊羣起，劫殺長吏。泰山於天文屬鄭。

永壽三年閏月庚辰晦，日有蝕之，在七星二度。史官不見，郡國以聞。例在永元四年。後二歲，梁皇后崩，冀兄弟被誅。

延熹元年五月甲戌晦，日有蝕之，在柳七度，京都宿也。〔一〕

〔一〕梁冀別傳曰：「常侍徐璜白言：『臣切見道術家常言，漢死在戌亥。今太歲在丙戌，五月甲戌，日蝕柳宿。朱雀，漢家之貴國，宿分周地，今京師是也。史官上占，去重見輕。』璜召太史陳授詰問，乃以實對。冀怨授不爲隱諱，使人陰求其短，發擿上聞。上以亡失候儀不肅，有司奏收殺獄中。」

八年正月丙申晦，日有蝕之，在營室十三度。營室之中，女主象也。其二月癸亥，鄧皇后坐酗，上送暴室，令自殺，家屬被誅。呂太后崩時亦然。

九年正月辛卯朔，日有蝕之，〔一〕在營室三度。史官不見，郡國以聞。谷永以爲三朝尊者惡之。其明年，宮車晏駕。

〔一〕潛潭巴曰：「辛卯蝕，臣代其主。」

永康元年五月壬子晦，日有蝕之，〔一〕在輿鬼一度。儒說壬子淳水日，而陽不克，將有水害。其八月，六州大水，勃海（盜賊）〔海溢〕。

〔一〕潛潭巴曰：「壬子蝕，妃后專恣，女謀主。」

靈帝建寧元年五月丁未朔，日有蝕之。〔一〕冬十月甲辰晦，日有蝕之。

〔一〕潛潭巴曰：「丁未蝕，王者崩。」

二年十月戊戌晦，日有蝕之。右扶風以聞。

三年三月丙寅晦，日有蝕之。梁相以聞。

四年三月辛酉朔，日有蝕之。〔一〕

〔一〕潛潭巴曰：「辛酉蝕，女謀主。」谷永上書：「飲酒無節，君臣不別，姦邪欲起。」傳曰：「酒無節，玆謂荒，厥異日蝕，厥咎亡。」靈帝好爲商估，飲於宮人之肆也。

熹平二年十二月癸酉晦，日有蝕之，在虛二度。是時中常侍曹節、王甫等專權。〔一〕

〔一〕蔡邕上書曰：「四年正月朔，日體微傷，羣臣服赤幘，赴宮門之中，無救，乃各罷歸。天有大異，隱而不宜求御過，是已事之甚者。」

六年十月癸丑朔，日有蝕之。趙相以聞。〔一〕

〔一〕谷永上書：「賦斂滋重，不顧黎民，百姓虛竭，則日蝕，將有潰叛之變。」

光和元年二月辛亥朔，日有蝕之。十月丙子晦，日有蝕之，在箕四度。箕爲後宮口舌。是月，上聽讒廢宋皇后。〔一〕

〔一〕案：本傳盧植上書，丙子蝕自巳過午，既蝕之後，雲霧晻曖，陳八事以諫。蔡邕對問曰：「詔問踐阼以來，災眚屢見，頻歲日蝕、地動，風雨不時，疫癘流行，勁風折樹，河、雒盛溢。臣聞陽微則日蝕，陰盛則地震，思亂則風，貌失則雨，視闇則疾，簡宗廟，（上）〔水〕不潤下，川流滿溢。明君臣，正上下，抑陰尊陽，修五事於聖躬，致精慮於共御，其救之也。」

二年四月甲戌朔，日有蝕之。

四年九月庚寅朔，日有蝕之，〔一〕在角六度。

〔一〕潛潭巴曰：「庚寅蝕，將相誅，大水，多死傷。」

中平三年五月壬辰晦，日有蝕之。〔一〕

〔一〕潛潭巴曰：「壬辰蝕，河決海〔溢〕，久霧連陰。」

六年四月丙午朔，日有蝕之。其月浹辰，宮車晏駕。

獻帝初平四年正月甲寅朔，日有蝕之，在營室四度。〔一〕是時李傕、郭汜專政。〔二〕

〔一〕潛潭巴曰：「甲寅蝕，雷電擊殺，骨肉相攻。」

〔二〕袁宏紀曰：「未蝕八刻，太史令王立奏曰：『日晷過度，無有變也。』於是朝臣皆賀。帝密令尚書候焉，未晡一刻而蝕。尚書賈詡奏曰：『立伺候不明，疑誤上下；太尉周忠，職所典掌，請皆治罪。』詔曰：『天道遠，事驗難明，且災異應政而至，雖探道知機，焉能無失，而欲歸咎史官，益重朕之不德也。』弗從。於是避正殿，寢兵，不聽事五日。」

興平元年六月乙巳晦，日有蝕之。

建安五年九月庚午朔，日有蝕之。〔一〕

〔一〕潛潭巴曰：「庚午蝕，後火燒官兵。」

六年（十月癸未）〔二月丁卯〕朔，日有蝕之。

十三年十月癸未朔，日有蝕之，〔一〕在尾十二度。

〔一〕潛潭巴曰：「癸未蝕，仁義不明。」

十五年二月乙巳朔，日有蝕之。

十七年六月庚寅晦，日有蝕之。

二十一年五月己亥朔，日有蝕之。〔一〕

〔一〕潛潭巴曰：「己亥蝕，小人用事，君子禁。」

二十四年二月壬子晦，日有蝕之。

凡漢中興十二世，百九十六年，日蝕七十二：朔三十二，晦三十七，月二日三。

光武建武七年四月丙寅，日有暈抱，白虹貫暈，在畢八度。〔一〕畢爲邊兵。秋，隗囂反，侵安定。〔二〕

〔一〕古今注曰：「時日加卯，西面東面有抱，須臾成暈，中有兩鉤，（征）〔在〕南北面，有白虹貫暈，在西北南面，有背在景，加巳皆解也。」

〔二〕皇德傳史曰：「白虹貫，下破軍，晉分也。」古今注曰：「章帝建初元年正月壬申，白虹貫日。五年七月甲寅，夜白虹出乙丑地西北曲入。七年四月丙寅，日加卯，西面有抱，須臾成暈，有白虹貫日。殤帝延平元年六月丁未，日暈上有半暈，暈中外有僪，背兩珥。十二月丙寅，日暈再重，中有背僪。順帝永建二年正月戊午，白虹貫日。三年正月丁酉，日有白虹貫交暈中。六年正月丁卯，日暈兩珥，白虹貫珥中。永和六年正月己卯，暈兩珥，中赤外青，白虹貫暈中。」案郎顗傳，陽嘉二年正月乙卯，白虹貫日。又唐檀傳，永建五年，白虹貫日，檀上便宜三事，陳其咎徵。春秋元命苞曰：「陰陽之氣，聚爲雲氣，立爲虹蜺，離爲倍僪，分爲抱珥。」考異郵曰：「臣謀反，偏刺日。」巫咸占曰：「臣不知則日月僪。」如淳曰：「蝃蝀謂之虹，雌謂之蜺，向外曰倍，刺日曰僪，在傍如半環向日曰抱，在傍直對曰珥。」孟康曰：「僪如僪也。」宋均曰：「黃氣抱日，輔臣納忠。」

靈帝時，日數出東方，正赤如血，無光，高二丈餘乃有景。且入西方，去地二丈，亦如之。〔一〕其占曰，事天不謹，則日月赤。是時月出入去地二三丈，皆赤如血者數矣。〔二〕

〔一〕京房占曰：「國有佞讒，朝有殘臣，則日不光，闇冥不明。」孟康曰：「日月無光曰薄。」

〔二〕春秋感精符曰：「日無光，主勢奪，羣臣以讒術。色赤如炭，以急見伐，又兵馬發。」禮斗威儀曰：「日月赤，君喜怒無常，輕殺不辜，戮於無罪，不事天地，忽於鬼神。時則天雨，土風常起，日蝕無光，地動雷降。其時不救，兵從外來，爲賊戮而不葬。」京房占曰：「日無故日夕無光，天下變枯，社稷移(亡)〔主〕。」

光和四年二月己巳，黃氣抱日，黃白珥在其表。〔一〕

〔一〕春秋感精符曰：「日朝珥則有喪孽。」又云：「日已出，若其入，而雲皆赤黃，名曰日空，不出三年，必有移民而去者也。」

中平四年三月丙申，黑氣大如瓜，在日中。〔一〕

〔一〕春秋感精符曰：「日黑則水淫溢。」

五年正月，日色赤黃，中有黑氣如飛鵲，數月乃銷。

六年二月乙未，白虹貫日。〔一〕

〔一〕春秋感精符曰：「虹貫日，天下悉極，文法大擾，百官殘賊，酷法橫殺，下多相告，刑用及族，世多深刻，獄多怨宿，吏皆慘毒。」又曰：「國多死孽，天子命絕，大臣爲禍，主將見殺。」星占曰：「虹蜺主內姪，土精塡星之變。」易讖曰：「聰明蔽塞，政在臣下，婚戚干朝，君不覺悟，虹蜺貫日。」

獻帝初平元年二月壬辰，白虹貫日。〔一〕

〔一〕袁山松書曰：「三年十月丁卯，日有重兩倍。」吳書載韓馥與袁術書曰：「凶出於代郡。」

桓帝永壽三年十二月壬戌，月蝕非其月。〔一〕

〔一〕古今注曰：「光武建武八年三月庚子夜，月暈五重，紫微青黃似虹，有黑氣如雲，月星不見，丙夜乃解。中元元年十一月甲辰，月中星齒，往往出入。」

延熹八年正月辛巳，月蝕非其月。〔一〕

〔一〕袁山松書曰：「興平二年十二月，月在太微端門中重暈二珥，兩白氣廣八九寸，貫月東西南北。」

贊曰：皇極惟建，五事剋端。罰咎入沴，逆亂浸干。火下水騰，木弱金酸。妖豈或妄，氣炎以觀。

校勘記

三三七頁四行　在危八度　按：校補引錢大昭說，謂後漢紀作「十度」。

三三七頁七行　虛危齊也　按：集解引惠棟說，謂「也」一作「地」。

三三五七頁二三行　有兵敵強　按：集解引錢大昕說，謂開元占經引作「有兵狄強起」。

三三五八頁三行　或逆枉矢射　按：「矢」原譌「失」，逕改正。

三三五八頁四行　陰爲刑　按：「刑」原譌「則」，逕改正。

三三五八頁九行　雷不行雪殺草不長姦人入宮　按：集解引錢大昕說，謂占經作「雷不行，霜不殺草，長人入宮」。

三三五八頁一〇行　四年五月乙卯晦日有蝕之　按：依當時行用之曆，後簡稱時曆。建武四年五月庚戌晦，非乙卯。今推是年六月合朔在庚戌晨夜，日蝕不能見。古今注誤。

三三五八頁一三行　丙寅蝕久旱多有徵　按：集解引錢大昕說，謂占經作「丙寅日蝕，蟲，久旱，多水徵」。

三三五八頁一三行　本紀都尉詡以聞　按：校補謂此本紀當是續漢書本紀。

三三五九頁一行　天人崩　按：集解引錢大昕說，謂占經引作「大人崩，王者憂之」。

三三五九頁一行　〔皆月〕行疾也　據集解引惠棟說補。

三三五九頁二行　九年七月丁酉十一年六月癸丑十二月辛亥並日有蝕之　按：依時曆，建武九年七月辛亥朔，無丁酉。今推是年八月合朔己卯，即時曆七月晦，日蝕可見。十一年六月己亥朔，癸丑非朔日。今推是年七月合朔戊辰，即時曆六月晦晨夜，日蝕不能見。又是年十二月丁酉朔，辛亥亦非朔日。今推是月合朔丙申，時曆十一月晦，日蝕可見。此處古今注皆誤。

三三五九頁五行　主疑（王）〔臣〕　按：「主疑王」不詞，集解引錢大昕說，謂占經引作「主疑臣，三公有免黜者」。今據改。

三三五九頁一五行　地動搖侵兵強　按：集解引錢大昕說，謂占經引作「地動搖，宮室擢，侵兵強」。

三三五九頁一五行　主兵弱諸侯（爭）〔強〕　據汲本、殿本改。

三三六〇頁一行　二十六年二月戊子日有蝕之　按：依時曆，建武二十六年二月甲辰朔，無戊子。今推是年二、三月均無日蝕，古今注誤。

三三六〇頁六行　下有敗兵　按：集解引錢大昕說，謂占經引「敗」作「聚」。

三三六〇頁九行　淫雨毀山有兵　按：集解引錢大昕說，謂占經「毀山」作「數出」。又按：校補謂占經「兵」下有「起」字。

三三六〇頁一二行　其占重　按：集解引惠棟說，謂此下當有闕文。下永平十六年，日蝕，儒說其占重，後二歲，宮車晏駕。此條下當云「明年，宮車晏駕」。或蒙三十一年之占，不重出也？

三三六〇頁一三行　水（滅）〔盛〕陽潰陰欲翔　集解引錢大昕說，謂占經「滅」作「盛」，是。今據改。

三三六〇頁一五行　六年六月庚辰晦日有蝕之　按：依時曆，永平六年丁巳朔，丙戌晦，庚辰二十四日。今

三六一頁三行　推是年七月合朔丙戌，卽時曆六月晦晨夜，日蝕不能見，古今注誤。

古今注曰十二月　按：志文作「八年十月壬寅晦」，明帝紀同。今推永平八年十月壬寅晦日蝕，與志、紀合，古今注譌。

三六一頁四行　天下苦兵大臣驕橫　按：集解引錢大昕說，謂占經作「天下苦兵大起」。

三六一頁五行　十三年十月甲辰晦日有蝕之　明帝紀作「十月壬辰晦」，注引古今注作「閏八月」。按：依時曆，是年閏七月，十月甲辰爲朔，非晦，亦無壬辰。今推是年八月合朔甲辰，卽時曆閏七月晦，日蝕可見。紀、志與古今注皆譌。

三六一頁七行　四騎脅大水　按：集解引錢大昕說，謂占經無「大水」二字，「脅」作「爵」。

三六一頁八行　主后壽命絕　按：「主」原譌「王」，逕改正。

三六一頁九行　日有蝕之　「蝕」原作「食」，以前後皆作「蝕」，今改歸一律。

三六二頁一行　彗星東至有寇兵　按：集解引錢大昕說，謂占經作「彗星東出，有寇兵，旱」。

三六二頁五行　辛未蝕大水　按：集解引錢大昕說，謂占經「大水」下有「湯湯」二字。

三六二頁七行　(元)〔章〕和元年八月乙未晦日有蝕之　校補引錢大昭說，謂「元和」當作「章和」，閩本亦失正。按：推章和元年八月乙未晦日蝕，章帝紀亦書於章和元年，錢說是，今據改。

三六二頁一四行　有土殃　按：集解引錢大昕說，謂占經引無「土」字。

三三六三頁三行 子爲雄　按：王先謙謂占經引「雄」下有「近臣憂」三字。

三三六三頁五行 無非無儀　殿本「儀」作「議」。按：此與毛詩合。校補引柳從辰說，謂列女傳引詩正作「議」，蓋本魯詩。

三三六三頁一〇行 三年三月日有蝕之　按：今推是年三月合朔辛卯，無日蝕，古今注誤。

三三六三頁一五行 丙申蝕諸侯相攻　集解引錢大昕說，謂占經引作「丙申日蝕，諸侯相攻，夷狄內侵，旱」。案本書注例，日名同者不更注，乃此引「諸侯相攻」句，後元初五年八月丙申朔下引「夷狄內攘」句，同日異占，不可曉。今按：校補謂錢氏以後注引「夷狄內攘」句爲卽「夷狄內侵」之異文，其說亦誤。蓋注所引潛潭巴丙申占驗，本闕「夷狄內侵旱」五字，說另詳後。

三三六四頁一行 元初元年十月戊子朔日有蝕之　集解引惠棟說，謂本紀三月癸酉朔日蝕。今按：元初元年三月合朔壬戌，無日蝕，紀誤。

三三六四頁四行 雌必成雄　按：集解引錢大昕說，謂占經引作「必成雄，有憂」。

三三六四頁七行 四年二月乙(亥)〔巳〕朔　集解引洪亮吉說，謂案安紀作「乙巳」，下云乙卯、壬戌，則日辰當以本紀爲是。又引周壽昌說，謂下云「其月十八日壬戌，武庫火」，與紀同。計乙巳朔至壬戌正十八日，若是乙亥朔，則下不得有壬戌，宜從本紀。今按：推是年二月合朔乙巳，日蝕可見，洪、周說是，今據改。又按：劉注引春秋讖潛潭巴「乙亥」云云，足證所見本原作「乙亥」。

三三六四頁八行　其〔月〕十（月）八日　據集解引周壽昌說改，與安紀合，說詳上。

三三六四頁九行　乙亥蝕東國（發）兵　集解引錢大昕說，謂占經引作「乙亥日蝕，陽不明，冬無水，東國兵」。按：張森楷校勘記謂「東國」下無「發」字是，若有「發」字則與乙巳占同，非也。今據張說刪「發」字。

三三六四頁一一行　潛潭巴曰丙申蝕夷狄內攘　按：校補謂案占經作「庚申日蝕，夷狄內攘」，是「丙申蝕」乃「庚申蝕」之誤。而此引「潛潭巴曰」十一字應在後「延光三年九月庚申晦日有蝕之」下，因「庚申」誤爲「庚寅」，故注文亦誤移於此。錢大昕氏偶忘「夷狄內攘」四字本爲庚申蝕占驗，故雖知前注所引潛潭巴丙申蝕占驗有誤，而仍不免誤說也。

三三六四頁一五行　去〔年〕二月京師地震　據汲本、殿本補。

三三六五頁三行　法當（坤）〔由〕陽　據汲本、殿本改。按：「法當坤陽」不可解，由有從義，當不誤，今據改。

三三六五頁七行　建光元年鄧〔太〕后崩　據汲本補。按：「元年」汲本、殿本並譌「二年」。

三三六五頁七行　辭言地震日蝕任〔在〕中（官）〔宮〕　汲本、殿本作「辭言地震日蝕在中宮」。按：上文言

「戊者土主，任在中宮」，足證原本「任」下脫「在」字，「宮」誤「官」，而汲本、殿本則「在」上脫一「任」字也。今據以改正。

三三六五頁八行　竟有廢〔立〕之謀　據汲本、殿本補。

三三六五頁九行　永寧元年七月乙酉朔日有蝕之　安帝紀同。按：今推是年七月合朔乙酉，無日蝕。

三三六五頁一〇行　賢人消　按：集解引錢大昕說，謂占經引「消」上有「退」字。

三三六五頁一三行　延光三年九月庚（寅）〔申〕晦　集解引洪亮吉說，謂案安紀作「庚申」，上云丁酉、乙巳，則日辰當以本紀爲是。今據改。

三三六五頁一六行　案馬融集是時融爲許令　按：「馬」原譌「焉」，「時」原譌「蝕」，逕改正。

三三六六頁一三行　（陷）〔昭〕在前志　據張森楷校勘記改。

三三六六頁三行　茀氣干參　按：「干」原譌「于」，逕改正。

三三六六頁三行　臣前得敦朴之（人）〔徵〕　校補謂「人」當作「徵」，今據改。按：融於順帝陽嘉二年以敦樸徵。

三三六六頁四行　殆謂西戎北狄　按：「北」原譌「此」，逕改正。

三三六六頁五行　驗略效〔矣〕　據汲本、殿本補。

三三六六頁五行　申誡重（諱）〔譴〕　據汲本、殿本改。

三三六六頁六行　將吏策勳之名　按：「勳」原譌「動」，逕據汲本、殿本改正。

三三六六頁六行　皆粗圖(身)〔伸〕一時之權　據校補說改。

三三六六頁七行　則各相(不大)〔美其〕疢病　據校補說改。

三三六六頁一三行　施與孤弱　按：「孤」原譌「不」，逕據汲本、殿本改正。

三三六六頁一四行　狐疑無斷　按：「狐」原譌「孤」，逕據汲本、殿本改正。

三三六七頁二行　王命不行　按：集解引錢大昕說，謂占經「王命」作「主命」。

三三六七頁一一行　日蝕己丑天下唱之　按：錢大昕考異謂占經引作「己丑日蝕，臣伐其主，天下皆亡」。又按：「日蝕己丑」汲本作「己丑蝕」。

三三六八頁三行　有旱有兵　按：集解引錢大昕說，謂占經「旱」上無「有」字。

三三六八頁四行　元嘉二年七月二日庚辰日有蝕之　桓帝紀同。按今推是年七月合朔己卯，無日蝕。

三三六八頁七行　悽愴傷心　按：「悽」原譌「連」，逕改正。

三三六八頁一四行　太史陳援　按：集解引惠棟說，謂梁冀傳「援」作「授」。

三三六九頁三行　九年正月辛卯朔　按：集解引洪亮吉說，謂案桓紀作「辛亥」，下云己酉，則日辰當以續志爲是。

三三六九頁五行　臣代其主　按：殿本「代」作「伐」，與占經合。校補謂桓帝崩，靈帝由外藩入繼而代其位，則作「代」亦自可通。

三三六九頁七行　勃海〔盜賊〕〔海溢〕　按：集解引惠棟說，謂「盜賊」誤，案紀云「勃海海溢」也。今據改。

三三六九頁八行　壬子蝕妃后專恣女謀主　按：集解引錢大昕說，謂占經作「壬子日蝕，女謀王，女主憂」。

三三六九頁一三行　三年三月丙寅晦日有蝕之　靈帝紀同。按今推是年四月合朔丁卯晨夜，日蝕不能見。

三三六九頁一四行　辛酉蝕女謀主　按：集解引錢大昕說，謂占經作「辛酉日蝕，女謁且興，姦邪欲起」。

三三六九頁一四行　谷永上書　按：「谷」原譌「公」，逕改正。

三三七〇頁一行　熹平二年十二月癸酉晦日有蝕之　靈帝紀同。按：是年十二月乙巳朔，晦爲甲戌而非癸酉。今推三年正月合朔甲戌，即時曆上年十二月晦，日蝕可見，紀、志俱譌。

三三七〇頁二行　天有大異　按：「天」原作「夫」，逕據汲本、殿本改正。

三三七〇頁六行　光和元年二月辛亥朔日有蝕之　靈帝紀同。按：今推是年二月合朔辛亥，無日蝕，紀、志俱譌。

三三七〇頁一〇行　簡宗廟〔上〕〔水〕不潤下　據汲本、殿本改。按：「簡宗廟」下疑脫一「則」字。

三三七〇頁一一行　其救之也　按：海原閣校刊本蔡中郎集作「則其救也」。

三三七〇頁一六行　河泱海〔溢〕久霧連陰　集解引錢大昕說，謂占經作「河泱海溢，久霧連陰」。今按：「河泱海」不成語，據錢說補一「溢」字。

三三七一頁三行　雷電擊殺骨肉相攻　按：集解引錢大昕說，謂占經作「雷擊殺人，骨肉爭功」。

三三七一頁一〇行　後火燒官兵　按：集解引錢大昕說，謂占經作「火燒後宮」。

三三七一頁一一行　六年（十月癸未）〔二月丁卯〕朔　獻帝紀作「三月丁卯」。集解引洪亮吉說，謂「十月癸未」應作「三月丁卯」，此因下文十三年而誤。今按：建安六年三月丁酉朔，無丁卯，十月甲子朔，非癸未，推是年二月合朔丁卯，八月合朔甲子，即時曆七月晦，均有日蝕可見。足證志月日俱誤，獻帝紀「三月」則爲「二月」之譌，今據以改正。

三三七二頁七行　（征）〔在〕南北面　據汲本、殿本改。

三三七二頁九行　皇德傳史　按：汲本「皇」作「星」。

三三七二頁一四行　偏刺日。按：汲本作「徧周日」，殿本作「偏刺日」。

三三七三頁六行　時則天雨　按：汲本、殿本「天」作「大」。

三三七四頁七行　社稷移（亡）〔主〕　據汲本、殿本改。